HISTOIRE

ECCLESIASTIQUE

DES FRANCS

Paris. — Typographie de Firmin Didot frères, fils et Cie, rue Jacob, 56.

HISTOIRE

ECCLÉSIASTIQUE

DES FRANCS

PAR

SAINT GRÉGOIRE

ÉVÊQUE DE TOURS (DEPUIS 573 JUSQU'EN 594)

SUIVIE D'UN SOMMAIRE DE SES AUTRES OUVRAGES

ET PRÉCÉDÉE DE SA VIE ÉCRITE AU Xe SIÈCLE

PAR ODON, ABBÉ DE CLUNI

Traduction nouvelle

PAR HENRI BORDIER

TOME I

PARIS

LIBRAIRIE DE FIRMIN DIDOT FRÈRES, FILS ET Cie

IMPRIMEURS DE L'INSTITUT, RUE JACOB, 56

1859

Droits réservés.

AVERTISSEMENT.

L'*Histoire des Franks*, composée par Grégoire de Tours, est l'un des écrits les plus précieux et les plus étonnants de notre littérature. Il est merveilleux qu'un siècle après l'établissement définitif des barbares de la Germanie sur le sol de la Gaule, lorsque la violence des mœurs et les ténèbres de l'intelligence avaient transformé en un camp de demi-sauvages l'une des contrées naguère les plus élégantes de l'empire romain, il soit resté un homme du passé, un noble Gaulois, assez imbu encore de traditions élevées et de souvenirs littéraires pour vouloir décrire les scènes navrantes qui se déroulaient sous ses yeux. Comme l'a dit avec raison l'un de nos historiens qui ont le mieux su pénétrer à travers les ténèbres de cette époque : « Pour les barbares brutaux et ignorants, pour l'ancienne population désolée et avilie, le présent était tout. De grossiers plaisirs ou d'affreuses misères absorbaient le temps et les pensées. Comment ces hommes auraient-ils songé à recueillir les souvenirs de leurs ancêtres, à transmettre les leurs à leurs descendants. Leur vue ne se portait point au delà de leur existence personnelle ; ils vivaient concentrés dans la passion, l'intérêt, la souffrance ou le péril du moment (1). »

Ce furent les encouragements de sa mère, joints au sentiment de son devoir de prêtre, qui firent de Grégoire un écrivain, dans ces temps misérables où ne subsistaient plus ni livres ni lecteurs. Son père, Florentius, membre du sénat municipal de la cité des Arvernes, et Armentaria, sa mère, étaient cousins et avaient tous deux pour aïeul saint Grégoire, évêque de Langres. Son grand-père, Georgius, également sénateur d'Auvergne, avait épousé Léocadie, fille d'un sénateur de Bourges, qui descendait de l'un des premiers martyrs du christianisme dans les Gaules, Vectius Epagathus, décapité à Lyon en l'an 177, sous le règne de Marc-Aurèle. Le fils d'Armentaria, qui reçut les noms de ses trois ascendants et fut appelé Georgius-Florentius-Gregorius, comptait encore dans sa parenté la plus proche, Nicetius (S. Nizier), évêque de Lyon, Tetricus, évêque de Langres, Gallus (S. Gall), évêque de Clermont. Son frère aîné, Pierre, était diacre dans l'église de Langres. Enfin, sur dix-huit évêques qui avaient avant lui gouverné l'église de Tours, treize étaient de sa famille. Grégoire se trouvait donc appelé par les souvenirs les plus chers et les plus intimes à remplir le seul rôle véritablement digne que pût alors se proposer une noble ambition, celui de serviteur de l'Église chrétienne.

« C'est dans les monuments du siècle, dit encore

---

(1) *Notice préliminaire* de la *Traduction de Grégoire de Tours*, par M. Guizot.

M. Guizot, qu'on ne saurait trop citer en ces matières, c'est surtout dans Grégoire de Tours lui-même qu'il faut apprendre ce qu'était alors l'existence d'un évêque, quel éclat, quel pouvoir, mais aussi quels travaux et quels périls y étaient attachés. Tandis que la force avide et brutale errait incessamment sur le territoire, réduisant les pauvres à la servitude, les riches à la pauvreté, livrant toutes choses aux hasards d'une lutte toujours imminente, c'était dans quelques cités fameuses, près du tombeau de leurs saints, dans le sanctuaire de leurs églises, que se réfugiaient les malheureux de toute condition, de toute origine, le Romain dépouillé de ses domaines, le Frank poursuivi par la colère d'un roi ou la vengeance d'un ennemi, des bandes de laboureurs fuyant devant des bandes de barbares, toute une population qui n'avait plus ni lois à réclamer, ni magistrats à invoquer, qui ne trouvait nulle part, pour son repos et sa vie, sûreté ni protection. Dans les églises seulement quelque ombre de droit subsistait encore, et la force se sentait saisie de quelque respect. Les évêques n'avaient, pour défendre cet unique asile des faibles, que l'autorité de leur mission, de leur langage, de leurs censures; il fallait qu'au seul nom de la foi, ils réprimassent des vainqueurs féroces ou rendissent quelque énergie à de misérables vaincus. Chaque jour ils éprouvaient l'insuffisance de ces moyens; leur richesse excitait l'envie, leur résistance le courroux; de fréquentes attaques, de grossiers outrages, venaient les menacer ou les interrompre dans les cérémonies saintes; le sang coulait dans les églises, souvent celui de leurs prêtres, même le leur. Enfin ils exerçaient la seule magistrature morale qui demeurât debout au milieu de la société bouleversée, magistrature, à coup sûr, la plus périlleuse qui fut jamais. »

Grégoire fut par son courage et ses vertus, non moins que par son goût pour les lettres, l'un des évêques les plus recommandables de son temps. Né en 543 (1), il entra dans les rangs ecclésiastiques en 564, et il n'était connu encore que par le rang de sa famille et sa propre piété, lorsque les citoyens et le clergé de Tours l'élurent pour leur évêque, en l'année 573. Ce fut par le désir de remplir en pleine conscience les fonctions de son ministère qu'il prit la plume pour la première fois. Le tombeau de saint Martin, d'où l'église de Tours tirait surtout son lustre, était l'objet d'une immense vénération. De toutes parts les malades y venaient chercher la guérison, et le nouvel évêque de Tours souffrait à voir ces guérisons, qui lui semblaient miraculeuses, s'accomplir et s'oublier ensuite, sans que personne s'inquiétât de les mettre en écrit pour la postérité. C'était laisser perdre, en effet, non-seulement une source d'édification pour les fidèles, mais une source d'autorité morale et de profits matériels pour l'église. Il n'osait, dit-il, entreprendre, avec son ignorance et son grossier langage, d'écrire sur un sujet où s'étaient illustrés avant lui Sulpice-Sévère et Fortunat, et cette pensée le troublait jusque dans son sommeil. Une fois cependant il se rappelle en songe une parole féconde, dont il fait honneur à sa mère et qu'il a répétée en maint endroit de ses ouvrages : c'est que l'orateur chrétien dédaigne les ornements du langage; qu'il parle pour instruire et non pour charmer. Maxime profondé-

---

(1) Suivant l'opinion la plus commune, en 539. Voyez plus loin, p. xxxvii, note 2.

ment sensée, à une époque où la littérature latine épuisée et tarie ne pouvait plus nourrir ce qui devait s'appeler le beau style que par des réminiscences de l'antiquité désormais insipides. Grégoire se mit donc à l'œuvre, et rédigea un premier livre des miracles arrivés de son temps au tombeau de saint Martin. Il y ajouta par la suite trois autres livres, en continuant d'enregistrer, au fur et à mesure qu'ils s'offraient à sa connaissance, ces petits événements parfaitement réels dans leurs circonstances, quelque imaginaires qu'ils soient dans le merveilleux qu'il leur prête.

Ce premier pas fait, l'évêque de Tours écrivit d'abondance, et si sa plume ne se forma pas beaucoup à mesure qu'il l'exerçait, sa pensée du moins s'affermit graduellement et pénétra pas à pas dans des sujets de plus en plus sérieux. Il s'occupa d'abord d'un *Traité de la vie et des miracles de saint Julien*, personnage presque aussi vénérable pour lui que saint Martin, car il était le patron de l'Auvergne, son pays natal. Puis il recueillit dans un livre intitulé *De la gloire des martyrs* les traditions qui couraient de son temps sur l'origine et les premiers martyrs du christianisme. Quelques parties de cet ouvrage participent déjà des caractères de l'histoire. Son recueil *De la gloire des confesseurs* est une compilation du même genre. Ses *Vies des Pères* sont un recueil de biographies consacrées pour la plupart à des personnes qu'il avait connues ou qui avaient vécu peu de temps avant lui. Il nous a laissé en outre quelques autres fragments, notamment un petit livre contenant les éléments d'astronomie nécessaires pour se diriger dans les oraisons nocturnes; enfin son dernier et son grand travail, celui par lequel il a véritablement mérité la reconnaissance de la postérité, l'*Histoire des Franks*, est une œuvre sur l'importance duquel il serait superflu d'insister.

Cette histoire commence à la Création et s'arrête à l'année 591. Grégoire y travailla jusqu'à la fin de sa vie, dont le terme semble être arrivé le 17 novembre 594 (1). Elle est divisée en dix livres, où les matières sont à peu près réparties comme il suit :

Le premier livre renferme une sorte de résumé de l'histoire universelle, depuis la création de monde jusqu'à l'an 397 qui est celui de la mort de saint Martin. Le second comprend les années 397 à 511, de la mort de saint Martin à celle du roi Clovis Ier. Le troisième s'étend, de la mort de Clovis Ier à celle de Théodebert Ier, roi d'Austrasie (511-547). Ces trois premiers livres sont une compilation tirée d'ouvrages plus anciens que Grégoire s'est appropriés ; les suivants contiennent le récit de ce qu'il avait vu ou entendu par lui-même. Le quatrième nous conduit, de la mort de Théodebert Ier à celle de Sigebert Ier (547-575). Le cinquième embrasse l'histoire des années 575 à 580 ; le sixième, des années 580 à 584 ; le septième est borné à l'année 585 ; le huitième comprend 585 et 586 ; le neuvième, 587 à 589 ; le dixième livre enfin s'arrête à la mort de saint Yriez, c'est-à-dire au mois d'août 591. Mais il ne faut pas croire que le fil des événements se poursuive et s'enchaîne avec régularité d'un livre à l'autre, ni dans la série des chapitres d'un même livre. Loin de là, une confusion très-grande y règne, et s'y montre d'autant plus à découvert, que l'auteur faisait parfois des intercalations et des remaniements

(1) Voyez plus loin, pages xxxvii et xxxix.

qu'il n'a pas toujours eu le temps de mettre en harmonie avec le reste. La confusion n'est pas le seul défaut qu'on reproche à Grégoire de Tours. Tout le monde se récrie, et lui-même en a tout le premier donné l'exemple, contre la barbarie de son style; on sourit de la crédulité avec laquelle il raconte ses prétendus miracles; on s'étonne de sa partialité pour les princes catholiques et pour tout ce qui touche aux intérêts de l'Église. Cependant le mieux, à mon avis, est d'être sobre de critiques à l'égard d'un écrivain si profondément respectable, si charmant par sa bonne foi, qui, interrompu avant le déclin de l'âge, n'a pu mettre la dernière main à son œuvre, et que nous connaissons seulement par des copies qui l'ont certainement défiguré, ou des éditions qui ont, même les meilleures, même celles de dom Ruinart et de dom Bouquet, défiguré les copies (1). Ses défauts fussent-ils encore plus saillants, Grégoire de Tours n'en est pas moins le seul historien qui nous soit resté de nos temps barbares, et, par un privilége qui n'a été donné qu'à la France, ce noble Gaulois est comme un chaînon d'or qui rattache notre histoire moderne à celle de l'antiquité.

Je n'entrerai point dans de plus amples détails, ni sur l'importance de l'*Histoire ecclésiastique des Franks* : le lecteur le moins lettré peut juger combien elle est

---

(1) La première édition du texte de Grégoire de Tours fut donnée à Paris en 1522; la meilleure est celle du bénédictin dom Ruinart, 1 vol. in-fol., Paris, 1699. Mais les savants prétendent, avec raison, que dom Ruinart lui-même n'a pas reproduit fidèlement les anciens manuscrits, qu'il n'a pu s'empêcher de corriger un peu la « barbarie » de Grégoire, et qu'une véritable et sincère édition du texte original de l'*Histoire des Franks* est encore à faire.

grande; ni sur la vie de son auteur : tout ce qu'on en sait se borne presque à ce qu'il en a dit lui-même. J'ajouterai seulement à la suite de ces lignes préliminaires une vie du saint évêque écrite à la fin du neuvième ou au commencement du dixième siècle, plutôt il est vrai pour édifier que pour instruire, mais qui n'avait pas encore été, que je sache, traduite en français, et qui cependant ne manque pas d'intérêt. Les manuscrits où on l'a conservée (1) la donnent pour être l'ouvrage d'un abbé Odo, que l'on s'accorde à regarder comme étant saint Odon, abbé de Cluny, né dans le Maine en 879, devenu chanoine de Saint-Martin de Tours en 899, et mort en 942. Cet opuscule, malgré les défauts d'un style obscur et prétentieux, fait assez d'honneur aux études de la célèbre école carolingienne de Tours. Il est composé à peu près en entier d'anecdotes puisées dans les ouvrages mêmes de Grégoire, mais avec une certaine sobriété qui marque un grand progrès du sixième au dixième siècle. L'auteur a su négliger les histoires ou par trop prodigieuses ou par trop naïves; il abandonne un peu les miracles, du moins ceux de son temps, et il s'exprime d'une manière grave, noble même, et assez sensée pour un religieux chargé de louer l'un des patrons de son église. Dans les derniers chapitres de son récit, il a introduit quelques renseignements qui ne se trouvent pas dans les œuvres de Grégoire, et qui me semblent, à cause du caractère sérieux de l'abbé Odo, mériter l'attention. Un érudit du dix-huitième siècle, Lévêque de Laraval-

(1) Le texte en a été publié pour la première fois en 1511 par Josse Clichtove, chanoine de Chartres.

lière, a mentionné da is un Mémoire lu par lui à l'Académie des Inscriptions (t. XXVI, p. 598) l'existence, à la grande bibliothèque de Paris, parmi les manuscrits du fonds Sorbonne, d'une traduction française, faite au treizième siècle, de la Vie de Grégoire par Odon. J'eusse été heureux d'offrir au lecteur une telle traduction de préférence à la mienne; mais j'ai vainement cherché dans le catalogue des manuscrits de la Sorbonne celui auquel M. de Laravallière a fait allusion sans en donner d'indication précise.

Je ne dois pas terminer sans dire quelques mots au sujet de cette traduction nouvelle de l'*Histoire des Franks*. Ce ne sera point pour vanter la nouveauté du travail, car il a été déjà donné, pour le moins, cinq traductions françaises de cet ouvrage, et la première d'entre elles remonte à l'année 1610 (1). L'avantage le plus certain que présente cette sixième tentative, qui ne sera probablement pas la dernière, c'est que son auteur a tâché de mettre à profit le labeur de ses devanciers (2). Il s'est aussi emparé de toutes celles de leurs notes qui lui ont paru devoir être conservées, non cependant sans en nommer chaque fois les auteurs; et en y ajoutant les siennes. En un seul point, il lui semble avoir fait un

(1) Elle est due à Claude Bonnet, avocat au parlement de Grenoble. La seconde est celle de M. de Marolles, abbé de Villeloin, Paris, 1668, 2 vol. in-8°. La troisième a été publiée à la fin du dernier siècle (1785) par Bill. de Sauvigny. La quatrième est celle de M. Guizot (*Collect. de Mém. relatifs à l'Hist. de France*, in-8°, t. I, 1823), et la cinquième, celle que MM. Guadet et Taranne ont publiée pour la Société de l'Histoire de France, 4 vol. in-8°, 1836-1838.

(1) Sans excepter la traduction allemande, celle de M. W. Giesebrecht, publiée en 1851, à Berlin (2 vol. in-12).

essai nouveau : c'est en s'efforçant de reproduire le plus littéralement, le plus abruptement possible, la physionomie de l'original qu'il avait sous les yeux.

Nos traducteurs, en général, non pas seulement ceux de Grégoire de Tours, se sont préoccupés de la nécessité de parler avec élégance, d'être au moins lisibles, et d'éviter comme des taches toutes les imperfections de langage que la délicatesse un peu raffinée de notre temps ne sait plus supporter. Ce soin est fort légitime lorsqu'il s'applique à la traduction des œuvres d'un artiste ou d'un poëte, mais les livres de Grégoire de Tours, sans avoir peut-être toute la barbarie qu'on s'est accoutumé à leur reprocher, ne sont pas des œuvres d'art. On n'y trouve que la vérité naïvement dite. Le traducteur doit donc ici, ce me semble, chercher avant tout la fidélité; or la copie fidèle d'un mérovingien ne saurait être gracieuse. Pour moi, je me reproche de n'avoir pas pu ou de n'avoir pas su reproduire dans leur crudité toutes les fautes du style de Grégoire, ses répétitions de mots, ses lourdes phrases, ses discours mal dialogués, et jusqu'à ses prépositions vides de sens placées comme ornement en tête de chaque paragraphe. Du moins ai-je évité de lui prêter gratuitement le tour élégant et le langage fleuri. On en peut voir un exemple, entre autres, à la page 189.

J'ai voulu aussi laisser leur caractère aux noms de personnes; mais là non plus je n'ai pas osé être absolu. Il semble que la vraie manière de les traduire serait de leur laisser à tous leur physionomie propre, romaine pour ceux qui sont Romains, et germanique pour ceux de la race conquérante. Je l'ai fait pour la plupart; mais un certain nombre sont tellement francisés qu'il m'a, quant à présent, paru impossible de les maintenir dans leur forme primitive, et de dire, par exemple, saint Martinus et l'empereur Justinianus, pour saint Martin et Justinien. Ce sont de rares exceptions à la fidélité que je me suis proposée pour règle.

VIE DE SAINT GRÉGOIRE

ÉVÊQUE DE TOURS

PAR L'ABBÉ ODON.

C'est à bon droit qu'on vénère la mémoire de tous les saints ; mais les fidèles honorent en premier lieu ceux qui, soit par leur science, soit par leur exemple, ont brillé avec plus d'éclat que les autres. Or, que le bienheureux Grégoire, archevêque de la métropole de Tours, ait été l'un de ceux-ci ; qu'il ait resplendi de ce double mérite, c'est ce que prouvent des documents qui ne sont pas d'une faible autorité. Il est donc certes nécessaire de décrire, fût-ce incomplétement, ses actions, afin que la renommée d'un tel homme ne soit pas obscurcie quelque jour par le nuage de l'incertitude. Sans doute il suffit à sa gloire qu'il ait au haut des cieux le témoignage de Christ, auquel il voulait plaire ; mais parmi nous, ne serait-ce pas cependant une chose coupable de taire les louanges de l'homme qui s'efforça de publier celles de tant de saints ? Quelque étendue qu'atteigne ce petit récit, tous ses hauts faits n'y seront pas racontés, parce que, négligeant plusieurs choses que la tradition rapporte, nous nous bornons à un petit nombre de celles qui sont attestées par ses livres. Que si quelqu'un lui demande des miracles, mesurant judaïquement sur le nombre de miracles la sainteté de tout personnage, que pensera-t-il de la bienheureuse mère de Dieu ou de Jean le Précurseur? Qu'il juge donc plus sainement, et sache qu'au jour redoutable du jugement, beaucoup de ceux qui ont fait des miracles seront réprouvés, et que ceux-là seulement qui se sont adonnés aux œuvres de justice seront accueillis à la droite du souverain juge. Ainsi ce n'est pas pour avoir opéré des miracles que nous recommandons notre métropolitain, quoique sa vie n'en soit pas absolument dépourvue, mais nous espérons démontrer que, doux et humble de cœur, il marcha sur les traces du Christ.

I. Grégoire était originaire de la région celtique des Gaules; il naquit dans le pays d'Auvergne. Son père était Florentius, sa mère Armentaria; et comme si la noblesse en ce monde se rapprochait en quelque chose de la générosité divine, ses parents étaient riches de biens et illustres par leur origine. Mais, chose plus importante, ils se montraient tellement attachés par une dévotion remarquable aux devoirs de la servitude envers Dieu, que tout membre de cette famille qui aurait été irréligieux eût mérité d'être noté comme dégénéré. Nous le démontrerons en disant quelque chose de ceux qui lui étaient le plus proches. Georgius, qui de son vivant était sénateur, prit pour épouse Léocadie; elle descendait de la race de Vectius Epagatus qui, d'après ce que rapporte Eusèbe au cinquième livre de ses histoires, souffrit le martyre et mourut à Lyon avec d'autres chrétiens du même temps ou plus glorieusement encore. Cette Léocadie mit au monde saint Gallus, évêque au siége d'Auvergne, et Florentius qui eut l'enfant dont nous parlons. De ce Florentius son père, d'Armentaria sa mère, de Pierre son frère, et de sa sœur, l'épouse de Justin, et de ses deux nièces, Heusténie et Justine élève de sainte Radegonde, Grégoire raconte dans ses *Livres des miracles* des choses qui font voir que leur foi et leurs mérites ne furent pas d'un faible éclat. Aussi jadis Léocadie portait si haut la tête dans cette Auvergne, terre natale de l'enfant, qu'elle dominait parmi les sénateurs comme la statue de Rome. C'était de tels personnages qu'était sortie la parenté de Grégoire : elle fournissait des sénateurs, des juges, et tout ce que je pourrais citer comme étant au premier rang des citoyens les plus distingués. Disons donc avec assurance de ses parents que, comme le Seigneur se manifeste en vous donnant la descendance dont vous êtes digne, c'est un fait qui doit servir à la louange de Grégoire que de sembler avoir été naturellement porté par sa famille au renom de sainteté. Fortunat disait en parlant de la race et de la patrie de Grégoire :

« Honneur de ta maison, tête sublime de la cité de Tours, tu sembles parmi les Alpes de l'Auvergne un mont plus élevé qu'elles-mêmes. »

Et en s'adressant à sa mère :

« Deux fois heureuse par ses mérites, et pour elle et pour le monde, cette Machabée qui donna au ciel sept enfants dignes des palmes du martyre (1); et toi aussi, Armentaria, tu es véritablement une heureuse mère, toi qui, brillante par ton enfant, ornée des œuvres de ton fils, reçois pour couronne la sainteté persévérante de Grégoire. »

Ainsi, d'une noble race rejeton plus noble encore, comme une rose qui s'échappe de sa tige en charmant davantage, il reversa sur ses parents l'honneur grandi d'une généreuse nature. Et quoiqu'il ne faille pas rechercher dans les noms la majesté du mystère, lui cependant, par un heureux présage, comme l'événement l'a démontré, reçoit le nom de Grégoire. C'est ainsi qu'en grec on appelle l'homme vigilant; or il savait observer, non-seulement la troisième veille, mais la seconde, ce qui est plus difficile, et même la première, ce qu'on voit très-rarement ; et parce qu'il portait

---

(1) Les sept frères Machabées et leur mère, martyrs de la religion juive, mis à mort en l'an 168 av. J.-C., par l'ordre du roi de Syrie Antiochus Épiphane.

le joug du Seigneur dès son enfance, il était assis solitaire, suivant l'expression de Jérémie (1), ou du moins dans la compagnie de saint Martin. Lorsque son jeune âge prit de la force, il fut consacré à l'étude des lettres, travail où sa tendre intelligence prit ses premiers développements sous l'évêque Gallus, son oncle.

II. On lui faisait donc apprendre déjà les caractères de l'écriture, quand la divine volonté l'initia aux signes miraculeux et ennoblit sa sainte enfance en lui montrant des prodiges. En effet, son père, atteint d'une maladie violente, était couché dans son lit ; le feu commençait à dévorer la moelle de ses os, le venin de la goutte à tuméfier son corps, une vapeur brûlante à fatiguer son visage, lorsqu'un homme, se montrant en songe à l'enfant, lui parla : « As-tu lu, lui dit-il, le livre de Josué ? » — L'enfant répondit : « Je ne connais rien d'autre que les caractères de l'alphabet, et je m'attriste à leur étude où je suis attaché malgré moi. J'ignore entièrement l'existence de ce livre. » L'homme reprit : « Va, dit-il, arrange une petite baguette de bois de façon à ce qu'on puisse y mettre ce nom, et quand il sera écrit avec de l'encre, tu le mettras sur le lit de ton père, du côté de sa tête. Si tu fais cela, il sera soulagé. » Le matin venu, il apprit à sa mère ce qu'il avait vu. L'enfant au pieux esprit avait compris, en effet, que la chose, ce ne fut pas lui mais sa mère qui en jugea, devait être faite. Sa mère ordonne qu'on accomplisse la vision. Ce fut ce que l'on fit, et aussitôt le père recouvra la santé (2). Quoi de plus raisonnable, en vérité, que la convenance du nom de Jésus et du bois sur lequel on l'inscrivit pour le rétablissement de la santé ?

III. Ses parents, en leur qualité de gens nobles, étaient

---

(1) *Lamentat.*, I, 1.
(2) Liv. *De la gloire des confesseurs*, par Grégoire, ch. XL.

possesseurs d'un vaste domaine en Bourgogne. Comme ils étaient voisins de saint Nizier, homme de toute sainteté qui gouvernait la cité de Lyon, celui-ci fit venir le jeune Grégoire auprès de lui. Lorsqu'on l'amena en sa présence, le saint homme le contempla quelque temps, et ayant observé dans cet enfant je ne sais quoi de divin, il demanda qu'on le levât jusqu'à lui, car il était couché dans son lit; et, comme un habitant du paradis pressentant un compagnon futur, il se mit à le réchauffer en le pressant dans ses bras, toutefois (c'est un détail qu'il ne faut point passer sous silence) en se couvrant entièrement avec sa robe de peur de toucher l'enfant nu, ne fût-ce que du bout des doigts. Ce même enfant, devenu homme, racontait souvent à ses auditeurs ce trait de chasteté et leur conseillait de juger, par cette précaution d'un homme qui fut parfait, combien nous, si fragiles, tant que nous sommes, nous devons éviter l'attouchement de la chair. Nizier bénit donc l'enfant, et après avoir prié pour son bonheur, il le remit à ses gens (1).

IV. Deux années environ après le miracle que nous avons raconté, Florentius est de nouveau gagné par la maladie; la fièvre s'allume, les pieds s'enflent et sont comme tordus par une extrême douleur. Il était sous le poids d'une fin prochaine et gisait déjà presque enfermé dans la tombe. Cependant l'enfant vit de nouveau dans son sommeil le même personnage qui lui demanda s'il ne connaissait pas le livre de Tobie. « Nullement », répondit-il. Le personnage reprit : « Sache que Tobie était aveugle, et que son fils, accompagné d'un ange, le guérit avec du foie de poisson. Fais donc de même, et ton père sera sauvé. » Celui-ci rapporta ces paroles à sa mère, qui aussitôt envoya les serviteurs à la rivière : on prend du poisson, et l'on met sur des charbons ardents la partie de ses viscères qui avait été ordonnée. L'heureuse con-

(1) *Vies des Pères*, par Grégoire, liv. VIII, § 2.

clusion du miracle ne se fit pas attendre, car, dès que la première émanation de l'odeur eut pénétré dans les narines du père, toute tumeur et toute douleur disparut aussitôt (1). Si c'est une admirable chose que la bouche de Zacharie ait été ouverte par le mérite de Jean, ce n'est cependant pas non plus peu de chose que Florentius ait été, non une fois, mais deux fois guéri par son fils. Ce Florentius et sa femme avaient compris par là que ce serait un homme habile et heureusement inspiré; ils ne pouvaient ignorer, en effet, que la sagesse divine ne l'eût formé pour des devoirs plus délicats encore. Cependant ils ne le firent pas tonsurer immédiatement, désirant, je pense, qu'il consentît par lui-même à prendre l'état clérical; mais on l'appliquait avec plus de soin aux études littéraires.

V. Il n'était donc encore que laïque et il avait grandi et d'esprit et de corps, quand, saisi tout à coup d'un rhume de poitrine et de fièvres violentes, il tomba gravement malade; puis sa faiblesse augmenta de jour en jour sans que l'habileté médicale le soulageât en rien. Son oncle Gallus le visitait souvent, et sa mère l'entourait, comme fait une mère, de gémissements continuels. Mais au moment où l'on désespérait déjà de tout secours humain, le ciel inspira au jeune homme de recourir à l'assistance divine. Il demande donc qu'on le transporte au tombeau de saint (2) Allyre (il en était voisin), mais cela ne lui servit pas beaucoup, car il différait encore d'accomplir ce à quoi cette maladie devait l'amener. Rapporté chez lui, il commença au bout de peu de temps à être tellement tourmenté qu'on le regardait comme courant à sa fin. La souffrance lui fit comprendre enfin la chose; il consola ceux qui pleuraient sur lui et leur dit : « Portez-moi encore une fois au tombeau de saint Allyre; j'ai foi qu'il

---

(1) *Gloire des confesseurs*, ch. XL.
(2) Hillidius, vulgairement *saint Alire* ou *Allyre*.

nous donnera promptement, à moi la guérison et à vous la joie. » Ayant donc été transporté là, il pria le plus haut qu'il pouvait, promettant, s'il était délivré de ce mal, qu'il prendrait sans aucun retard l'habit clérical. Dès qu'il eut dit, il sentit sa fièvre se dissiper aussitôt; il répandit par les narines une quantité de sang, et sa maladie disparut entièrement comme se hâte de partir un messager qui a obtenu ce pour quoi il était venu. Il coupa donc sa chevelure et se livra tout entier aux fonctions religieuses (1).

VI. Lorsque saint Gallus eut été appelé à recevoir la juste récompense d'une pieuse vie, l'homme de Dieu, Avitus (2), recueillit l'adolescent. Après avoir éprouvé son caractère et ses habitudes morales, il le confia aux soins de maîtres à l'aide desquels il lui fit gravir les échelons de la sagesse aussi rapidement que le permit, soit leur activité, soit l'intelligence de leur disciple. Vous trouverez cela dans la vie déjà mentionnée d'Allyre (3). Toutefois, il s'exerça à l'étude des lettres avec un tel discernement qu'il se gardait d'un double excès : il n'avait pas tout à fait horreur des niaiseries des poëtes, et cependant il ne s'y attachait pas, comme beaucoup le font, d'une manière inconvenante, et son âme n'était pas l'esclave de leurs séductions. Faisant le nécessaire, il aiguisa comme sur un caillou la pointe de son esprit, et par là, agissant comme s'il eût emprunté les vases d'or de l'Égypte pour aller manger la manne au désert, il pénétra dans l'examen des forces que recèlent les divines écritures. C'est ce qu'il montre lorsqu'il dit, en parlant de lui-même : « Je ne parle pas de la fuite de Saturne, de la colère de Junon, des adultères de Jupiter; » et, continuant son discours, il cite d'autres monstrueux personnages, jusqu'au moment où il dit : « Méprisant tout cela comme voué à une ruine prochaine, je retournerai plu-

(1) *Vies des Pères*, ch. II, § 2.
(2) Évêque de Clermont.
(3) Au § 1ᵉʳ.

tôt aux choses divines et à l'Évangile, car je ne veux point être pris et enveloppé dans mes filets. » Il montre dans ce passage (1) qu'il savait bien ces choses, mais que son jugement éclairé les repoussait.

VII. A l'époque fixée, il fut ordonné diacre. Il y avait alors un homme du pays d'Auvergne qui avait emporté du bois pris au très-saint sépulcre du bienheureux Martin ; mais cet homme sans précaution négligeant le respect dû à ce bois, toute sa famille tomba gravement malade. Bientôt le mal empira; et ignorant quelle en était la cause, il ne s'amendait pas, lorsqu'il vit en songe une figure terrible qui lui demanda pourquoi il agissait ainsi à son égard. Celui-ci dit qu'il ignorait de quoi il était question. « Ce bois que tu as pris au lit du seigneur Martin, lui fut-il répondu, tu le gardes sans soin, c'est pourquoi tu as encouru ces maux ; mais va maintenant le porter au diacre Grégoire (2). » Celui-ci, j'en suis persuadé, était déjà un digne prêtre, puisque le seigneur Martin lui confiait ce que son troupeau possédait de plus précieux. Il y avait en Auvergne, dans ce temps-là, beaucoup de personnages qui brillaient dans la profession ecclésiastique, et que ce jeune homme visitait, tantôt lorsqu'ils se trouvaient avec le bienheureux Avitus, tantôt seuls, en sorte qu'ou bien il prenait d'eux des exemples de piété, ou bien, par un retour de mutuelle charité, il leur offrait ce qui pouvait peut-être leur manquer à eux-mêmes. Il révérait le Christ en eux, et le Christ ne pouvant être contemplé en sa propre personne, il le voyait en eux comme on voit, au sommet des monts, resplendir un rayon de soleil. Dirigeant donc ses efforts vers ce but,

---

(1) Passage tiré de la préface du livre *De la gloire des martyrs*. Le dernier membre de phrase de la citation (*non enim vel vinciri cupio meis retibus vel involvi*) manque dans tous les manuscrits qui nous sont restés du texte original de Grégoire.

(2) *Des miracles de saint Martin*, par Grégoire, liv. I, ch. xxxv.

il cherchait à accomplir, soit par leur exemple, soit aussi par l'exemple de ceux qui les avaient déjà précédés au ciel, tout ce qui pouvait servir à la gloire du Christ.

VIII. Parmi ces modèles au milieu desquels, nous venons de le dire, le Christ resplendissait comme au sommet des montagnes, il avait remarqué le glorieux seigneur Martin, qui dépasse les autres ainsi qu'un Olympe, et plus voisin des feux de l'éther, réfléchit les astres eux-mêmes avec plus d'éclat; Martin, pour la vénération duquel le monde entier conspire à bon droit et auquel Grégoire aspirait d'un désir ardent. Toujours le portant et dans son cœur et sur ses lèvres, il répandait partout ses louanges. Mais tandis qu'il s'appliquait extrêmement de toutes les ressources de son esprit à la pratique des vertus, sa chair perdait ses forces, comme il arrive ordinairement. C'est la même cause qui fit que Daniel s'étant levé après avoir contemplé en vision son ange, se trouva le corps privé de force (1) et fut malade pendant de longs jours. Quant aux vertus, Grégoire profitait, mais quant à la santé du corps, il était faible, et il se trouva une fois tombé en proie à la fièvre et à une éruption cutanée qui finit par l'accabler tellement que, ne pouvant plus ni manger ni boire, il perdit tout espoir de conserver la vie. Une chose seule lui était restée : la confiance qu'il fondait en Martin n'était nullement ébranlée. Au contraire, brûlant d'un plus fervent amour, il conçut un tel désir de ce Martin, que bien que sa tête fût à peine épargnée par les atteintes de la mort, il n'hésita pas à se mettre en marche pour aller visiter le tombeau du saint; les siens ne purent l'en dissuader, et il persista obstinément, car la fièvre de son corps était moins forte que la fièvre de son amour. Après deux ou trois étapes, sa faiblesse augmenta par suite du voyage. Mais, même alors, rien ne put retenir son impa-

---

(1) Daniel, ch. X, v. 8, 16, 17.

tience de recourir à Martin avec la même foi, et il supplia au nom de la majesté divine ceux qui voulaient l'en détourner de l'exposer, ou vivant, ou du moins mort, devant le tombeau du saint. Qu'ajouterai-je? Il parvint, tant bien que mal, et sa foi justifiée obtint la guérison qu'il espérait. Et non-seulement lui, mais aussi l'un de ses clercs nommé Armentarius, qui avait été presque à l'article de la mort, dut au mérite de cette foi son propre salut. Grégoire donc, rendant grâces, tant pour celui-là que pour lui-même, revint dans sa patrie, rassasié, ou plutôt consumé plus que jamais de l'amour de Martin (1).

IX. Une fois, qu'il se rendait de Bourgogne en Auvergne, un violent orage s'éleva au-dessus de lui. L'air épaissi se rassemble en nuées; le ciel commence à étinceler de lueurs répétées, à retentir de vastes grondements de tonnerre, et chacun se sent pâlir et redoute le danger qui menace. Mais Grégoire, l'âme tranquille, tire de sa poitrine, car il les portait toujours à son cou, des reliques des saints qu'il élève du côté des nuages et les leur oppose avec persévérance; ceux-ci à l'instant se partagent, les uns à droite, les autres à gauche, et offrent aux voyageurs une route intacte. Mais l'orgueil, qui le plus souvent naît de la vertu, se glissa dans l'âme de ce jeune homme; il se réjouit en lui-même, et, ce qui vient d'être accordé à ses reliques, c'est à ses mérites qu'il l'attribue. Cependant quoi de plus voisin de la présomption que la chute? En effet, le cheval qu'il montait étant tombé à cette place même, le renversa si durement à terre, que, meurtri dans toutes les parties de son corps, il pouvait à peine se relever. Comprenant la cause de son malheur, il prit garde à l'avenir de ne jamais se laisser vaincre par les aiguillons d'une vaine gloire, mais, chaque fois que la vertu divine agissait par lui, d'en rapporter l'honneur, non à ses

(1) *Des miracles de saint Martin*, liv. I, ch. XXXII.

propres mérites, mais à la puissance des reliques qu'il portait, comme nous l'avons dit (1). Et si vous pesez bien ce fait, vous verrez qu'il est plus admirable d'avoir corrigé son orgueil que d'avoir séparé les nuages.

X. Grégoire était assidu à la prière, surtout pendant les heures de la nuit consacrées au repos. La fête de la bienheureuse vierge Marie était arrivée. Or l'on conserve des reliques d'elle en Auvergne, dans le village de Marsat. Grégoire, qui alors s'y trouvait, se mit en devoir, suivant sa coutume, d'aller faire secrètement ses prières, tandis que les autres étaient plongés dans le sommeil, et ayant regardé au loin, il vit l'oratoire resplendir d'une grande clarté. Il se figure donc que quelques dévots l'ont devancé dans la célébration des vigiles; cependant, étonné de voir cette grande lumière, il se dirige vers le lieu d'où elle partait : tout s'y trouvait enseveli dans le silence. Il envoie chercher le gardien de l'édifice; mais pendant ce temps la porte s'ouvre d'elle-même, et, reconnaissant que ce lieu était l'objet d'une visitation divine, il entre avec respect au milieu d'une angélique veillée. La clarté qu'il voyait du dehors cessa aussitôt, et il ne vit plus rien que la vertu de la Vierge glorieuse (2).

XI. L'an 172 après la mort de saint Martin, la douzième du règne du roi Sigibert (3), le bienheureux Eufronius, qui, vieillissant au milieu des vertus, avait été gratifié d'une grâce si grande qu'il semblait avoir en lui l'esprit de prophétie, fut déposé auprès de ses pères. Le temps était arrivé où Grégoire, enflammé de l'amour du bienheureux Martin et devenu capable d'exercer l'office pastoral, devait prendre à sa place le gouvernement de son église. Le bienheureux

(1) *De la gloire des martyrs*, par Grégoire, ch. LXXXIV.
(2) *De la gloire des martyrs*, ch. IX.
(3) Année 573 de notre ère.

Eufronius étant donc mort, le peuple du diocèse de Tours s'assembla pour s'occuper du choix de son successeur, et à la suite d'une discussion facile, chacun fut persuadé que Grégoire était celui dont le choix était préférable. Ils le connaissaient par sa présence très-fréquente dans le pays, et savaient de lui un grand nombre d'actions dignes d'un homme de bien. Alors tous se réunirent d'une seule voix, et l'on vit par la faveur de Dieu sa cause réussir. En effet, la foule des clercs et des personnages nobles, ainsi que le peuple des champs et celui des villes, s'écrièrent tous d'un même avis qu'il fallait s'arrêter à ce Grégoire, également illustre et par ses brillants mérites et par sa noblesse, éminent en sagesse, dépassant tous les autres en générosité, connu des princes, vénérable par sa probité et habile à toutes les fonctions. Des messagers sont adressés au roi, dans un moment où, par la volonté du Seigneur, Grégoire se trouvait présent. Averti de ce dont il s'agissait, avec quelle humilité il tenta de s'excuser! par combien de moyens il s'efforça de s'échapper! Mais où est le vouloir de Dieu, il faut que le reste fléchisse. Le roi lui impose d'obéir à son autorité, la reine Brunichilde le presse de se soumettre. Et comme la véritable humilité ne refuse point l'obéissance, il donne enfin son consentement. Aussitôt, de peur, je pense, que quelque délai ne lui donnât prétexte de fuir, Egidius, archevêque de Reims, le consacra, comme l'a écrit le poëte Fortunat dans ces vers :

« Saint Julien envoie à saint Martin son élève chéri, ce
« qui lui fut si doux, il le donne à son frère : c'est celui que
« la main vénérable et paternelle d'Egidius a consacré au
« Seigneur, afin qu'il dirigeât le peuple, celui qu'aime Rade-
« gonde; Sigebert triomphant l'encourage, et Brunehaut
« l'honore. » (Liv. v, pièce 2.)

Ainsi le siége épiscopal de Tours, dix-huit jours après avoir perdu Eufronius, reçut Grégoire. Quand les habitants de Tours sortirent solennellement au-devant de leur nouveau pasteur, le même poëte composa encore à sa louange les vers que voici :

« Applaudissez, peuples heureux, dont les vœux viennent « d'être accomplis. Votre pontife arrive, c'est l'espoir du « troupeau qui vient. Que la vive enfance, que la vieillesse « courbée par l'âge, célèbrent cet événement ; que chacun le « proclame, car c'est le bonheur de tous. » (*Ibid.*)

Et le poëte poursuit en montrant Grégoire célébré par les gens de Tours et intronisé, suivant les formes, sur son siége.

XII. Pour dire brièvement quel il fut et combien grand il se montra lorsqu'il fut investi de la prélature, c'est ce que font voir plusieurs églises qu'il reconstruisit entièrement ou dont il répara les toitures, et ce que disent tout d'abord les livres qu'il a composés à la louange des saints ou pour l'explication des divines Écritures. L'église mère que le seigneur Martin avait construite, et qui était en ruines par suite de sa vétusté, fut réparée par lui en forme cintrée, et il en décora les murailles d'histoires ayant pour sujet les gestes du même Martin. C'est ce que n'a pas oublié notre chantre mélodieux, lorsqu'il dit, entre autres choses (Liv. x, pièce 2) :

« Par le secours de Martin, Grégoire élève l'édifice ; nous « retrouvons dans l'homme du jour ce que fut l'homme « célèbre d'autrefois. »

Et ailleurs :

« En restaurant ces fondements antiques, l'excellent « évêque leur rend l'éclat dont ils brillaient jadis. »

Il répara encore, comme nous l'avons dit, et comme on le trouve dans ses propres chroniques, plusieurs églises telles que l'église de Sainte-Croix au village de Marsat (1).

XIII. Avec quelle ardeur il se livra, soit à la construction

(1) Près Riom (Puy-de-Dôme). Fortunat parle de cette fondation (liv. II ch. III), et dom Ruinart mentionne cette église, devenue paroissiale comme subsistant encore de son temps, à la fin du XVII⁰ siècle.

d'édifices religieux, soit à la garde de son troupeau, c'est ce qui se remarque principalement quand on considère qu'il ne put recevoir même des hommes les plus saints le modèle de sa perfection. En effet, pour ne rien dire de ceux dont les péchés, comme dit l'Apôtre, sont manifestes (tout ce que nous en pourrions dire serait superflu), prenons seulement deux d'entre ceux chez qui les marques de sainteté sont telles que personne, excepté Grégoire, n'y pourrait bien répondre, et montrons combien il se montrait délicat en fait de mérite. Peu de temps après sa consécration, l'abbé saint Senoch quitta sa cellule et vint le saluer. Le pieux évêque le reçut avec un grand respect, et après être peu à peu arrivé à le connaître dans les échanges de la conversation, il ne tarda pas à le voir infecté du poison de l'orgueil. Mais il le guérit complétement de cet orgueil au moyen de cette céleste grâce qui l'aidait à pénétrer dans l'appréciation des choses spirituelles (1). Il n'eut pas moins de pouvoir ni moins de sollicitude à l'égard de saint Liphard (2), que le mauvais esprit agitait de pensées sinistres, au point qu'il avait résolu, à la suite d'une injure verbale qu'on lui avait faite, d'abandonner le monastère où il s'était depuis longtemps enfermé. Mais il ne pouvait pas tomber dans ce malheur, celui qui mérita d'avoir Grégoire pour soutien. Celui-ci, en effet, allant comme à l'ordinaire à Marmoutier, pour y baiser les marques sacrées laissées par le souvenir de Martin, se détourna vers la demeure de Liphard, afin de s'informer, en tendre pasteur, comment se gouvernait une brebis enchaînée dans l'amour du Christ. Liphard lui ouvrit bientôt ces secrets de son cœur que le diable lui avait représentés comme raisonnables. Grégoire aussitôt, avec son esprit plein de sagacité, découvrit les mensonges de Satan, et, soupirant d'une douleur extrême, il se mit à admonester cet homme et à lui dévoiler, par ses

(1) *Vies des Pères,* ch. xv, § 2.
(2) *Vies des Pères,* ch. xx, § 3.

discours pleins de sens, la ruse diabolique; puis, rentré dans sa maison, il lui fit parvenir avec une pieuse sollicitude des livres en harmonie avec la vocation monastique. Celui-ci, après les avoir lus à plusieurs reprises, non-seulement fut guéri de la tentation qu'il avait soufferte, mais devint doué par la suite d'un esprit beaucoup plus sensé. Ne cherchez rien de plus magnifique; n'attendez rien de plus remarquable qu'on puisse dire à la louange de Grégoire. Si l'âme vaut mieux que le corps, c'est un assez grand miracle que de la ressusciter en quelqu'un; le menteur même n'oserait le nier. Quant à l'empire que sa voix exerçait, quant à l'autorité avec laquelle l'exemple de sa vie imposait à ses subalternes, le lecteur studieux s'en assurera dans les livres qu'il a composés lui-même.

XIV. La faiblesse physique l'incommodait souvent, car il ne prenait aucun soin de ce qui regardait la chair; mais chaque fois que le malaise tourmentait trop gravement son corps fatigué par la pratique rigoureuse des austérités, il recourait à son cher Martin et aussitôt il était guéri: cela arrivait très-souvent. Quand et dans quelles circonstances, c'est ce qui est raconté dans l'histoire des miracles de saint Martin, de manière à réjouir le lecteur (1). En homme humble et dis-

(1) En effet, sans parler des miraculeuses guérisons que Grégoire raconte comme les ayant vu s'accomplir en faveur de tous ses proches, de son père arraché plusieurs fois à la mort (*Gl. des mart.*, LXXXIV, et *Gl. des conf.*, XL), de sa mère guérie d'un mal de jambe dont elle avait souffert pendant trente-quatre ans (*Mir. de S.-M.*, III, 10), de son frère Pierre (*Mir. de S.-Jul.*, XXIV), de son beau-frère Justin (*Mir. de S.-M.*, II, 2), de son oncle Gallus, délivré d'une épine qu'il s'était mise en marchant pieds nus dans les champs (*Mir. de S.-Jul.*, XXIII); d'une foule enfin de ses parents, amis ou serviteurs, le pieux évêque de Tours est intarissable quand il parle des miracles opérés sur sa propre personne par l'intervention céleste, surtout par la puissance de saint Martin. Ainsi un lot de reliques provenant de l'héritage de son père et enfermées dans un étui d'or, lui servait à conjurer l'incendie et l'orage (*Gl. des mart.*, LXXXIV), et saint Julien lui enleva une fois des douleurs de tête résultant d'un coup

cret, il commençait par s'administrer des médicaments matériels, mais plus il recherchait avec modestie ceux-là, se jugeant indigne de recevoir l'assistance d'un miracle, plus la bonté divine tenait en réserve pour lui sa puissance comme unique médicament. Il lui arriva une fois que, guéri par la vertu habituelle de saint Martin d'une douleur à la tempe, il conçut peu après, par l'insinuation du tentateur, la pensée que cette agitation des veines pourrait être calmée par une saignée. Pendant qu'il y réfléchit en lui-même, il sent battre avec violence les veines de ses deux tempes, la douleur l'envahit de nouveau avec plus de force; aussitôt il court tout troublé à la basilique, implore d'abord le pardon pour la pensée qu'il avait eue, puis il touche sa tête avec le voile du sépulcre sacré, et sur-le-champ il s'en retourne guéri (1).

XV. Il avait déjà composé plusieurs écrits à la louange de diverses personnes (2); et quoiqu'il brulât de l'amour de Martin plus que de nul autre, il ne se jugeait digne en aucune façon de rapporter ce qu'il y avait à écrire sur ses miracles, quand, averti par deux et trois fois durant son sommeil, il se

---

de soleil (*Mir. de S.-Jul.*, XXV); mais, par le grand saint Martin, il obtint d'échapper, sur la seule invocation de son nom (*Mir. de S.-Jul.*, I, 36), à une attaque de brigands; d'être délivré de la fièvre et de pustules sur tout le corps, en se faisant porter à son tombeau (*ib.*, I, 32); de la dyssenterie (*ib.*, II, 1) et du mal de dents (*ib.*, III, 60) au moyen de la poussière qu'on recueillait sur le sépulcre ou sur le sol environnant et qu'on buvait délayée dans de l'eau; de la migraine (*ib.*, II, 60), d'une inflammation d'entrailles (*ib.*, IV, 1), et d'une arête de poisson qui était restée trois jours dans sa gorge (*ib.*, III, 1), en appliquant sur la partie malade les tentures drapées au-dessus du monument; d'un gonflement de la langue et des lèvres en frottant sur la grille qui l'entourait le bout de sa langue (*ib.*, IV, 2); enfin il chassait la grêle loin de ses vignes en mettant sur l'arbre le plus élevé qui s'y trouvât (*ib.*, I, 34) un peu de cire découlée des cierges qu'on brûlait sur ce tombeau merveilleux.

(1) *Mirac. de S. Martin*, liv. II, ch. LX.

(2) Les critiques modernes pensent que ce fut par le récit des miracles du tombeau de saint Martin qu'il commença ses travaux littéraires.

vit menacé de tomber dans le crime par son silence. Il avait fait agrandir l'oratoire de Saint-Étienne, situé dans le faubourg de Tours, et reporter l'autel tout entier un peu plus loin qu'il n'était; mais n'ayant trouvé dans cet endroit aucune relique, il envoya un de ses abbés à l'évêché, pour prendre de celles du martyr saint Étienne. Il l'envoya en oubliant de lui donner la clef, en sorte que celui-ci, trouvant la châsse fermée, ne savait à quoi se décider. Retournerait-il à l'évêque pour avoir la clef, c'était un retard; apporterait-il la châsse entière, il savait que cela lui serait désagréable, parce qu'elle contenait des reliques d'un grand nombre de saints. Tandis qu'il hésitait en lui-même, il vit les barres se retirer et la châsse s'ouvrir comme pour attester que la grâce divine s'associait aux travaux de Grégoire. Le prêtre, remerciant Dieu, porta, au milieu de l'admiration générale, les reliques à Grégoire, qui, à son retour, trouva la châsse fermée, comme il l'avait laissée (1).

XVI. Grégoire opérait pour la guérison des malades beaucoup de choses qu'il serait trop long de raconter; cependant il en faisait honneur aux saints dont il portait les reliques, et s'efforçait de s'en dérober le mérite à lui-même. Plus il l'attribuait humblement à d'autres, plus il était vrai qu'elles s'opéraient par lui. En voici un exemple. Il s'avançait une fois sur la grand'route portant à son cou une croix d'or dans laquelle étaient des reliques de la bienheureuse Marie toujours vierge ou du bienheureux Martin : il aperçut non loin de la route la cabane d'un pauvre qui brûlait; elle était couverte, suivant l'usage des pauvres gens, de feuilles et de menus branchages, c'est-à-dire de matières inflammables. Le malheureux courait çà et là, avec sa femme et ses enfants; il criait, il jetait de l'eau, tout cela en vain. Déjà les flammes l'emportaient et on ne pouvait plus les arrêter. Mais alors

(1) *Gloire des Mart.*, ch. XXXIV.

Grégoire accourt, il élève la croix contre les gerbes de flammes, et bientôt le feu tout entier se trouve tellement paralysé à l'aspect des saintes reliques, qu'il ne peut plus brûler, pas même un peu, les parties dont il était déjà maître (1).

XVII. Il avait une affaire pour laquelle il devait se rendre dans la ville de Reims. Après avoir été gracieusement reçu par l'évêque Égidius, il y passa la nuit et le lendemain, qui était un dimanche; lorsque le jour fut venu, il alla à l'église pour converser avec l'évêque. Comme il attendait son arrivée dans la sacristie, car il ne voulait pas parler dans l'église, Sygo, autrefois référendaire du roi Sigebert (2), s'approcha de lui, et Grégoire après l'avoir embrassé, le fit asseoir à ses côtés. Ils parlèrent quelque temps ensemble, et Sygo, qui écoutait attentivement Grégoire, sentit une de ses oreilles, dont il était sourd depuis un certain temps, s'ouvrir tout d'un coup avec un bruit particulier. Il se mit à faire ses actions de grâce, en racontant ce que venait de produire en lui le voisinage de Grégoire. Mais l'homme de Dieu n'oublia pas ses habitudes d'humilité, et, s'efforçant d'enlever à cet homme l'idée qu'il avait : « Ce n'est pas à moi qu'il faut rendre grâce, dit-il, mon très-doux fils, mais au bienheureux Martin, dont j'ai sur moi, quoique indigne, des reliques, par la vertu desquelles l'ouïe t'a été rendue et ta surdité dissipée. »

XVIII. La charité était tellement chez lui la vertu dominante, qu'il avait pour ses ennemis eux-mêmes des sentiments de tendresse. L'exemple suivant le démontrera. Il lui arriva une fois de se rendre en Bourgogne vers sa vénérable

---

(1) *Gloire des Mart.*, ch. XI.
(2) Voy. *Hist.*, liv. V, ch. III, ci-après, p. 214, et *Mirac. de S. Martin*, l. III, ch. XVII.

mère. Dans des bois écartés qui se trouvent au delà de la rivière du Barberon (1), il rencontra des voleurs, qui se précipitèrent sur sa suite avec une telle violence, qu'ils semblaient vouloir, non pas seulement dépouiller, mais tuer. Leur irruption ne put effrayer Grégoire, qui marchait entouré de la protection de Martin : il invoqua son secours, et il en éprouva si promptement la présence, que les voleurs prirent la fuite plus rapidement qu'ils n'étaient apparus. Grégoire, usant de sa charité ordinaire, et sans se troubler au milieu du désordre, rappela les fuyards, et voulut demander à ces agresseurs de prendre à manger et à boire. Mais on eût cru qu'ils étaient poursuivis à coups de bâtons, et que leurs chevaux étaient emportés malgré eux avec une vitesse qui dépassait leurs forces, si bien qu'ils ne pouvaient entendre la voix qui les rappelait (2). Ainsi se montrait Grégoire, favorablement écouté d'en haut et appliqué aux œuvres de charité.

XIX. Grâce à lui, la foi du peuple et sa dévotion croissaient en abondance. Aussi arriva-t-il que l'ennemi malin, tourmenté d'une vive douleur et ne pouvant contenir les efforts de sa méchanceté, s'efforçait à haute voix de bouleverser la confiance et du pasteur et du troupeau. Le jour même de la naissance du Seigneur, comme Grégoire s'avançait pour célébrer pontificalement la fête, suivant l'usage, dans la principale basilique de la ville, un possédé, plus furieux que les autres, commença à se déchaîner outre mesure, et se portant au-devant des groupes qui marchaient devant Grégoire ou derrière lui, ou qui l'entouraient : « C'est en vain, s'écria-t-il, que vous allez fouler le seuil de la maison de Martin; c'est en vain que vous allez dans sa maison, car, à cause de vos crimes sans nombre, il vous a délaissés, il vous

---

(1) *Verberim* ou *Berberim*. On croit que c'est le Barberon, petit affluent du Dolon, rivière qui se jette dans le Rhône près de Vienne.
(2) *Mirac. de S. Martin*, liv. I, ch. XXXVI.

a fuis, et c'est à Rome qu'il fait des miracles. » Comme le diable soufflait ces paroles et d'autres semblables à la foule pressée, sa voix, non-seulement trouble les cœurs des gens de la campagne, mais elle frappe aussi de crainte les clercs et Grégoire lui-même. Ils entrent dans la basilique en versant des larmes abondantes, et tous se prosternent sur le pavé en priant, afin d'obtenir la présence du saint homme. Un homme qui, depuis plus de trois ans, avait deux mains et un pied paralysés, était prosterné comme les autres devant le saint autel, implorant le secours du bienheureux Martin, quand, tout à coup envahi par la fièvre, il commença à souffrir comme s'il eût été à la torture. Cependant le divin office se célébrait ; et au moment où le pieux évêque, redoublant de pleurs, attendait la venue du bienheureux Martin, où, suivant l'usage, on couvrait d'un voile les instruments du divin mystère, le malade fut pleinement rendu à la santé. Aussitôt Grégoire, plein de joie, rend grâces au Dieu tout-puissant, et, les yeux remplis d'une pluie de larmes, il éclate en ces paroles qu'il adresse au peuple : « Que la crainte, mes frères, s'éloigne de vos cœurs, car le bienheureux confesseur habite avec nous, et vous ne devez nullement croire le diable qui mentit dès le commencement du monde et n'a jamais connu la vérité. » Après qu'il eut donné au peuple ces paroles de consolation et d'autres encore, la douleur universelle se changea en joie, et tous, grâce à Martin et à Grégoire, revinrent chez eux plus contents qu'ils n'étaient venus (1).

XX. Puisque nous venons de parler de la naissance du Seigneur, nous mentionnerons ce qui arriva un jour de Noël à notre évêque. Pendant la nuit sacro-sainte de cette solennité, fatigué des cérémonies de la veille, il s'était mis un instant sur son lit, quand un homme s'avança vers lui avec vivacité en lui disant : « Lève-toi pour retourner à l'église. »

(1) *Mirac. de S. Martin*, liv. II, ch. xxv.

Il se réveilla, fit le signe de la croix et se rendormit. L'homme recommença et lui donna un second avertissement ; mais se sentant encore lourd à son réveil, il s'endormit de nouveau. Alors cet homme, venant pour la troisième fois, lui donna un soufflet sur la joue et lui dit : « C'est toi qui dois admonester les autres pour les faire aller aux vigiles, et voilà que tu te laisses si longtemps dominer par le sommeil. » Frappé de cette parole, Grégoire revint d'un pas rapide à l'église (1). I était tellement agréable aux yeux de la Divinité, qu'il ne pouvait pas, même sous le prétexte de l'humaine faiblesse, se permettre de négliger un moment son salut.

XXI. Nous croyons devoir ajouter à ce récit comment Dieu voulut le reprendre, afin qu'il ne péchât pas non plus par suite de la légèreté d'autrui. Comme le bienheureux Martin l'avait guéri d'une maladie désespérée, de manière à ce qu'il pût aller le lendemain à l'église, pour ne pas se fatiguer cependant aux solennités de la messe, il avait ordonné à l'un de ses prêtres d'en faire la célébration. Mais ce prêtre ayant prononcé avec je ne sais quelle incorrection les paroles consacrées, quelques-uns des assistants se mirent à se moquer de lui, disant qu'il eût mieux fait de se taire que de parler aussi grossièrement. La nuit venue, Grégoire vit un homme en songe qui lui dit qu'il ne fallait faire aucune observation sur les mystères de Dieu. Il résulta de là pour lui qu'il ne devait pas permettre à des sots ou à des hommes légers de rabaisser les saints mystères en sa présence.

XXII. Souvent l'homme de Dieu, comme un vrai gardien de lui-même et de son troupeau, allait au loin, soit pour l'utilité des siens, soit pour son propre salut. Une fois, en allant prier au tombeau de saint Hilaire, il se détourna pour visiter la reine sainte Radegonde. Tous deux, semblables à des habi-

---

(1) *Gloire des Mart.*, ch. LXXXVII.

tants du paradis, s'entretenaient entre eux des choses célestes, quand l'huile qui coulait ordinairement goutte à goutte devant les reliques de la sainte croix devint tellement abondante à l'arrivée de l'évêque, qu'en l'espace de moins d'une heure, il en coula plus d'un sextier. Lorsque cette bienheureuse reine fut sur le point d'être appelée devant le roi des cieux, Grégoire, l'homme de Dieu, reçut la nouvelle qu'elle était à sa fin; mais elle était déjà trépassée quand il accourut, et il donna la sépulture à ses saints membres. En même temps il bénit solennellement l'autel établi sur le tombeau, en réservant toutefois à l'évêque du lieu, qui par hasard était alors absent, le soin de fermer le cercueil (1).

XXIII. Il avait une affaire qui l'obligeait à traverser le fleuve de la Garonne près du château de Blaye; mais ce fleuve avait tellement grossi, qu'il inspirait une assez grande crainte, rien qu'à le regarder. Non loin de là repose saint Romain, prêtre que notre Martin ensevelit, ainsi qu'il est raconté dans sa vie. Comme les bourrasques de vent d'un côté, les montagnes liquides de l'autre mettaient le navigateur en grand péril, il leva les yeux au ciel, puis regarda l'église de ce saint Romain, et la mer entière s'aplanit bientôt si complétement que tout bruit sinistre s'évanouit et qu'il fut transporté sans courir aucun danger sur l'autre rive (2).

XXIV. Il avait accompli déjà seize années d'épiscopat, lorsque son homonyme, le grand Grégoire, fut placé sur le siége apostolique (3). On croit qu'ils ont été quelque temps attachés l'un à l'autre d'une étroite amitié ; et ce sentiment serait bien naturel, car Fortunat compare ce pape à Grégoire de Nazianze, et dit que la personne de ce dernier fut comme

---

(1) *Gloire des Mart.*, ch. v.
(2) *De la Gloire des Confesseurs*, ch. XLVI.
(3) En effet, saint Grégoire le Grand fut élu pape en 590.

un présent fait à l'Orient, celle de Grégoire de Rome un présent fait au Midi, et notre Grégoire à nous un présent aux contrées occidentales. Ce dernier s'étant rendu à l'église des Saints-Apôtres (1), le saint-père le reçut avec une grande déférence; et l'ayant conduit à l'endroit où saint Pierre confessa le Christ, il s'arrêta à ses côtés, attendant jusqu'à ce qu'il eût achevé sa prière. Et tandis qu'il attendait, il considérait avec étonnement, car c'était un génie profond, les secrètes dispensations de Dieu à l'égard de l'homme qu'il avait sous les yeux, et qui, petit par la taille, avait reçu du ciel une telle abondance de grâce. Celui-ci s'en aperçut aussitôt par une perception divine, et, se relevant après sa prière, il se tourna vers le pape de l'air calme qu'il conservait toujours et lui dit : « C'est le Seigneur qui nous a faits, et non pas nous qui nous sommes faits nous-mêmes ; il est le même dans les petites choses et dans les grandes. » Le pape comprit que ces paroles répondaient à sa pensée, et, tout réjoui de cette observation, il commença à professer une vénération profonde pour cette grâce qu'il avait seulement admirée jusque-là dans Grégoire, et il honora le siége épiscopal de Tours du don d'une chaise d'or qui devait y être toujours conservée.

XXV. Déjà saint Martin, glorifiant partout son disciple Grégoire, avait manifesté de bien des manières combien il le favorisait ; mais, voulant même coopérer à ses œuvres, il daigna quelquefois y être présent avec tout l'éclat qui l'accompagne, tout en restant invisible. Ayant intention de con-

---

(1) C'est-à-dire au Vatican, à Rome. Dom Ruinart dit à ce sujet : « Il semble que Grégoire dut faire ce voyage en l'année 594 ; car il passa dans les Gaules, d'après les *Vies des Pères* et autres de ses écrits, les trois années qui précédèrent, et pendant lesquelles Grégoire le Grand gouvernait déjà l'Église comme souverain pontife. » Ce voyage, dont il n'y a pas d'autre mention que ces lignes de l'abbé Odon, et dont on ne trouve pas trace dans les écrits de Grégoire, est extrêmement douteux.

sacrer un oratoire dans une salle qui servait de cabinet à son prédécesseur, Grégoire y transportait des reliques de saint Saturnin, qu'il avait prises avec un grand respect dans la basilique du seigneur Martin. Il y avait en effet un chœur considérable de prêtres et de lévites en robes blanches, une noble assemblée de citoyens décorés de fonctions, une foule nombreuse de peuple du second ordre ; les cierges rayonnaient majestueusement, les croix se haussaient dans les airs. Lorsqu'on fut arrivé à la porte, une lueur terrible remplissant tout d'un coup la chambre frappa tous les yeux d'un éclat excessif, et, se prolongeant, courait çà et là comme la foudre. Tout le monde, saisi d'une peur extrême, était prosterné sur le sol. Mais Grégoire, comme s'il eût été dans le secret de ce miracle si grand, les exhorta avec fermeté et leur dit : « Ne craignez rien ; souvenez-vous de quelle manière on vit un globe de feu sortir de la tête du bienheureux Martin pour s'élever vers le ciel, et croyez qu'il est venu lui-même avec ses saintes reliques afin de nous visiter. » Tous alors magnifièrent Dieu, et cet homme vénérable répétait avec les clercs : « Bénit soit celui qui vient au nom du Seigneur ; Dieu Notre-Seigneur a lui sur nous (1). »

XXVI. Qu'il suffise de ce peu de paroles sur notre évêque. Nous ne le recommandons pas au moyen d'une quantité de miracles, comme on en attribue d'ordinaire même à des réprouvés, mais cette sorte de gloire ne lui manqua pas non plus. C'en est assez d'ailleurs pour faire briller son honneur qu'il ait suivi, humble de cœur, l'exemple du Christ, et qu'il n'ait point mis son espérance dans les trésors d'or et d'argent. C'est certainement avoir fait des choses miraculeuses que d'avoir pu, comme nous l'avons montré plus haut, en partie du moins, se garder des liens du péché. Être

---

(1) *Gloire des Confesseurs*, ch. xx.

exempt de péchés, est une gloire supérieure à toute autre. La vingt et unième année de son épiscopat (1), c'est-à-dire au moment où il eut rempli le nombre de trois fois sept ans dans la foi envers la sainte Trinité, il fut déposé auprès de ses ancêtres, moins rassasié de jours, car il avait été ordonné à l'âge de près de trente ans (2), que plein de perfection. Toutefois, celui-là n'est pas entièrement scellé dans la tombe, auquel il reste que sa parole même est vivante dans le monde ; et de même que nous croyons Grégoire uni à saint Martin dans le ciel, de même son saint corps est voisin du sien dans le tombeau. Ceux de Tours donc, s'ils ne veulent passer pour ingrats, eu égard aux présents divins qu'ils ont reçus, doivent se rappeler toujours combien Dieu les a protégés. Le patron qu'il leur a donné n'est pas un saint ordinaire : c'est Martin, duquel on ne sait pas où commencer ses louanges, ni quelle louange particulière faire de lui, puisque ses moindres actions sont manifestement plus grandes, comme on l'a écrit, que les plus grandes actions des autres.

(1) Environ l'année 594 par conséquent, Grégoire ayant été ordonné en 573.

(2) *Fermé tricennalis*. Grégoire rapporte lui-même (*Mirac. de S. Martin*, liv. III, ch. x) que sa mère, aussitôt après l'avoir mis au monde, ressentit une douleur à la jambe dont elle ne fut guérie que trente-quatre ans après, lorsqu'étant venue le voir à Tours, elle put prier au tombeau de saint Martin. *Post ordinationem meam advenit Turonis*, dit-il, et plus loin : *discessit dolor qui per triginta quatuor annos feminam fatigaverat*. C'est en se reportant, d'après ce passage, à trente-quatre ans avant l'année 573, où Grégoire fut revêtu de la dignité épiscopale, qu'on a placé sa naissance à l'an 539. Mais Grégoire ne dit pas que ce fut de suite après son ordination que sa mère vint le voir. Les mots dont il se sert permettent de croire qu'elle ne vint qu'au bout de quelque temps ; dès lors, pourquoi n'ajouterait-on pas foi aux paroles d'Odon, qui dit avec une certaine recherche d'exactitude que Grégoire n'avait pas tout à fait trente ans quand il parvint à l'épiscopat ? Odon était mieux renseigné que nous sur les dates de la vie de Grégoire, par les obituaires de l'église ou l'évêque était enterré, et peut-être par les inscriptions gravées sur les deux tombeaux dont il parle un peu plus loin. — Grégoire ainsi serait né en 543.

Toutes les nations du monde, pour ainsi dire, témoignent quel honneur on doit lui porter en le chérissant d'une affection si étroite, que même en notre temps, où la piété devient si tiède, nous voyons affluer à son très-saint tombeau une foule de gens dont le pays et le langage sont inconnus, en sorte qu'on peut dire avec justice de ce Martin : « Toute la terre est avide de le voir. » Leur zèle condamne énergiquement et à bon droit notre inertie, à nous qui sommes près de lui ; mais il est clair que ce n'est pas sans une dispensation divine que son amour a pénétré tous les cœurs au point de rendre sa mémoire partout douce comme celle d'un second Josias, et qu'il s'est tellement étendu par toutes les contrées de la terre, que là où règne le nom du Christ, là Martin est honoré. Aux habitants de la Touraine a encore été donné Grégoire, homme remarquable par la sainteté et aussi par la science, afin que la cité de Tours ne fût pas une ville sans éclat et destituée de la pratique des lettres, mais qu'elle fût plutôt illustrée par lui après l'avoir été par Martin, comme la ville de Romulus, après les apôtres, fut décorée d'un autre Grégoire. Soyons assurés que nous avons Grégoire pour avocat et pour gardien, soit auprès de Dieu, soit auprès du bienheureux Martin, et que nous pouvons lui confier nos besoins pour qu'il y satisfasse. Grégoire, en effet, ne perdra point le souvenir de la bonté qui l'animait ainsi que Martin dont il nous a fait connaître avec tant de sollicitude le cœur compatissant. Pour nous montrer cette compassion, il a recueilli les miracles du saint, afin que tous ceux qui sauraient à l'avenir quel nombre énorme il en a opéré, et de quelle importance ils étaient et quelles maladies désespérées il guérissait, ne puissent jamais douter de sa puissance. Et s'il arrive, par suite de la différence des temps, que les miracles matériels ont cessé, croyons cependant toujours qu'il opère en nos âmes celui de les soutenir par sa vertu. Que Grégoire donc, qui connaissait la miséricorde de Martin, lui rappelle toujours son troupeau, que toujours il lui demande le maintien du saint lieu où Martin repose, et qu'il le prie pour la prospérité de tout le royaume. N'oublions pas non plus comment il a conservé jusque dans sa propre sépulture ses habitudes d'humilité. Il s'était fait ensevelir dans un endroit placé de telle manière, qu'il devait être sans cesse foulé aux pieds par tout le monde (1), et l'on était empêché nécessairement par la disposition du lieu de lui témoigner jamais aucun respect. Mais le troupeau du bienheureux Martin, ne pouvant supporter de telles choses, a levé de cette place l'ami de son seigneur, et l'a déposé avec le respect convenable dans un riche mausolée élevé à la gauche du sépulcre saint (2). Il est mort le 17 novembre, dans la semaine même consacrée à Martin (3) : de telle sorte qu'après avoir commencé, déjà malade, à célébrer la fête du saint, il put l'achever joint avec lui dans le ciel, par la grâce du Seigneur Jésus-Christ, Dieu vivant, qui règne avec le Père et le Saint-Esprit aux siècles des siècles. Amen.

(1) C'est dire clairement qu'il était inhumé sous une dalle gravée. Les archéologues ne font cependant pas remonter si haut les exemples de ce qu'ils appellent les *pierres tombales*. Voy. l'*Abécédaire* de M. de Caumont, *Architect. relig.*, 1854, p. 231.

(2) Le tombeau de Grégoire de Tours, reconstruit avec luxe par saint Ouen à la fin du septième siècle, puis rétabli, au commencement du onzième, après les ravages des Normands, par Hervé, trésorier de l'église de Tours, disparut en 1562 sous les coups des Huguenots. On lit dans les délibérations du chapitre de Saint-Martin de Tours, qu'à la date du 1er juillet 1563, les chanoines ordonnèrent qu'on remettrait en place dans leur église « l'un des grands os des bras de saint Martin avec un fragment de sa tête et quelques morceaux des crânes de saint Brice et de saint Grégoire qui avaient échappé au feu. » Ces derniers débris n'ont pas survécu à la tourmente de 1793.

(3) L'Église célèbre la fête de saint Martin le 11 novembre.

PRÉFACE.

Les cités de la Gaule laissaient déchoir ou plutôt laissaient périr la culture des belles-lettres. D'assez nombreux événements se succédaient, tantôt bons, tantôt mauvais; les peuples s'abandonnaient à leur férocité, les rois aiguisaient leur fureur; les églises, défendues par les catholiques, étaient assaillies par les hérétiques; la plupart bouillaient de la foi du Christ, d'autres se laissaient attiédir, et les églises elles-mêmes se voyaient tantôt enrichies par les dévots, tantôt dépouillées par des traîtres; mais l'on n'aurait pas pu trouver un seul homme qui, grammairien versé dans la dialectique, sût dépeindre tout cela soit dans le langage de la prose, soit dans celui des vers. La plupart en gémissaient souvent et disaient : « Malheur à notre temps, car l'étude des lettres a péri parmi nous, et l'on ne trouve personne dans le monde qui soit capable de faire connaître par ses écrits les événements de nos jours ! » Considérant ces plaintes ou d'autres semblables qui se répétaient constamment, et désireux de conserver la mémoire des choses passées, afin que la connaissance en soit transmise à ceux qui viennent après nous, je n'ai pu taire, en mon style inculte, ni les démêlés des méchants ni la vie des gens de bien; séduit surtout par cette parole encourageante qui m'a souvent frappé, chez nous, quand je l'entendais : « que bien peu comprennent un rhéteur qui disserte, mais beaucoup un rustre qui parle ».

J'ai cru aussi, pour que le compte des années fût intelligible, devoir commencer à la création du monde le premier livre, dont j'ai indiqué ci-après les chapitres.

HISTOIRE ECCLÉSIASTIQUE

DES FRANCS,

EN DIX LIVRES.

LIVRE PREMIER.

1. De la création d'Adam et d'Ève, et des traits d'Adam. — 2. Comment Caïn tue son frère Abel. — 3. Énoch le juste; de quelle manière il est enlevé par Dieu. — 4. Du déluge, de Noé, de l'arche, de la colère de Dieu et de la supputation des générations. — 5. De la postérité de Noé et de ses fils, particulièrement de Chus, fils de Cham, inventeur de la magie, de l'idolâtrie et de la danse. — 6. De la tour de Babel, et de la confusion des langues. — 7. De l'origine, de la naissance et de la vie d'Abraham; de Ninus. — 8. D'Isaac, d'Ésaü et de ses fils; et de Job. — 9. De Jacob et de ses fils, et de Joseph en Égypte. — 10. De la nature du Nil, et du passage de la mer Rouge. — 11. Des fils d'Israël dans le désert, et de leur entrée dans la terre promise; de Josué. — 12. Des rois des Juifs. — 13. De Salomon et de l'édification du temple. — 14. Comment le royaume d'Israël fut divisé à cause de la dureté de Roboam; de la captivité de Babylone, et des prophètes de ce temps-là. — 15. Du retour des Juifs de Babylone, jusqu'à la naissance du Christ. — 16. Des rois des autres nations et de leurs règnes. — 17. Des

empereurs romains; du temps où la ville de Lyon a été fondée. — 18. De la nativité de notre sauveur; des présents des mages, et du massacre des enfants. — 19. De la prédication, des miracles et de la passion du Christ. — 20. De Joseph d'Arimathie, qui l'ensevelit. — 21. Du vœu de l'apôtre Jacques. — 22. Du jour de la résurrection du seigneur. — 23. De l'ascension du seigneur, et de la mort de Pilate et d'Hérode. — 24. De Pierre qui vint à Rome et rendit témoignage au Christ par le martyre; de Néron, de Jacques, de Marc et de Jean l'évangéliste. — 25. De la persécution sous le règne de Trajan. — 26. De l'origine des hérésies et des schismes. — 27. Des martyrs Photin et Irénée. — 28. De la persécution sous Dèce; des sept personnes envoyées dans les Gaules pour y prêcher la foi. — 29. De la conversion des Biturigiens. — 30. De la persécution sous Valérien et Gallien; de Chrocus et du temple des Arvernes. — 31. Autres martyrs. — 32. Du martyr Privat et du tyran Chrocus. — 33. De la persécution sous Dioclétien. — 34. De Constantin le Grand, du bienheureux Martin, et de la découverte de la croix du seigneur. — 35. Du règne de Constance. — 36. De l'arrivée de saint Martin; de la matrone Mélanie. — 37. De la mort de l'empereur Valens. — 38. De Théodose et de son gouvernement; de la mort du tyran Maxime. — 39. D'Urbicus, évêque d'Auvergne. — 40. De saint Allire, et de son successeur à l'épiscopat. — 41. De saint Népotien, également évêque d'Auvergne. — 42. De la chasteté et de la sépulture des *Deux-Amants*. — 43. De la mort de saint Martin.

PROLOGUE.

Devant écrire les guerres des rois contre les nations ennemies, des martyrs contre les païens, des églises contre les hérétiques, je veux d'abord exposer ma croyance, afin que celui qui me lira ne doute point que je ne sois catholique. J'ai voulu aussi, à cause de ceux qui s'effrayent de la fin prochaine du monde, montrer clairement, par un relevé du temps passé, additionné d'après les chroniques et les histoires, combien il s'est écoulé d'années depuis la création. Mais d'abord, je demande grâce aux lecteurs si j'ai failli dans les lettres ou dans les syllabes, contre l'art de la grammaire dont je n'ai pas été très-bien instruit, m'étant appliqué seulement à retenir, sans fard, mais aussi sans hésitation de cœur, ce dont l'église prêche la croyance; car je sais qu'exposé aux péchés, l'homme ne peut que par la foi obtenir grâce auprès du bon Dieu.

C'est pourquoi, je crois en Dieu, le père tout-puissant; je crois en Jésus-Christ, son fils unique, notre seigneur Dieu, né du père, non créé; je crois qu'il a toujours été avec le père, non depuis un temps, mais antérieurement à tous les temps; car celui-ci ne pouvait être appelé père s'il n'avait un fils, et il ne pouvait y avoir un fils qu'il n'y eût un père. Ceux qui disent : *Il était quand il n'était pas* (1), je les repousse avec horreur, et j'affirme qu'ils sont séparés de l'église. Je crois que le Christ est ce verbe du père par lequel toutes choses ont été faites. Je crois qu'il est ce verbe fait chair par la mort duquel le monde a été racheté; je crois que c'est sa substance humaine, et non sa personne divine, qui a été soumise à la passion. Je crois qu'il est ressuscité le troisième jour, qu'il a délivré l'homme qui était perdu, qu'il est monté au ciel, qu'il est assis à la droite du père; qu'il viendra juger les vivants et les morts. Je crois que le saint esprit est procédé du père et du fils, qu'il ne leur est pas inférieur ni postérieur, mais égal, et qu'il est Dieu de toute éternité avec le père et le fils, consubstantiel à eux en nature, égal en toute-puissance, co-éternel en essence, en sorte qu'il n'a jamais existé sans le père et le fils, et qu'il n'est inférieur ni au père ni au fils. Je crois que cette trinité sainte subsiste dans la distinction des personnes; et qu'autre est la personne du père, autre celle du fils, autre celle du saint esprit; dans laquelle trinité je confesse une seule divinité, une seule puissance, une seule essence. Je crois que, vierge avant l'enfantement, la bienheureuse

---

(1) Allusion au dogme hérétique des Ariens.

Marie demeura encore vierge après. Je crois que l'âme est immortelle, mais cependant qu'elle ne participe point de la divinité. Je crois fidèlement enfin tout ce qui a été statué par les trois cent dix-huit évêques, à Nicée. Touchant la fin du monde, je crois ce que j'ai appris de ceux qui nous ont précédés, c'est-à-dire que l'Antechrist introduira d'abord la circoncision, se donnant pour le Christ; ensuite il placera sa statue dans le temple de Jérusalem pour la faire adorer, comme nous lisons (1) que l'a dit le seigneur : *Vous verrez l'abomination de la désolation établie dans le lieu saint* (2). Mais que les hommes ignorent quand ce jour viendra, c'est ce que le seigneur lui-même fait voir lorsqu'il dit : *Quant à ce jour ou à cette heure-là, nul ne les sait, ni les anges des cieux, ni le fils, mais le père seul* (3). Et ici nous répondrons aux hérétiques qui nous attaquent en soutenant que le fils est inférieur au père, puisqu'il ignore ce jour. Qu'ils sachent donc que ce fils est le peuple chrétien, duquel Dieu a dit d'avance : *Je serai comme leur père, et ils seront comme mes fils* (4). S'il eût voulu parler de son fils unique, il n'eût jamais, en effet, placé les anges avant lui, et il dit : *Ni les anges des cieux, ni le fils*; ce qui montre qu'il s'agit ici, non de son fils unique, mais de son peuple adoptif. Notre fin, c'est le Christ lui-même, qui nous accordera la vie éternelle avec une généreuse indulgence, si nous nous sommes convertis à lui.

Le calcul de l'âge du monde et le compte complet de toutes les années écoulées sont clairement exposés dans les chroniques d'Eusèbe, évêque de Césarée (5), et du prêtre Jé-

---

(1) Grégoire de Tours cite ordinairement l'écriture conformément à la version de la Vulgate; mais souvent aussi il cite une version différente, ou même il ne donne que l'esprit de la Bible.

(2) Mathieu, XXIV, 15.

(3) Marc, XIII, 32.

(4) Paul aux Corinth., épit. II, ch. VI, v. 18.

(5) Historien et théologien, né en 270, mort en 338; il écrivait en grec.

rôme (1); Orose, apportant le plus grand soin à la même recherche, a donné aussi l'ensemble des années depuis le commencement du monde jusqu'à son temps; Victorius (2) a fait la même chose dans ses recherches pour déterminer la fête solennelle de Pâques. Nous aussi, nous conformant à l'exemple de ces écrivains, nous avons l'intention, si Dieu daigne nous prêter son appui, de calculer la série entière des années écoulées depuis l'état où était le premier homme jusqu'à notre temps. C'est ce que nous pourrons facilement faire, en commençant par Adam.

I. Au commencement, le seigneur créa le ciel et la terre en la personne de son Christ, qui est le principe de toutes choses, c'est-à-dire en son fils; celui-ci, après avoir créé les éléments du monde, prit une motte d'un fragile limon, en forma l'homme à son image et à sa ressemblance, et souffla sur sa face le souffle de la vie, et l'homme fut fait en âme vivante. Pendant que l'homme dormait, une côte lui fut enlevée et Ève, la femme, fut créée. Il n'est point douteux que ce premier homme, Adam, avant qu'il ne péchât, n'eût les traits du seigneur notre rédempteur Jésus-Christ; en effet, au moment où le Christ s'endormit dans l'assoupissement de la mort et fit sortir de son côté l'eau et le sang, il se représenta l'Église vierge et immaculée, rachetée par ce sang, purifiée par cette eau, n'ayant ni tache ni ride; c'est-à-dire qu'elle a été lavée par l'eau à cause de sa souillure, étendue sur la croix à cause de ses vices. Ces premières créatures humaines vivaient heureuses au milieu des délices du paradis, quand, séduites par la ruse du serpent, elles transgressèrent les ordres divins. Rejetées dès lors de cette demeure céleste, elles furent livrées aux labeurs de ce monde.

(1) Saint Jérôme (331-420) traduisit en latin la chronique d'Eusèbe et la continua jusqu'à l'an 378.
(2) Savant aquitain qui vivait au milieu du cinquième siècle.

II. La femme ayant été visitée par son compagnon, conçut et enfanta deux fils. Mais comme Dieu regardait le sacrifice de l'un avec faveur, l'autre, gonflé des feux de l'envie, se lève pour l'effusion du sang fraternel, et, le premier des parricides, il attaque son frère, le terrasse et le tue.

III. Dès lors, toute la race se précipita dans des crimes abominables, à l'exception d'Énoch le juste, qui, marchant dans les voies de Dieu, et recueilli, pour sa justice, par le Seigneur lui-même, est séparé de ce peuple de pécheurs. Nous lisons en effet : *Énoch marchait avec Dieu, et il ne parut plus, parce que Dieu le retira* (1).

IV. Le Seigneur donc, irrité contre les iniquités d'un peuple qui ne marchait pas dans ses sentiers, envoya le déluge, et détruisit par l'inondation toute âme vivante sur la surface de la terre. Dieu conserva seulement dans l'arche, pour renouveler le genre humain, Noé, qui s'était donné à lui, le servant très-fidèlement et qui reproduisait son image, avec sa femme et les femmes de ses trois fils. Ici, les hérétiques nous attaquent et nous demandent pourquoi l'Écriture sainte représente le seigneur comme irrité. Qu'ils apprennent donc que notre Seigneur ne s'irrite pas à la manière des hommes ; il s'émeut pour inspirer la crainte, il chasse pour rappeler, il s'irrite pour corriger. Je ne fais point de doute, quant à la forme de l'arche, qu'elle ne représentât l'image de l'Église notre mère. Passant, en effet, à travers les flots et les écueils de ce monde, l'Église, en nous offrant un maternel appui contre les maux qui nous menacent, nous couvre de sa protection dans un doux embrassement.

Depuis Adam jusqu'à Noé, il y a dix générations, savoir : Adam, Seth, Énos, Caïnan, Malaleel, Jared, Énoch, Matusalam, Lamech, Noé. Pour ces dix générations l'on trouve

---

(1) Genèse, v, 24.

mille deux cent quarante-deux ans. Adam fut enterré dans la terre d'Enachim, qu'on appelait auparavant Ebron, ce qu'exprime évidemment le livre de Josué (1).

V. Après le déluge, Noé avait donc trois fils, Sem, Cham et Japhet. De Japhet sortirent plusieurs nations, de même de Cham et de Sem. Et, comme le dit l'histoire des temps anciens, c'est par eux que le genre humain a été propagé sous tous les points du ciel. Le premier né de Cham fut Chus, qui, inspiré par le démon, devint le premier inventeur de tout l'art des magiciens et de l'idolâtrie. Le premier, à l'instigation du diable, il façonna une petite statue pour l'adorer. Au moyen d'un pouvoir trompeur, il montrait aux hommes des étoiles et du feu tombant du ciel. Il passa chez les Perses. Ceux-ci le nommèrent Zoroastre, c'est-à-dire étoile vivante, et, accoutumés par lui à adorer le feu, ils le révèrent comme un Dieu qui lui-même aurait été consumé par le feu céleste.

VI. Lorsque les hommes, qui s'étaient multipliés, commençaient à se disperser par toute la terre, ils rencontrèrent, étant sortis de l'Orient, la fertile campagne de Sennaar. Là ils bâtissent une ville, et s'efforcent de construire une tour qui atteigne jusqu'aux cieux; mais, bouleversant leur vain projet, et leur langage, et eux-mêmes, Dieu les dispersa au loin à droite et à gauche dans le monde entier. La ville fut nommée Babel, c'est-à-dire Confusion, parce qu'en cet endroit Dieu avait mis la confusion dans leur langage. C'est la ville de Babylone, bâtie par le géant Nembrod, fils de Chus. Comme le rapporte Orose dans son histoire, elle fut disposée en carré dans une plaine admirable; son enceinte, de brique mêlée de bitume, a cinquante coudées d'épaisseur, deux cents de hauteur, et quatre cent soixante-dix stades de tour. Le

---

(1) Josué, xiv, 15.

stade vaut cinq *aripennes* (1); sur chacun de ses côtés se trouvent vingt-cinq portes, ce qui fait cent portes en tout. Les battants de ces portes, d'une grandeur merveilleuse, furent formés d'airain fondu. Le même historien raconte encore beaucoup d'autres choses de cette cité, et il ajoute que, malgré la beauté de sa construction, elle n'en fut pas moins prise et renversée.

VII. Le premier fils de Noé fut Sem, duquel, à la dixième génération, naquit Abraham ; de cette manière : Noé, Sem, Arphaxad, Salé, Heber, Phalech, Reü, Sarug, Tharé, qui engendra Abraham. Pendant ces dix générations, c'est-à-dire depuis Noé jusqu'à Abraham, on trouve neuf cent quarante-deux années. En ce temps régnait Ninus, qui bâtit la ville qu'il appela Ninive, et dont la grandeur, suivant le prophète Jonas, s'étendait sur un espace égal à trois journées de chemin (2). C'est dans la quarante-troisième année du règne de Ninus que naquit Abraham, et c'est à Abraham que commence notre foi : c'est à lui que furent faites de nouvelles promesses ; c'est à lui que le Christ notre seigneur fit connaître qu'un jour il viendrait au monde, et que changeant la victime, il souffrirait pour nous ; car il dit lui-même dans l'évangile : *Abraham a désiré avec ardeur de voir mon jour : et il l'a vu, et il a été rempli de joie* (3). Sévère rapporte dans sa chronique (4) que le sacrifice offert par Abraham eut lieu sur le mont Calvaire, où Jésus fut crucifié ; et c'est encore aujourd'hui l'opinion commune dans la ville de Jérusalem. Sur cette montagne, se dressa la croix sainte où fut attaché notre rédempteur, et d'où coula son bienheureux sang. Notre Abraham reçut le signe de la circoncision ; ce qui montre que ce

---

(1) Mot gaulois qu'il serait peut-être mieux de traduire par *arpents*.
(2) Jonas, III, 3.
(3) Saint Jean, VIII, 56.
(4) Sulpice Sévère écrivait vers l'an 400. Le passage que cite ici Grégoire ne se trouve pas dans le texte qui nous en est parvenu.

qu'il porta sur son corps, nous devons le porter dans notre cœur, car le prophète a dit : *Ayez soin de vous circoncire pour votre Dieu, et d'émonder la souillure de votre cœur* (1). Il dit encore : *Ne suivez point les dieux étrangers* (2). Et encore : *Un incirconcis de cœur n'entrera point dans mon sanctuaire* (3). Dieu en ajoutant une syllabe au premier nom d'Abraham, l'appela : Père de nations nombreuses (4).

VIII. Il avait cent ans lorsqu'il engendra Isaac ; or Isaac, dans la soixantième année de son âge, eut de Rébecca deux fils jumeaux. Le premier fut Esaü, nommé aussi Edom, c'est-à-dire fait de terre ; par gourmandise, il vendit ses droits d'aînesse. Il est le père des Iduméens ; Jobab en descendit à la quatrième génération, de cette manière : Esaü, Raguel, Zara, Jobab, le même que Job. Celui-ci vécut deux cent quarante-neuf ans. Dans sa quatre-vingtième année il fut délivré de ses infirmités ; après sa guérison, il vécut cent soixante-dix ans (5), et il eut le bonheur de recouvrer le double de tout son bien, et d'obtenir autant de fils qu'il en avait perdu.

IX. Le second fils d'Isaac fut Jacob, chéri de Dieu, comme le dit le seigneur par la bouche du prophète : *J'ai aimé Jacob, mais j'ai haï Esaü* (6). Après sa lutte contre un ange,

---

(1) Deutér., x, 16.
(2) Jérém., XXXV, 15.
(3) Ézéch., XLIV, 9.
(4) Abram signifiait *père élevé* ; Abrahàm, *père élevé de la multitude* ; Gen., XVII, 5.
(5) Pas plus que les différentes versions de la Bible, les divers manuscrits de Grégoire de Tours ne sont pas d'accord sur ces chiffres. Soit erreurs de l'auteur, soit fautes des copies par lesquelles son ouvrage nous est parvenu, il ne faut pas chercher à vérifier l'exactitude des calculs de chronologie parmi lesquels il s'égare dans le cours de ce premier livre.
(6) Malach., I, 2 et 3.

Jacob fut nommé Israël (1), et de ce nom vint celui d'Israélites. Il engendra les douze patriarches dont voici les noms : Ruben, Siméon, Lévi, Juda, Issachar, Zabulon, Dan, Nephthali, Gad et Asser. Après ceux-ci Jacob, dans la quatre-vingt-douzième année de son âge, eut de Rachel, Joseph, qu'il aima plus que tous ses autres fils. Il eut aussi de Rachel, Benjamin, qui fut le dernier de tous. Joseph, à l'âge de seize ans, image anticipée du rédempteur, vit des songes qu'il rapporta à ses frères : il lui semblait lier des gerbes que les gerbes de ses frères adoraient ; ou bien voir descendre à ses pieds le soleil et la lune avec onze étoiles. Cela fit naître chez ses frères une grande haine contre lui ; de sorte qu'enflammés de jalousie, ils le vendirent pour vingt pièces d'argent à des Ismaélites qui passaient allant en Égypte. Mais eux-mêmes, menacés par la famine, étant descendus dans le même pays, ils y furent reconnus par Joseph, sans pourtant le reconnaître. Joseph cependant se découvrit à eux, après leur avoir fait subir beaucoup d'épreuves et après s'être fait amener Benjamin, qui était né de la même mère que lui, de Rachel. Ensuite tous les Israélites descendirent en Égypte, où, par Joseph, ils jouirent de la faveur du pharaon. Jacob y mourut, après avoir béni ses fils, et fut enseveli dans le tombeau de son père Isaac, dans la terre de Chanaan. Joseph étant mort, le pharaon réduisit en servitude toute la race des Israélites qui fut délivrée par Moïse après les dix plaies d'Égypte, et après que le pharaon eût été englouti dans la mer Rouge.

X. Comme on a beaucoup parlé de ce passage de la mer Rouge, il m'a paru convenable de dire quelque chose dans cet écrit de la position des lieux, et du passage lui-même. Le Nil, comme tout le monde sait, court à travers l'Égypte, et l'arrose par ses débordements ; de là le nom d'habi-

(1) C'est-à-dire *fort contre Dieu* ; Genèse, XXXII, 28.

tants du Nil donné aux Égyptiens. Un grand nombre de gens qui ont parcouru le pays rapportent que les bords du fleuve sont maintenant couverts de saints monastères. Sur sa rive s'élève, non cette Babylone dont nous avons parlé plus haut, mais une autre cité du même nom (1) dans laquelle Joseph construisit, en pierres carrées et en moellons, des greniers d'un travail admirable, spacieux par le bas, mais étroits au sommet, et disposés de façon à recevoir par une petite ouverture le blé qu'on y jetait; on les voit encore aujourd'hui (2). C'est de cette ville que le roi d'Égypte partit pour se mettre à la poursuite des Hébreux avec ses armées de chars et un grand nombre de fantassins. Le fleuve du Nil venant de l'orient, court à l'occident vers la mer Rouge (3). De l'occident s'avance un étang ou un bras de la mer Rouge qui va contre l'orient et qui a environ cinquante milles de long sur dix-huit de large. A la tête de cet étang a été bâtie la ville de Clysma (4), non à cause de la fertilité du lieu, car rien n'est plus stérile, mais à cause du port, dont la commodité fait que les navires venant de l'Inde s'y reposent. Les marchandises achetées là sont répandues par toute l'Égypte. Les Hébreux se dirigeant par le désert, vers cet étang, parvinrent jusqu'à la mer; et ayant trouvé là des eaux douces, ils y formèrent leur camp. Ils s'établirent donc dans ce lieu resserré entre les déserts et la mer, ainsi qu'il est écrit : *Pharaon, apprenant qu'ils étaient renfermés entre la mer et le désert, et qu'il n'y avait point de chemin par où ils pussent s'échapper, se mit à leur poursuite* (5). Et comme les

(1) Masr-el-Atikah, ou le Vieux-Caire.
(2) Il s'agit ici des pyramides. Cette erreur sur leur destination, erreur généralement adoptée par les écrivains arabes, repose sur une fausse étymologie tirée du mot grec πυρός, froment. (*Letronne.*)
(3) Grégoire semble adopter par ces mots une vieille tradition qui ne craignait pas de faire venir le Nil de l'Inde en Égypte, par dessous la mer Rouge.
(4) On croit retrouver cette ville dans *Colzum*, au fond du golfe de Suez.
(5) Exode, XIV, 3.

Égyptiens approchant, le peuple s'adressait à grands cris à Moïse, celui-ci, par l'ordre divin, étendant sa baguette su[r] la mer, les flots se divisèrent, et les Hébreux marchant à sec, et, comme le dit l'écriture. *ceints de tous côtés par un rempart liquide* (1), passèrent entièrement saufs, conduits par Moïse, sur le rivage qui s'étend le long du mont Sinaï; et pendant ce temps les Égyptiens avaient été submergés. Touchant ce passage, on raconte, comme nous l'avons dit, beaucoup de choses; pour nous, nous avons eu soin de rapporter ici ce que nous tenons pour vrai de la bouche de savants, ou du moins de gens qui ont visité ce lieu-là. Ils racontent que les sillons faits par les roues des chars subsistent encore aujourd'hui, et qu'on les distingue au fond de la mer, autant qu'il est possible d'y voir; que si l'agitation des eaux vient à les recouvrir un peu, le calme les forme de nouveau, par la volonté de Dieu, comme ils étaient. D'autres disent qu'après avoir fait un léger circuit dans la mer, les Hébreux retournèrent à la même rive d'où ils étaient partis. D'autres ensuite assurent que tous entrèrent au même endroit; quelques-uns, au contraire, que devant chaque tribu s'ouvrit un chemin particulier. Ceux-là abusent de ce témoignage du psaume : *Il partagea la mer Rouge en portions* (2). Il nous faut entendre ce mot portions d'une manière figurée et non à la lettre, car dans ce monde même, qu'on appelle figurément une mer, il y a bien des parts distinctes, et tous ne peuvent passer à la vie éternelle avec une fortune égale et par le même chemin. En effet, il y en a qui passent à la première heure : ce sont ceux qui, régénérés par le baptême, peuvent garder leur chair de toute souillure jusqu'à leur sortie de la vie présente. D'autres à la troisième heure : ce sont ceux qui sont convertis dans un âge plus avancé. D'autres à la sixième : ce sont ceux qui modèrent la violence de leurs dé-

(1) Exode, xiv, 22.
(2) Psaume cxxxv, 13.

sirs charnels. Et à chacune de ces heures, comme le dit l'évangéliste (1), ils sont engagés pour travailler à la vigne du seigneur, selon le degré de foi propre à chacun d'eux. Tels sont les partages suivant lesquels on traverse cette mer. Quant à ce fait, que les Hébreux venus jusqu'à la mer opérèrent leur retour en côtoyant l'étang, il est dans ces paroles que Dieu dit à Moïse : « Qu'ils retournent et qu'ils campent devant Phihahiroth (2), qui est entre Magdal et la mer, vis-à-vis Béelsephon (3). » Il n'est point douteux que ce passage de la mer et la colonne de nuée ne soient l'image de notre baptême, car le bienheureux apôtre Paul a dit : « Je ne veux pas que vous ignoriez, mes frères, que nos pères ont tous été sous la nuée; qu'ils ont tous été baptisés sous la conduite de Moïse dans la nuée et dans la mer (4). » La colonne de feu représentait le saint esprit.

Depuis la naissance d'Abraham jusqu'à la sortie d'Égypte des fils d'Israël, ou jusqu'au passage de la mer Rouge, qui eut lieu la quatre-vingtième année de Moïse, on compte quatre cent soixante-douze ans.

XI. Les Israélites restent ensuite quarante ans dans le désert; ils s'y façonnent à des lois, y subissent des épreuves, y vivent de la nourriture des anges. Puis, après avoir reçu la loi, ils traversent le Jourdain avec Josué, et obtiennent la terre promise.

XII. Après la mort de Josué, ayant abandonné les préceptes divins, ils passent plusieurs fois sous le joug de la servitude étrangère. Mais, lorsqu'ils gémissent et sont convertis, le seigneur leur envoie des hommes forts dont le bras

---

(1) Matth., xx.
(2) Sur le golfe de Suez, près de Clysma.
(3) Exode, xiv, 2.
(4) Épit. I de Paul aux Corinth., x, 1 et 2.

les délivre. Ayant après cela demandé à Dieu, par l'entremise de Samuel, un roi comme en ont les autres nations, ils reçoivent d'abord Saül, ensuite David.

D'Abraham jusqu'à David, quatorze générations, savoir : Abraham, Isaac, Jacob, Juda, Pharès, Esrom, Aram, Aminadab, Naason, Salmon, Booz, Obeth, Jessé, David. David eut Salomon de Bersabée. Celui-ci fut élevé au trône par le prophète Nathan, par son frère et par sa mère.

XIII. David étant mort, et Salomon ayant commencé à régner, le seigneur lui apparut et promit de lui accorder ce qu'il demanderait. Mais lui, méprisant les richesses terrestres, désira plutôt la sagesse. Le seigneur l'approuva, et lui dit : « Parce que tu n'as point demandé les royaumes du monde, ni ses richesses, mais que tu as recherché la sagesse, tu la recevras. Aucun avant toi ne fut aussi sage et aucun après ne le sera (1). » Sagesse qui éclata dans la suite, par le jugement que le roi porta entre deux femmes qui se disputaient un enfant. Ce même Salomon éleva au nom du Seigneur un temple d'un travail admirable, contenant une si grande quantité d'or et d'argent, de bronze et de fer, que jamais dans le monde, a-t-on dit, il ne fut construit un semblable édifice.

Depuis le moment où les fils d'Israël sortirent d'Égypte jusqu'à l'édification du temple, qui eut lieu la septième année du règne de Salomon, on trouve quatre cent quatre-vingts ans, comme l'atteste l'histoire des rois.

XIV. Après la mort de Salomon, le royaume fut, à cause de la dureté de Roboam, divisé en deux parties. Deux tribus restèrent à Roboam; c'est ce qu'on nomma le royaume de Juda : dix tribus demeurèrent avec Jéroboam ; c'est ce qui est appelé le royaume d'Israël. Les Hébreux, tombant ensuite dans l'idolâtrie, ne purent être corrigés ni par les prédictions, ni par la mort des prophètes, ni par les désastres de leur

(1) III Rois, III, 11, 12.

patrie, ni même par la ruine de leurs rois, jusqu'à ce que, irrité contre eux, le seigneur suscita Nabuchodonosor, qui les emmena à Babylone, comme captifs, avec tous les ornements du temple. Dans cette captivité, figuraient parmi les prisonniers Daniel, le grand prophète, qui resta sain et sauf au milieu des lions affamés, et ces trois jeunes gens qui demeurèrent couverts de rosée au milieu du feu. Ezéchiel prophétisa, et le prophète Esdras vint au monde pendant la même captivité.

Depuis David jusqu'au saccagement du temple, et au transport en Babylone, quatorze générations, savoir : David, Salomon, Roboam, Abia, Asa, Josaphat, Joram, Ozias, Joatham, Achaz, Ezéchias, Manasses, Amon, Josias ; et pour ces quatorze générations on trouve 361 ans (1). Les Israélites furent délivrés de la captivité par Zorobabel, qui, dans la suite, rétablit et le temple et la cité. Cette captivité présente, à ce que je pense, l'image de celle où est entraînée l'âme pécheresse, qui, si elle n'est délivrée par Zorobabel, c'est-à-dire par le Christ, restera dans un exil affreux. Le seigneur, en effet, dit lui-même dans l'évangile : « Si le fils vous met en liberté, vous serez véritablement libres (2). » Pour moi, je le supplie de se bâtir en nous-mêmes un temple dans lequel il daigne habiter, où la foi reluise comme l'or, où l'éloquence de la prédication brille comme l'argent, où tous les ornements de ce temple visible éclatent dans la pureté de nos sentiments, et d'accorder enfin à nos bonnes intentions un effet salutaire, car : « Si le seigneur ne bâtit une maison, en vain travaillent ceux qui la bâtissent (3). » On dit que cette captivité fut de soixante-seize ans.

XV. Les Israélites ramenés par Zorobabel, comme nous l'avons dit, tantôt murmurant contre Dieu, tantôt se pros-

(1) D'autres manuscrits portent 340, 390, 461.
(2) Jean, VIII, 36.
(3) Ps. CXXVI, 1.

ternant aux pieds des idoles, ou s'abandonnant à des abominations et imitant les pratiques des gentils, méprisent les prophètes de Dieu, et alors ils sont livrés aux autres nations, subjugués, taillés en pièces, jusqu'à ce que le seigneur lui-même, annoncé par les paroles des patriarches et des prophètes, descende, par le moyen du saint esprit, dans le corps de la vierge Marie et daigne naître pour la rédemption de cette race comme de toutes les races de la terre.

Depuis la transmigration jusqu'à la naissance du Christ, quatorze générations, savoir: Jechonias, Salathiel, Zorobabel, Abiud, Eliachim, Azor, Sadoc, Achim, Eliud, Eléazar, Mathan, Jacob, Joseph époux de Marie. De Marie prend naissance notre seigneur Jésus-Christ, qui, par Joseph (1), forme la quatorzième génération.

XVI. Mais, afin de ne pas sembler connaître uniquement le peuple hébreu, rappelons les autres royaumes, ce qu'ils furent et à quelle époque de l'histoire des Israélites ils correspondent (2). Au temps d'Abraham, Ninus régnait sur les Assyriens; Europs chez les Sicyoniens; chez les Égyptiens, le seizième de leurs gouvernements que, dans leur langue, ils appellent dynasties. Au temps de Moïse, régnait chez les Argiens Trophas, leur septième roi; dans l'Attique, Cécrops, qui était le premier; chez les Égyptiens, Cenchris, douzième roi, qui fut englouti dans la mer Rouge; les Assyriens avaient pour seizième roi Agatadis; les Sicyoniens, Maratis. Au temps de Salomon, lorsqu'il régnait sur Israël, Silvius était le cinquième roi des Latins; chez les Lacédémoniens régnait Festus; chez les Corinthiens, Oxion, leur second roi; chez les Égyptiens, Thephei. Dans la cent

---

(1) Tous les éditeurs de Grégoire, y compris dom Ruinart (Paris, 1699) et Giesebrecht (Berlin, 1851), lui attribuent à l'occasion de ce passage une faute qu'il n'a pas commise. Cf. dans le texte latin le chapitre XX ci-après.

(2) Ce résumé des connaissances de Grégoire sur l'histoire profane des anciens est très-défectueux; il est tiré d'Eusèbe.

vingt-sixième année, Eutropes régnait chez les Assyriens; chez les Athéniens leur second roi Agasastus. Au temps où Amon régnait sur les Juifs, lorsqu'ils furent emmenés en captivité à Babylone, les Macédoniens obéissaient à Argée; les Lydiens à Gygès; les Égyptiens à Vafrès : Babylone avait pour roi Nabuchodonosor, qui emmena les Juifs en captivité; Servius Tullus était le sixième roi des Romains.

XVII. Ensuite les empereurs : le premier fut Jules César, qui devint seul maître de tout l'empire; le second Octavien, qu'on nomme Auguste, neveu de Jules César, et qui donna son nom au mois d'*Aoust*. Nous avons vérifié avec toute certitude que Lyon, ville des Gaules, qui plus tard, illustrée par le sang des martyrs, a reçu le titre de très-noble (1), fut fondée la dix-neuvième année de son règne.

XVIII. Dans la quarante-troisième année du règne d'Auguste, notre seigneur Jésus-Christ, comme nous l'avons dit, naquit de la Vierge, selon la chair, dans Bethléem, la ville de David. De l'orient, les mages, voyant son étoile immense, arrivent avec des présents; et après avoir offert leurs dons, ils adorent l'enfant, à genoux. Hérode, roi jaloux de son titre, en voulant atteindre le Dieu-Christ, fait périr les petits enfants; mais il est bientôt frappé lui-même par le jugement divin.

XIX. Le seigneur notre Dieu, Jésus-Christ, prêche la pénitence, accorde la grâce du baptême et promet à toutes les nations le royaume des cieux; il opère au milieu des peuples des prodiges et des miracles, c'est-à-dire qu'il change l'eau en vin, guérit les fiévreux, accorde la lumière aux

---

(1) Dom Ruinart fait observer que Lyon dut ce titre de *très-noble* non pas à ses martyrs, mais à son antique splendeur comme colonie romaine. Sa fondation est aussi plus ancienne que ne le dit Grégoire; elle remonte à l'année 43 avant J.-C., et l'honneur en appartient au proconsul L. M. Plancus.

aveugles, rend la vie à ceux qui sont ensevelis, délivre les gens possédés d'esprits immondes, redonne leur première forme aux lépreux défigurés par leur peau hideuse ; et tandis que par ces miracles, et par beaucoup d'autres encore, il montre manifestement aux peuples sa divinité, la colère s'empare des Juifs, la haine les transporte, et leur esprit, nourri du sang des prophètes, travaille, dans son injustice, à faire périr le juste. Afin que les oracles des anciens prophètes fussent accomplis, Jésus-Christ est livré par un de ses disciples, iniquement condamné par les pontifes, insulté par les Juifs, crucifié avec des malfaiteurs ; et son corps, après le départ de son âme, est gardé par des soldats. Ces choses étant accomplies, les ténèbres couvrirent le monde entier, et un grand nombre d'hommes convertis en gémissant reconnurent Jésus pour le fils de Dieu.

XX. Joseph lui-même, qui avait embaumé et mis dans son tombeau le corps de Jésus-Christ, fut arrêté, renfermé dans une prison (1) et gardé par les princes des prêtres en personne ; traité en cela, comme le rapportent les Gestes envoyés par Pilate à l'empereur Tibère, avec plus de rigueur que le seigneur même, car Jésus avait été laissé à la garde des soldats, tandis que Joseph fut gardé par les prêtres. Mais le seigneur étant ressuscité, ses gardes, effrayés par une vision d'anges, ne le retrouvèrent plus dans le tombeau ; et les murs de la prison où était renfermé Joseph ayant été enlevés en l'air pendant la nuit, Joseph fut délivré par un ange, et les murs remis à leur place. Les pontifes réprimandèrent les gardes, et leur redemandèrent énergiquement le saint corps. Les soldats répondirent : « Rendez « vous-mêmes Joseph, et nous vous rendons le Christ ; mais

(1) Grégoire rapporte ce fait d'après l'évangile apocryphe de Nicodème, ou d'après quelque autre auteur de même poids. Les Gestes de Pilate sont également de toute fausseté. (Dom Ruinart.)

« nous savons la vérité : c'est que vous ne pouvez plus ren-
« dre le bienfaiteur de Dieu, ni nous le fils de Dieu. » Les
prêtres restèrent confus, et les soldats furent absous sur cette
excuse.

XXI. On rapporte que l'apôtre Jacques, ayant vu Jésus-
Christ sur la croix et déjà mort, protesta et jura qu'il ne
mangerait jamais plus de pain qu'il n'eût vu le seigneur
ressusciter. Au troisième jour, le seigneur revenant après
avoir glorieusement triomphé de l'enfer, et se montrant à
Jacques, lui dit : « Lève-toi, Jacques, et mange, car je suis
« ressuscité d'entre les morts. » Il s'agit ici de Jacques le
Juste, qu'on appelle le frère du seigneur parce qu'il était fils
de Joseph, mais d'une autre femme que Marie (1).

XXII. Nous croyons que la résurrection du seigneur eut
lieu le premier jour, et non le septième, comme beaucoup
le pensent; c'est ce jour de la résurrection de notre seigneur Jésus-Christ que nous nommons proprement, et à
cause de cette sainte résurrection, *Dimanche* ou jour *domi-
nical*. Ce jour, au commencement, vit la lumière le premier,
et le premier il mérita de contempler le seigneur ressuscitant
de son tombeau.

Depuis la captivité de Jérusalem et la ruine du temple,
jusqu'à la passion de notre seigneur Jésus-Christ, c'est-
à-dire jusqu'à la dix-septième année de Tibère, on compte
six cent soixante-huit ans.

XXIII. Le seigneur étant donc ressuscité, et ayant dis-
serté, pendant quarante jours avec ses disciples, sur le
royaume de Dieu, fut à leur vue enveloppé dans un nuage et
porté dans les cieux, où glorieux il s'assied à la droite du

---

(1) Ces histoires ont été admises, dans les premiers siècles, par une grande partie des chrétiens; mais depuis, l'église les a rejetées.

père. Pilate envoya à Tibère des rapports dans lesquels il parle autant des miracles du Christ, que de sa passion et de sa résurrection. Ces rapports sont encore aujourd'hui conservés par écrit. Tibère en communiqua le contenu au sénat ; mais celui-ci les rejeta avec colère, parce qu'ils ne lui avaient pas été directement adressés. De là les premiers germes des haines qui se répandirent contre les chrétiens. Pilate toutefois ne demeura pas impuni du crime de sa mauvaise foi, c'est-à-dire de la mort qu'il avait fait subir à notre seigneur Jésus-Christ ; il se tua de ses propres mains. Il y en a beaucoup qui pensent qu'il était manichéen, d'après ce qu'on lit dans l'évangile : « Quelques-uns d'entre les Galiléens « vinrent dire à Jésus que Pilate avait mêlé leur sang avec « celui de leurs sacrifices (1). »

De même le roi Hérode, pendant qu'il sévit contre les apôtres du seigneur, est frappé du ciel pour de si grands crimes : son corps se gonfle tout rempli de vers, et, pour mettre fin à sa souffrance, il prend un couteau et se délivre en se donnant lui-même le coup de la mort (2).

XXIV. Le bienheureux apôtre Pierre se rend à Rome, au temps de Claude, quatrième empereur depuis Auguste ; et là, dans ses prédications, il prouva que par un grand nombre de miracles le Christ s'était manifestement montré le fils de Dieu. Dès lors il commença à y avoir des chrétiens dans la ville de Rome. Et comme le nom du Christ se répandait de plus en plus parmi les peuples, la haine de l'antique serpent se redressa, et remplit d'une cruelle méchanceté le cœur de l'empereur : car ce Néron luxurieux, vain et superbe, qui tantôt servait de concubine aux hommes, tantôt les prenait lui-même pour femmes, qui souilla, dans ses honteuses débauches, sa mère, ses sœurs et toutes ses

(1) Luc, XIII, 1.
(2) Act. ap. XII, XXIII.

parentes, pour mettre le comble à ses scélératesses excita le premier la persécution contre ceux qui avaient foi au culte du Christ. Il avait avec lui Simon le magicien, homme d'une malice achevée et maître en toute sorte de magie. Les apôtres du seigneur, Pierre et Paul, l'avaient confondu; mais l'empereur, irrité contre eux parce qu'ils prêchaient le Christ comme fils de Dieu, et méprisaient l'adoration des idoles, ordonna de faire mourir Pierre sur la croix et Paul par le glaive. Mais lui-même, cherchant à fuir une sédition élevée contre sa personne, se tua de sa propre main à quatre milles de Rome.

Ce fut alors aussi que Jacques, frère du seigneur, et Marc l'évangéliste reçurent la couronne du martyre pour le glorieux nom du Christ. Le premier de tous cependant qui entra dans cette voie du martyre fut le lévite Étienne. Après la mort de l'apôtre Jacques, une grande calamité atteignit les Juifs : à l'avénement de Vespasien le temple fut brûlé, et six cent mille Juifs périrent dans la guerre par le glaive ou par la faim. Domitien fut le second empereur depuis Néron qui sévit contre les chrétiens. Il exila l'apôtre Jean dans l'île de Pathmos (1), et exerça contre les peuples divers genres de cruauté. Après sa mort, saint Jean, apôtre et évangéliste, revint d'exil; vieux et plein de jours, après une vie parfaite en Dieu, il se renferma vivant dans le tombeau. Mais on rapporte qu'il ne doit point subir la mort jusqu'à ce que Jésus-Christ vienne de nouveau pour juger les hommes (2), le seigneur disant lui-même dans les évangiles : « Je veux qu'il demeure jusqu'à ce que je revienne » (3).

XXV. Trajan, le troisième après Néron, persécuta les

---

(1) Aujourd'hui Patmos ou Palmosa dans l'Archipel. Le chef-lieu de l'île est un village nommé *Saint-Jean*.

(2) Telle était l'opinion des chrétiens du deuxième et du troisième siècle; elle a été écartée depuis.

(3) Jean, XXI, 22.

chrétiens. Sous cet empereur, saint Clément, troisième évêque de l'église de Rome, souffrit le martyre ; on assure aussi que saint Siméon, évêque de Jérusalem, fils de Cléophas, fut crucifié pour le nom du Christ. De même, Ignace, évêque d'Antioche, fut conduit à Rome et livré aux bêtes. Tout cela fut accompli du temps de Trajan.

XXVI. Après lui fut créé empereur Ælius Adrien, dont le nom fit donner à Jérusalem celui d'Ælia, parce que ce successeur de Domitien l'avait fait réparer. Ces martyres des saints étaient consommés, mais il ne suffit pas au démon d'avoir excité les nations incrédules contre les adorateurs du Christ, il fallut encore qu'il fît naître des divisions parmi les chrétiens eux-mêmes. Il soulève des hérésies ; et la foi catholique, cessant d'être une, est interprétée ici d'une façon, là d'une autre. Sous Antonin parut l'hérésie insensée de Marcion et de Valentinien ; et Justin le philosophe, après ses livres écrits pour l'église catholique, reçut à cause du nom du Christ la couronne du martyre. En Asie ce fut une persécution qui s'éleva ; le bienheureux Polycarpe, disciple de Jean apôtre et évangéliste, y périt par le feu, dans la quatre-vingtième année de son âge, offert au Seigneur comme un holocauste parfaitement pur. Jusque dans les Gaules un grand nombre de chrétiens furent également couronnés, pour le nom du Christ, des diamants célestes du martyre. Les récits de leurs Passions se sont fidèlement conservés parmi nous jusqu'à ce jour.

XXVII. Parmi eux fut ce Pothin, premier évêque de l'église de Lyon, qui, soumis à divers supplices dans un âge très-avancé, succomba pour le nom du Christ. Le bienheureux Irénée, successeur de ce martyr, ayant été envoyé dans la même ville par saint Polycarpe, y brilla par une éclatante vertu. Dans un court espace de temps il rendit chrétienne, par sa prédication surtout, la cité tout entière. Mais la persécution survint; le diable suscita, par la main du tyran (1), de telles guerres dans ce pays, et l'on y égorgea une si grande multitude de personnes pour avoir confessé le nom du seigneur, que le sang chrétien coulait en fleuves par les places publiques ; nous n'avons pu en recueillir ni le nombre ni les noms, mais le Seigneur les a inscrites sur le livre de vie. Le bourreau ayant fait en présence de Dieu souffrir divers tourments à saint Irénée, le consacra par le martyre à notre seigneur Jésus-Christ. Après Irénée (2) succombèrent quarante-huit autres martyrs, dont le premier fut, dit-on, Vettius Épagathus.

XXVIII. Sous l'empereur Dèce il s'éleva de nombreux combats contre le nom chrétien, et il se fit un tel massacre des croyants qu'on ne les pourrait compter. Babylas, évêque d'Antioche, avec les trois enfants Urbain, Prilidan et Épolone; et Sixte, évêque de l'église de Rome, et Laurent, archidiacre, et Hippolyte, furent enlevés par le martyre pour avoir confessé le nom du seigneur. Valentinien et Novatien, alors les principaux chefs des hérétiques, se déchaînent, à l'instigation du démon, contre notre foi. Dans le même temps, sept hommes ordonnés évêques furent envoyés pour prêcher dans les Gaules, comme le rapporte l'histoire de la passion du saint martyr Saturnin; elle dit en effet : « Sous « le consulat de Décius et de Gratus, d'après le fidèle souvenir « qu'on en conserve, la ville de Toulouse possédait déjà son « premier et son grand évêque, saint Saturnin. » Ces missionnaires des Gaules furent, chez les Tourangeaux, l'évêque Gatien; chez les Arlésiens, l'évêque Trophime; à Narbone, l'évêque Paul ; à Toulouse, l'évêque Saturnin; chez les Parisiens, l'évêque Denys ; chez les Arvernes, l'évêque Austremoine; chez les Limousins, l'évêque Martial. Un d'eux, le

---

(1) L'empereur Albinus, tué en 197, paraît être le tyran dont il est ici question.

(2) Avant et non après Irénée. (Dom Ruinart.)

bienheureux Denys, évêque des Parisiens, ayant subi divers tourments pour le nom du Christ, termina sous le glaive sa vie terrestre. Saturnin, déjà sûr du martyre, dit à ses deux prêtres : « Voici que je vais être immolé, et l'instant de ma « mort approche ; je vous prie de ne point m'abandonner jus- « qu'à ce que j'aie accompli la fin qui m'est réservée. » Pendant qu'on le conduisait captif au Capitole, il fut abandonné par eux, et on l'amena tout seul. Alors, se voyant ainsi délaissé, il fit, dit-on, cette prière : « Seigneur Jésus-Christ, « exauce-moi du haut de ton ciel vénéré; fais qu'en aucun « temps et pour jamais cette ville n'obtienne d'avoir un de ses « citoyens pour évêque. » Ce qui y est ainsi arrivé jusqu'à présent, à ce que nous avons appris. Saturnin ayant été attaché derrière un taureau furieux fut précipité ainsi du Capitole; telle fut sa fin. Pour Gatien, Trophime, Austremoine et Paul, ainsi que Martial, ils vécurent dans une éminente sainteté; après avoir acquis les peuples à l'église, et de tous côtés étendu la foi du Christ, ils sortirent de ce monde en confessant paisiblement leur croyance. C'est ainsi qu'après avoir quitté la terre, les uns en martyrs, les autres en confesseurs, ils sont tous ensemble réunis dans les cieux.

XXIX. Un de leurs disciples étant parvenu dans la cité de Bourges, annonça aux peuples le sauveur universel, le seigneur Jésus-Christ. Parmi les gens du pays se trouva seulement un petit nombre de croyants qui furent ordonnés prêtres, et apprirent les règles de la psalmodie ; on leur enseigna aussi comment construire une église et comment ils devaient célébrer les solennités en l'honneur du Dieu tout-puissant. Mais comme ces hommes n'avaient encore que peu de moyens pour bâtir, ils demandèrent la maison d'un citoyen pour en faire une église; or les sénateurs (1) et le reste

---

(1) Grégoire appelle ainsi les magistrats municipaux des Gaules, les membres de la *curie* ou du *sénat* d'une cité gallo-romaine.

des principaux du lieu étaient alors attachés aux cultes idolâtres. Ceux qui avaient cru étaient d'entre les pauvres, selon ce reproche du seigneur aux Juifs : *Les prostituées et les publicains vous devanceront dans le royaume de Dieu* (1). N'ayant pas obtenu du propriétaire la maison qu'ils avaient demandée, ils s'adressèrent à un certain Léocadius, le plus considérable sénateur des Gaules, membre de la famille de Vettius Épagathus qui mourut à Lyon, comme nous l'avons dit, pour le Christ (2). Lorsqu'ils lui eurent fait connaître leur demande et en même temps leur foi, celui-ci répondit : « Si la maison que j'ai dans la ville de Bourges était digne « de cet usage, je ne refuserais point de la céder. » A ces mots, ils se jettent à ses pieds et, lui offrant trois cents pièces d'or et un plat d'argent, ils lui affirment qu'elle est digne de l'emploi qu'ils lui destinent. Alors Léocadius, ayant accepté seulement trois pièces d'or à titre de présent, rendit généreusement le surplus ; c'est lorsqu'il était encore plongé dans les erreurs de l'idolâtrie que, se faisant chrétien, il convertit sa maison en une église. Cette église, maintenant la première de la ville de Bourges, est disposée avec un art admirable, et illustrée par les reliques du premier martyr, Étienne.

XXX. Le trône impérial fut occupé, en vingt-septième lieu, par Valérien et Gallien, qui excitèrent de leur temps une grande persécution contre les chrétiens. Rome fut illustrée alors par le bienheureux sang de Corneille, Carthage par celui de Cyprien (3). A la même époque aussi Chrocus, ce roi des Alemans, parcourut les Gaules à la tête d'une armée. On raconte que ce Chrocus était d'une extrême audace. A la suite de quelques actes iniques qu'il avait commis par le conseil, dit-on, d'une mère perverse, il souleva,

---

(1) Matth., xxi, 31.
(2) Chap. xxvii, ci-dessus, page 25.
(3) En 252 et 258.

comme nous l'avons dit, la nation des Alemans, se répandit dans toutes les Gaules, et détruisit jusqu'aux fondements tous les édifices anciens. Arrivant a Clermont, il brûla, ruina, renversa ce temple que les Gaulois dans leur langue appellent Vasso (1), monument d'un travail et d'une solidité admirables. Ses murs étaient doubles : ils étaient construits intérieurement en petites pierres, à l'extérieur en blocs carrés bien taillés; cette muraille avait trente pieds d'épaisseur; le marbre mêlé à la mosaïque en recouvrait les parois intérieures. Le pavé de l'édifice était aussi de marbre, et la couverture de plomb.

XXXI. Près de cette ville reposent les martyrs Liminius et Antolien. Là Cassius et Victorin, qu'une affection fraternelle réunissait dans un même amour pour le Christ, par l'effusion de leur propre sang gagnèrent ensemble le royaume des cieux. Une tradition ancienne veut que Victorin ait été esclave du prêtre auquel était commis le temple dont il vient d'être parlé; et comme il allait souvent dans le quartier qu'on appelait quartier des chrétiens, afin de les persécuter, il y trouva le chrétien Cassius : ébranlé par ses prédications et par ses miracles, il crut au Christ; il abandonna ses honteuses pratiques, et, consacré par le baptême, il devint fameux par les miracles qu'il opéra. Peu de temps après, comme nous l'avons dit, réunis sur la terre par leur martyre, Cassius et Victorin la quittèrent ensemble pour le royaume des cieux.

XXXII. Pendant l'irruption des Alemans dans les Gaules, saint Privat, évêque de Javouls (2), est découvert dans

(1) Pline l'Ancien, mort en l'an 79, rapporte (l. III, c. 7) que, de son temps, Zénodore passa dix ans à décorer de statues colossales un grand temple élevé dans la cité des Arvernes, en l'honneur du dieu Mercure.
(2) Javouls cessa d'être un évêché vers l'an 1000, où le siége épiscopal fut transporté à quatre lieues de là, à Mende.

une caverne de la montagne de Mende, où il se livrait aux jeûnes et aux prières, tandis que le peuple s'était mis à couvert dans la forteresse de Grèze (1). Comme, en bon pasteur, il refuse de livrer ses brebis aux loups, on veut le forcer d'immoler aux démons; lui, repousse cette souillure autant qu'il la déteste, et on le frappe à coups de bâton, jusqu'à ce qu'il semble mort. En effet, il mourut peu de jours après ce fustigement. Pour Chrocus, ayant été pris dans Arles, ville des Gaules, il fut soumis à divers supplices, et périt frappé par le glaive, souffrant à bon droit les mêmes peines qu'il avait infligées aux saints de Dieu.

XXXIII. Sous Dioclétien, qui vint, au trente-troisième rang, gouverner l'empire romain, s'éleva contre les chrétiens une grande persécution qui dura quatre années; à ce point qu'une fois, le jour même de la très-sainte Pâque, des populations entières de chrétiens furent mises à mort pour le culte du vrai Dieu (2). Dans ce temps, Quirinus, évêque de l'église de Siscia (3), souffrit un glorieux martyre pour le nom de Jésus-Christ. Par la cruauté des païens il fut précipité au fond du fleuve avec une pierre meulière attachée à son cou; après être tombé dans le gouffre, longtemps il se soutint au dessus des eaux par la vertu divine; les flots n'engloutissaient pas celui qui n'était pas alourdi par le poids du crime. La multitude qui l'entourait, étonnée de ce spectacle, brava la fureur des gentils, et se précipita pour sauver le prêtre. Ce que voyant, celui-ci ne permit point qu'on vînt le soustraire au martyre; mais, les yeux levés au ciel, il dit : « Jésus, mon « seigneur, qui résides glorieux à la droite du père, ne « souffre pas qu'on m'arrache à cette lutte; mais, accueillant « mon âme, daigne me réunir à tes martyrs dans le repos

(1) Grèze-le-Château, arr. de Marvejols (Lozère).
(2) Récit exagéré, suivant dom Ruinart.
(3) Sisseck, ville principale de la Pannonie, au temps d'Auguste; on y voit encore des ruines romai

« éternel ! » A ces mots il rendit l'âme. Son corps, relevé par les chrétiens, fut enseveli avec respect.

XXXIV. Le trente-quatrième empereur des Romains fut Constantin, qui régna heureusement pendant trente ans. Dans la onzième année de son empire, lorsqu'après la mort de Dioclétien, la paix eut été rendue aux églises, le bienheureux évêque Martin naquit dans la ville de Sabaria (1) en Pannonie, de parents païens, mais non obscurs. Ce même Constantin, la vingtième année de son règne, fit périr son fils Crispus par le poison, et Fausta sa femme dans un bain chaud, parce qu'ils avaient voulu par trahison lui enlever l'empire. De son temps, le bois adorable de la croix du Seigneur fut retrouvé par les soins de sa mère Hélène et sur les indications du juif Jude, qui, après avoir été baptisé, fut appelé Cyriaque. L'historien Eusèbe a conduit sa chronique jusqu'à la même époque. Ce qui suit, depuis la vingt et unième année de Constantin, a été ajouté par le prêtre Jérôme, qui dit que le prêtre Juvencus (2) mit les évangiles en vers à la demande de cet empereur.

XXXV. Sous le règne de Constance, vécut Jacques de Nisibe, dont les prières appelèrent la clémence divine sur sa ville et en éloignèrent de nombreux dangers. On trouve aussi à la même époque Maximin, évêque de Trèves, éminent en toute espèce de sainteté.

Dans la dix-neuvième année du règne de Constance le jeune (3) trépassa le moine Antoine, la cent cinquième an-

---

(1) Les commentateurs sont aujourd'hui d'accord à regarder comme étant l'ancienne Sabaria, la ville de Hongrie que les Allemands appellent *Stein-am-Anger*, et les Madgyars *Szombathely*.

(2) C'était un Espagnol qui vivait au quatrième siècle ; on a ce poëme, intitulé *Historia evangelica*.

(3) Grégoire de Tours appelle ici Constance *le Jeune*, peut-être pour le distinguer de Constance Chlore. (Ruin.)

née de son âge. Le bienheureux Hilaire, évêque de Poitiers, fut exilé à l'instigation des hérétiques; il écrivit alors ses livres pour la foi catholique (1), et les envoya à Constance, qui, l'absolvant après quatre ans d'exil, lui permit de rentrer dans ses foyers.

XXXVI. Alors aussi notre lumière vient à paraître, et la Gaule s'éclaire aux rayons de nombreux flambeaux ; c'est-à-dire que dans ce temps le bienheureux Martin commença ses prédications dans les Gaules. Par de nombreux miracles il fit connaître aux peuples que le Christ, fils de Dieu, était véritablement Dieu lui-même, et dissipa l'incrédulité des Gentils. Il détruisit leurs temples, étouffa l'hérésie, bâtit des églises, et, déjà fameux par beaucoup d'autres miracles, il rendit, pour mettre le comble à ses titres de gloire, trois morts à la vie. La quatrième année de Valentinien et de Valens, saint Hilaire, rempli de sainteté et de foi, après avoir fait partout un grand nombre de miracles, finit ses jours à Poitiers (2) et monta aux cieux. Lui aussi, d'après ce qu'on lit, avait ressuscité des morts.

Mélanie, noble dame romaine, alla par dévotion à Jérusalem, laissant à Rome son fils Urbain (3). Elle se montra toujours si pleine de bonté et de sainteté, qu'elle reçut de ses concitoyens le nom de Thècle, c'est-à-dire Divine.

XXXVII. Après la mort de Valentinien, Valens, devenant possesseur de tout l'empire, ordonne que les moines soient forcés au service militaire; il condamne les récalcitrants aux coups de bâton (4). Les Romains soutinrent bientôt dans la

(1) On les a conservés, pour la plupart.
(2) Le 13 janvier 368, suivant l'opinion la plus générale.
(3) Ce nom est une erreur de Grégoire qui a traduit ainsi un passage où saint Jérôme disait que Mélanie était la mère d'un préteur de Rome, *prætoris urbani*. D'autres ont dit que cette dame cacha, pendant trois jours, *cinq mille moines* qui fuyaient la persécution.
(4) Code Justinien, liv. X, tit. 31, loi 26.

Thrace une guerre des plus rudes. Le carnage y fut si grand que, n'ayant plus de chevaux, ils durent s'enfuir à pied. Les Goths les taillaient en pièces par un horrible massacre, quand Valens, qui fuyait blessé d'un coup de flèche, entra, près de tomber aux mains de l'ennemi, dans une pauvre cabane; cette baraque ayant pris feu au-dessus de sa tête, il y trouva sa sépulture, mais non pas celle sur laquelle il avait compté. Ainsi se montra enfin la vengeance divine envoyée d'en haut pour expier le sang versé des fidèles.

Ici s'arrête saint Jérome; la suite, à partir de cette époque, a été écrite par le prêtre Orose.

XXXVIII. L'empereur Gratien, voyant la république sans défenseur, prit Théodose pour collègue dans le gouvernement. Théodose plaça toute son espérance et sa confiance dans la miséricorde de Dieu. Ce ne fut pas tant par le glaive que par les veilles et les oraisons qu'il contint la foule des nations, qu'il raffermit la république, et qu'il entra triomphant dans la ville de Constantinople.

Après avoir opprimé les Bretons sous sa tyrannie, Maxime, demeuré vainqueur, fut créé empereur par les soldats. Il fixa sa résidence dans la ville de Trèves, et, entourant de piéges l'empereur Gratien, il le fit périr. Saint Martin, déjà évêque, alla trouver ce Maxime. Le même Théodose, qui avait placé tout son espoir en Dieu, prit, à la place de Gratien, possession de tout l'empire. Dans la suite, fort des inspirations divines, il tua Maxime, après l'avoir dépouillé de sa puissance.

XXXIX. En Auvergne, immédiatement après Austremoine, évêque et propagateur de la foi, fut évêque Urbicus, sénateur converti et marié. Sa femme séparée de la compagnie du prêtre, selon la coutume ecclésiastique, vivait d'une vie religieuse; tous deux s'occupaient de prières, d'aumônes et de bonnes œuvres. Comme ils faisaient de cette manière, la malignité du démon, toujours ennemi de la sainteté, s'exerça

sur l'épouse, et, allumant sa concupiscence pour son mari, en fit une Ève nouvelle. Cette femme, emportée par le libertinage et couverte des ténèbres du péché, se rend dans les ténèbres de la nuit à la maison épiscopale ; et trouvant tout fermé, elle se met à frapper à la porte de la maison et à crier de la sorte : « Jusques à quand, évêque, dormiras-tu ? Jus-
« ques à quand tiendras-tu tes portes fermées ? Pourquoi mé-
« prises-tu ta femme ? Pourquoi, fermant tes oreilles, n'é-
« coutes-tu pas les préceptes de Paul ; car il a écrit : *Reve-
« nez l'un à l'autre de peur que Satan ne vous tente* (1) ?
« Voilà que je reviens à toi ; et ce n'est pas une coupe étran-
« gère, c'est mon propre verre que je redemande. » A ces paroles et autres semblables, proférées pendant longtemps, la religion de l'évêque enfin se refroidit ; il fit entrer sa femme dans sa chambre, et, après avoir couché avec elle, il la renvoya. Ensuite, mais trop tard, revenu à lui, et affligé du crime qu'il avait commis, il se retira dans un monastère de son diocèse pour y faire pénitence ; et, après avoir effacé là, par ses gémissements et par ses larmes, la faute où il était tombé, il revint dans sa ville. Ayant accompli le cours de sa vie, il sortit de ce monde. De sa cohabitation avec sa femme naquit une fille, qui passa ses jours dans la vie religieuse. Cet évêque fut enterré avec sa femme et sa fille dans la crypte de Chantoin, près de la grand'route. Legonus le remplaça comme évêque.

XL. Celui-ci étant mort, eut pour successeur saint Allire, homme d'une parfaite piété et d'une éclatante vertu, qui vécut dans une telle sainteté que son nom devint célèbre jusque dans les pays étrangers ; de là vint qu'il fut appelé pour délivrer de l'esprit immonde la fille de l'empereur de Trèves (2) ; c'est ce que nous avons raconté dans le livre que

(1) Corinth., VII, 5.
(2) Probablement Maxime.

nous avons écrit sur la vie de ce saint (1). Il était, comme le rapporte la renommée, plein de jours et de bonnes œuvres, lorsque, après avoir parcouru sa carrière terrestre, une mort bienheureuse l'envoya vers le Christ dans un âge très-avancé. Son corps fut enterré dans une crypte située près de la ville. Il y avait aussi avec lui un archidiacre nommé Juste, et qui méritait ce nom, lequel, après avoir rempli de bonnes œuvres le cours de sa vie, partagea le tombeau de son maître. Bientôt après la mort du bienheureux confesseur Allire, il s'opéra tant de miracles à son glorieux tombeau, qu'on ne pourrait ni les écrire en entier, ni les retenir dans sa mémoire. Saint Népotien lui succéda.

XLI. Saint Népotien passait, en Auvergne, pour être le quatrième évêque du pays. Des députés avaient été envoyés de Trèves en Espagne. Parmi eux se trouvait un certain Artémius, homme d'une sagesse et d'une beauté admirables, et dans la première fleur de l'âge. Attaqué de fièvres violentes, il fut laissé malade à Clermont par ses compagnons, qui prirent les devants. Artémius avait alors une obligation à Trèves; il était lié par le droit des fiançailles. Mais, ayant été visité et oint de l'huile sainte par Népotien, il fut, par la grâce de Dieu, rendu à la santé; puis, ayant reçu de la bouche du même saint la parole de la prédication, il oublia et sa fiancée terrestre et ses propres biens pour s'unir à la sainte église. Devenu clerc, il fit paraître une si grande sainteté, qu'il succéda à saint Népotien pour régir le bercail du seigneur.

XLII. Dans le même temps, Injuriosus, un des sénateurs d'Auvergne, possesseur de grandes richesses, demanda en mariage une jeune fille de même condition que lui; et ayant donné les arrhes, il fixa le jour des noces. L'un comme

(1) *Vies des Pères*, par Grégoire de Tours, ch. III.

l'autre était l'unique enfant de son père. Au jour fixé, la solennité de leur mariage est célébrée, et, suivant la coutume, on les met dans le même lit. Mais la jeune fille, toute triste, et tournée contre le mur, pleurait amèrement. Son époux lui dit : « De quoi te tourmentes-tu ? dis-moi, je te prie. » Et comme elle se taisait, il ajouta : « Je te supplie, par Jésus-Christ fils « de Dieu, de m'exposer raisonnablement de quoi tu te plains. » Alors elle se retourna vers lui : « Quand je pleurerais tous « les jours de ma vie, dit-elle, jamais je n'aurais assez de lar- « mes pour effacer la douleur immense qui remplit mon « cœur. J'avais résolu de conserver à Jésus-Christ mon faible « corps pur du contact des hommes; mais malheur à moi, « qu'il a tellement abandonnée que je ne puis accomplir ce « que je désirais, et qui, dans ce jour, que je n'aurais jamais « dû voir, ai perdu ce que j'avais conservé depuis le com- « mencement de ma vie ! Voilà en effet que, délaissée par le « Christ immortel, qui me promettait le paradis pour dot, « je suis devenue l'épouse d'un homme mortel, et qu'au lieu « des roses incorruptibles dont je devais être parée, je suis « non pas ornée, mais flétrie, des dépouilles de roses passées ; « et moi, qui ai dû, sur le quadruple fleuve de l'agneau, re- « vêtir l'étole de pureté, le vêtement d'épouse m'est un far- « deau et point un honneur. Mais à quoi bon tant de paroles ? « Infortunée que je suis; je devais obtenir le ciel, et je suis « aujourd'hui engloutie dans l'abîme. Oh ! si un tel avenir « m'attendait, pourquoi le premier jour de ma vie n'en fut- « il pas le dernier ? Oh ! si j'avais pu passer la porte de la « mort avant de boire une goutte de lait ? Oh ! si les baisers « de mes douces nourrices eussent été déposés sur mon cer- « cueil ! Les biens de la terre me font horreur, parce que je « me représente les mains du rédempteur percées pour le « salut du monde; et je ne vois plus les diadèmes éclatants « de pierreries superbes, lorsque l'image de sa couronne « d'épines s'offre à mon esprit. Je méprise les champs de ton « domaine, si loin qu'ils s'étendent, parce que je soupire

« après les douceurs du paradis. J'ai tes châteaux en haine
« quand je considère la demeure du seigneur au-dessus des
« astres. » Comme elle s'écriait ainsi en sanglotant, le jeune
homme, touché de compassion, répondit : « Nos parents, les
« plus nobles des Arvernes, n'ont eu que nous, et ils ont
« voulu nous unir pour perpétuer leur famille, de peur qu'a-
« près leur mort un étranger ne vînt hériter de leur succes-
« sion. » Elle lui dit : « Le monde n'est rien, les richesses
« ne sont rien, la pompe d'ici-bas n'est rien ; elle n'est rien la
« vie même dont nous jouissons ; mais il faut plutôt recher-
« cher cette vie qui ne s'arrête pas au terme de la mort,
« qu'aucun malheur ne peut dissoudre, qu'aucun accident
« ne termine ; où l'homme, demeurant dans la béatitude
« éternelle, s'abreuve d'une lumière qui n'a point de cou-
« chant ; et, ce qui est plus encore que tout cela, où, élevé à
« l'état des anges, il goûte une éternelle contemplation et
« une joie impérissable dans la présence du seigneur lui-
« même. » Celui-ci reprit : « Par tes douces paroles, la vie
« éternelle brille à mes yeux comme une magnifique lumière,
« et si tu veux t'abstenir de toute concupiscence charnelle, je
« partagerai ta résolution. » Elle répondit : « Il est difficile que
« les hommes accordent aux femmes de pareilles choses ; ce-
« pendant, si tu fais que nous demeurions sans tache dans ce
« monde, je te donnerai une part de la dot qui m'a été pro-
« mise par mon époux et seigneur Jésus-Christ, auquel je
« me suis consacrée et comme servante et comme épouse. »
Alors, armé du signe de la croix, il dit : « Je ferai ce que tu
« désires. » Et, s'étant donné la main, ils s'endormirent. Depuis, ils partagèrent bien des années le même lit, vivant dans
une chasteté digne d'être célébrée ; c'est ce qui fut manifesté
plus tard lorsqu'ils moururent. En effet, lorsque, le temps
des épreuves terminé, cette vierge monta vers le Christ, son
mari, après avoir rempli les devoirs funèbres, dit en la dé-
posant au tombeau : « Je te rends grâce, seigneur éternel,
« notre Dieu, de ce que je remets à ta miséricorde ce trésor

« sans tache tel que je l'ai reçu de toi. » Sur quoi celle-ci souriant : « Pourquoi, dit-elle, parles-tu de ce qu'on ne te « demande pas? » Peu de temps après, lui-même la suivit au tombeau. Comme leurs sépulcres avaient été placés le long de murailles opposées, il se fit un miracle nouveau qui prouva leur chasteté. Le peuple, en effet, s'étant rendu le lendemain matin auprès de leurs cercueils, qu'il avait laissés à une grande distance l'un de l'autre, les trouva rapprochés, sans doute afin que le tombeau ne séparât point les corps de ceux que le ciel avait unis. Les habitants du lieu les ont jusqu'à ce jour appelés les Deux-Amants, et nous les avons mentionnés sous ce nom dans notre livre des *Miracles* (1).

XLIII. Dans la seconde année du règne des empereurs Honorius et Arcadius, saint Martin, évêque de Tours, rempli de vertus et de sainteté, accordant aux malheureux mille bienfaits, mourut à Candes, bourg de son diocèse (2), dans la quatre-vingt-unième année de son âge, la vingt-sixième de son épiscopat, et monta en toute félicité vers le Christ. Il trépassa un dimanche, à minuit, l'année du consulat d'Atticus et de Cæsarius (397). Au moment de sa mort, plusieurs personnes entendirent des chants dans le ciel ; ce que nous avons raconté plus au long dans le premier livre de ses *Miracles*. Dès que le saint de Dieu tomba malade au bourg de Candes, comme il vient d'être dit, les populations du Poitou, comme celles de Touraine (3), vinrent assister à sa mort. Après son trépas, une vive altercation s'é-

(1) On voyait encore au dix-septième siècle, dans l'église de Saint-Allire de Clermont, le tombeau de ces deux époux, *Injuriosus* et *Scolastica*.

(2) Au confluent de la Vienne et de la Loire, comme l'indique son nom, *Condate*, qui signifiait en celtique le confluent de deux rivières. (Ruin.)

(3) *Turonici* (populi, cives, incolæ); cette expression se présente presque à chaque page de Grégoire et ne peut pas se bien traduire; il faudrait pouvoir dire *les Tournois*.

leva entre ces deux peuples. Les Poitevins disaient : « C'est
« notre moine (1), il a été notre abbé ; nous voulons qu'il
« nous soit remis. Qu'il vous suffise d'avoir joui de sa parole
« tandis qu'il était évêque en ce monde, d'avoir participé à
« ses repas, d'avoir été fortifiés par ses bénédictions, et, par-
« dessus tout, d'avoir été réjouis de ses miracles. Qu'il vous
« suffise d'avoir eu tout cela, et qu'il nous soit permis d'en-
« lever du moins son cadavre inanimé. » A cela les habitants
de Tours répondaient : « Vous dites que les miracles qu'il
« accomplit chez nous doivent nous suffire ; mais sachez
« donc que, pendant qu'il était parmi vous, il en opéra da-
« vantage ; car, sans parler de beaucoup d'autres faits, il
« vous ressuscita deux morts, à nous un seul ; et, comme il le
« disait souvent lui-même, sa vertu était plus grande avant
« qu'après son épiscopat (2). Il est donc nécessaire que ce
« qu'il ne fit pas chez nous pendant sa vie, il l'accomplisse
« après sa mort. Dieu vous l'a pris et nous l'a donné. D'ail-
« leurs, si l'on observe l'usage anciennement établi, c'est
« dans la ville où il fut sacré que, selon la volonté de Dieu,
« doit être son tombeau. Que si vous voulez le revendiquer
« en vertu des priviléges monastiques, sachez que son pre-
« mier monastère fut à Milan. » Pendant cette contestation,
le soleil s'étant couché, il fit nuit close. Le corps fut placé
entre les deux partis qui veillèrent à sa garde, les portes fermées à clef. Le lendemain matin il devait être enlevé de force
par les Poitevins, mais Dieu tout-puissant ne voulut pas qu'on
frustrât la ville de Tours du patron qui lui appartenait. Au
milieu de la nuit toute la troupe des Poitevins fut accablée
par le sommeil, sans que, parmi cette foule, un seul restât éveillé. Ceux de Tours les voyant endormis, saisissent
aussitôt cette sainte dépouille : les uns sortent le corps par la
fenêtre, les autres le reçoivent du dehors ; puis ils le placent

---

(1) Il avait fondé le monastère de Ligugé, près Poitiers.
(2) Voyez Sulpice Sévère, Dialogues, II, 5.

dans un bateau, et descendent tous avec lui le cours de la Vienne. Arrivés au lit de la Loire, ils se dirigent vers la ville de Tours, en chantant de longues louanges et de beaux psaumes. Les Poitevins, réveillés par ces chants, et n'ayant plus rien du trésor qu'ils gardaient, s'en retournèrent chez eux dans une grande confusion.

Que si quelqu'un demande pourquoi, depuis la mort de l'évêque Gatien, il n'y eut qu'un seul évêque, savoir Littorius, jusqu'à saint Martin, qu'il sache que ce fut par l'opposition des païens, par suite de laquelle cette cité fut longtemps privée de la bénédiction sacerdotale. A cette époque, en effet, ceux qui étaient chrétiens célébraient l'office divin secrètement et dans des cachettes, car s'il arrivait qu'ils fussent découverts par les païens, ou bien on les accablait de coups, ou bien on les décapitait par le glaive.

Depuis la passion du Seigneur jusqu'à la mort de saint Martin, on compte 412 ans.

Ici finit le premier livre, embrassant 5546 ans (1), depuis la création du monde jusqu'à la mort de saint Martin.

(1) Même observation, sur ces dates, qu'à la note du ch. VIII, ci-dessus.

LIVRE DEUXIÈME.

1. De l'épiscopat de Brice. — 2. Des Vandales, et de la persecution qu'ils font peser sur les chrétiens. — 3. De Cyrola, évêque des hérétiques, et de plusieurs saints martyrs. — 4. De la persécution élevée sous Athanaric. — 5. De l'évêque Aravatius et des Huns. — 6. De la basilique de Saint-Étienne à Metz. — 7. De la femme d'Aétius. D'Attila. — 8. De ce qu'ont écrit les historiens touchant Aétius. — 9. De ce qu'ils disent des Francs. — 10. De ce qu'ont écrit les prophètes du Seigneur touchant les simulacres des gentils. — 11. De l'empereur Avitus. — 12. Du roi Childéric et d'Égidius. — 13. De l'épiscopat de Vénérand et de Rustic à Clermont. — 14. De l'épiscopat d'Eustoche et de Perpétue à Tours, et de la basilique de Saint-Martin. — 15. De la basilique de Saint-Symphorien. — 16. De l'évêque Numatius et de l'église de Clermont. — 17. De la femme de Numatius et de la basilique de Saint-Étienne. — 18. Childéric vient à Orléans et Odoacre à Angers. — 19. Guerre entre les Saxons et les Romains. — 20. Du duc Victorius. — 21. De l'évêque Éparchius. — 22. De l'évêque Sidonius. — 23. De la sainteté de l'évêque Sidonius. Les injures qu'on lui fait subir attirent la vengeance divine. — 24. D'une famine en Bourgogne et d'Ecditius — 25. Du persécuteur Euvarex. — 26. De la mort de saint Perpétue, et de l'épiscopat de Volusien et de Verus. — 27. Chlodovech devient roi des Francs. — 28. Chlodovech reçoit Chrotechilde pour femme. — 29. Leur premier fils est baptisé, et meurt peu après son baptême. — 30. Guerre contre les Alemans. — 31. Du baptême de Chlodovech. — 32. Guerre contre Gondebaud. — 33. Du meurtre de Godégisèle. — 34. Gondebaud désire être converti. — 35. Entrevue de Chlodovech et d'Alaric. — 36. De l'évêque Quintien. — 37. Guerre contre Alaric. — 38. Du patriciat du roi

Chlodovech.—39. De l'evêque Licinius.—40. Du meurtre de Sigebert l'ancien et de son fils. — 41. Du meurtre de Chararic et de son fils. —42. Du meurtre de Ragnachaire et de ses frères. — 43. De la mort de Chlodovech.

PROLOGUE.

Poursuivant la série des temps, nous enregistrons, sans ordre et sans distinction, aussi bien les miracles des saints que les désastres des peuples. Je ne pense pas, en effet, qu'on regarde comme déraisonnable que nous ayons raconté la vie bienheureuse des saints parmi les douleurs des infortunés, quand c'est, non la commodité de l'écrivain, mais la suite des temps, qui le demande. Si le lecteur attentif y regarde avec soin, il trouvera dans les histoires fameuses des rois israélites, que sous Samuel le juste, périt le sacrilége Phinée; que l'étranger Goliath succomba sous David, surnommé *la forte-main*. Il se rappellera aussi combien, au temps d'Élie le grand prophète, qui arrêtait les pluies quand il voulait ou les répandait à son gré sur les terres desséchées, qui allégeait par sa parole la pauvreté de la veuve, combien de désolations il y eut parmi les peuples; quelles famines, quelle sécheresse, vinrent désoler cette malheureuse terre; quels maux accablèrent Jérusalem, au temps d'Ézéchias, à la vie duquel Dieu ajouta quinze années; et aussi sous le prophète Élisée, qui rendit des morts à la vie et fit parmi les peuples beaucoup d'autres miracles, quels carnages, quelles misères affligèrent la nation israélite elle-même. Eusèbe, Sévère, Jérôme, dans leurs Chroniques, ainsi qu'Orose, ont mêlé aussi les guerres des rois et les vertus des martyrs. Nous avons donc écrit de la même manière, afin qu'il fut plus aisé de suivre l'ordre des siècles et le calcul complet des années jusqu'à nos jours. Parvenu jusqu'ici, au moyen des histoires de ces auteurs, nous raconterons, avec l'aide de Dieu, les événements arrivés depuis.

I. Après la mort de saint Martin, évêque de la cité de Tours, homme éminent, incomparable, dont les miracles remplissent de longs volumes que nous possédons, Brice arrive à l'épiscopat. Durant la vie corporelle de saint Martin, ce Brice, étant encore dans la première jeunesse, lui tendait de fréquentes embûches, parce que celui-ci lui reprochait souvent de se livrer à des choses futiles. Un certain jour, un malade étant venu demander quelque remède à saint Martin, rencontra, sur la place, Brice qui n'était encore que diacre, et lui dit avec simplicité : « Me voici attendant le saint « homme, et je ne sais où il est, ni ce qu'il fait. » Brice lui répondit : « Si tu cherches ce fou, regarde là-bas ; selon sa « coutume, il est à contempler le ciel comme un homme dé- « pourvu de sens. » Et lorsque le pauvre eut abordé l'évêque, et qu'il en eut obtenu ce qu'il demandait, le saint homme, s'adressant au diacre Brice, lui dit : « Je te parais donc être « fou, Brice ? » Et comme celui-ci, confus à ces paroles, niait avoir dit cela, le saint homme reprit : « Tu vois que mes « oreilles étaient près de ta bouche, bien que tu parlasses « de loin. En vérité je te le dis : j'ai obtenu de Dieu qu'après « ma mort tu fusses honoré du pontificat ; mais sache que, « devenu évêque, tu auras à souffrir bien des tourments. » Brice en écoutant cela se moquait et disait : « N'avais-je pas « raison de dire qu'il parle comme un insensé ? » Même lorsqu'il eut obtenu l'honneur de la prêtrise, il poursuivit souvent le saint homme de ses injures. Ayant obtenu, par le vote des citoyens, les fonctions épiscopales, il s'adonna à la prière ; car, bien que superbe et vain, il avait cependant la réputation d'un homme chaste. Mais dans la trente-troisième année de son ordination il s'éleva contre lui une déplorable accusation criminelle. Une femme à laquelle les domestiques de l'évêque avaient coutume de donner ses vêtements à laver, et qui, sous couleur de piété, avait pris l'habillement religieux, conçut et enfanta. Tout le peuple de Tours en fut soulevé de colère, et, attribuant complétement le crime à l'évêque, ils étaient tous d'accord à vouloir le lapider. « Longtemps, disaient-ils, la bonté du saint a caché « ta luxure, mais Dieu ne permet pas que nous nous souillions « davantage à baiser tes mains indignes. » Lui, disait de son côté, en niant au contraire avec force : « Apportez-moi l'en-« fant » ; et quand on lui eut présenté l'enfant, qui n'avait que trente jours, il lui dit : « Je t'adjure par Jésus-Christ, fils du « Dieu tout puissant, si je t'ai engendré, de le dire en présence « de tous » ; et l'enfant répondit : « Ce n'est pas toi qui es « mon père. » Le peuple le pria de demander à l'enfant qui était son père, mais l'évêque reprit : « Cela n'est pas mon « affaire ; j'ai dû m'inquiéter de ce qui me regardait ; si vous « voulez savoir autre chose, demandez-le vous-mêmes. » Ces gens alors, soutenant que ceci n'avait été fait que par des arts magiques, s'insurgent en une rébellion contre l'évêque, et l'entraînent en lui disant : « Tu ne seras pas plus long-« temps notre maître sous le nom de pasteur qui ne t'appar-« tient pas. » Afin de satisfaire encore le peuple, il mit dans sa robe des charbons ardents, et, les pressant sur lui, il s'avança avec la foule du peuple jusqu'au tombeau de saint Martin ; puis il jeta les charbons devant le tombeau ; l'on vit que son vêtement n'était pas brûlé, et il poursuivit en ces termes : « De même que vous voyez ce vêtement préservé « de l'atteinte de ces charbons, de même mon corps est pur « de l'attouchement et de la possession d'aucune femme. » Mais ceux-ci, ne le croyant pas, et soutenant le contraire de ce qu'il affirmait, le traînent en lui reprochant son crime et le chassent, afin que fût accomplie cette parole du saint : « Sache que dans l'épiscopat tu auras bien des adversités à « souffrir. » Après l'avoir expulsé, on revêtit Justinien de l'épiscopat. Brice se mit en chemin pour aller trouver l'évê-

que de Rome, pleurant et se lamentant; et il disait : « C'est
« justement que je souffre cela, car j'ai péché contre le
« saint de Dieu, et l'ai souvent appelé fou et insensé; j'ai
« vu ses miracles et je n'y ai pas cru. » Après son départ,
les citoyens de Tours dirent à leur évêque : « Va après lui
« et défends ta cause, car si tu ne la poursuis pas, tu seras
« humilié à la honte de nous tous. » Mais Justinien, parti
de Tours et arrivé à Verceil, cité d'Italie, fut frappé du
jugement de Dieu, et mourut à l'étranger. Ceux de Tours,
apprenant sa mort, et persévérant dans leur tort, insti-
tuèrent Armentius à sa place. Quant à l'évêque Brice, arrivé
à Rome, il raconte au pape tout ce qu'il a souffert; s'éta-
blissant ensuite auprès du siége apostolique, et célébrant
très-souvent le sacrifice de la messe, il lava par ses pleurs en ce
lieu toutes les fautes qu'il avait commises envers le saint de
Dieu. Sept ans après il quitte Rome et se dispose, avec l'au-
torisation du pape, à revenir à Tours. Lorsqu'il fut arrivé
au bourg de Montlouis (1), à six milles de la ville, il y fixa
son séjour. Cependant Armentius fut saisi de la fièvre, et
rendit l'âme au milieu de la nuit. Cette mort ayant été aussitôt révélée par une vision à l'évêque Brice, il dit aux
siens : « Levez-vous promptement, et accourons pour mettre
« au tombeau notre frère le pontife de Tours. » Mais comme
ils entraient par une porte de la ville, on emportait le mort
par une autre porte. Après l'ensevelissement d'Armentius,
Brice rentra en possession de son siége, et vécut ensuite
heureusement pendant sept années. Étant mort lui-même
après quarante-sept années d'épiscopat, il eut pour successeur saint Eustoche, homme d'une éminente sainteté.

II. Après ces événements, les Vandales, quittant le lieu
qu'ils habitaient, se précipitèrent, avec leur roi Gundéric, sur

(1) Appelé ainsi par une corruption moderne; Grégoire écrit *Laudiacus*
ou *Mons-Laudiacus* (voy. x, 31).

les Gaules (1), et après les avoir cruellement dévastées, gagnèrent les Espagnes. Les Suèves, qui sont des Alemans, les suivirent et s'emparèrent de la Galice. Peu de temps après, la mésintelligence éclata entre les deux peuples, parce qu'ils étaient voisins l'un de l'autre ; et comme ils s'avançaient en armes chacun de leur côté, les deux armées déjà prêtes à combattre, le roi des Alemans s'écria : « Jusques « à quand la guerre doit-elle se déchaîner sur un peuple « entier ? Ne faisons pas périr, je vous en prie, des légions « de l'une et l'autre armée, mais que deux de nos hommes « s'avancent en appareil de guerre sur le terrain, et qu'ils « combattent entre eux. Alors, le parti dont le guerrier « sera vainqueur obtiendra le pays sans bataille. » Tout le peuple approuva que la multitude entière ne fût pas obligée de se précipiter sous le tranchant du glaive. Cependant le roi Gundéric était mort (2), et Trasamund régnait à sa place (3). Les deux guerriers en étant venus aux mains, le parti des Vandales fut vaincu, et son représentant ayant été tué, Trasamund prit de bon gré l'engagement de se retirer, c'est-à-dire de s'éloigner des frontières de l'Espagne dès qu'il aurait fait les préparatifs nécessaires pour la route.

En même temps, Trasamund exerçait une persécution contre les chrétiens, et voulait contraindre l'Espagne entière, par les tourments et les supplices, à adopter la perfide hérésie des Ariens. Il arriva qu'une jeune fille pieuse, comblée de richesses et dans la fleur des dignités du monde par sa noblesse sénatoriale, enfin, ce qui est plus noble encore que tout cela, ferme dans la foi catholique et irréprochable dans son culte au Dieu tout-puissant, fut soumise à cette épreuve. Elle se trouva plusieurs fois en la présence du roi,

---

(1) L'an 406.
(2) L'an 428.
(3) Le successeur immédiat de Gundéric fut Genséric ; Trasamund régna plus tard (de 496 à 523). Voy. p. 46 n. 3.

qui commença par l'engager, au moyen de discours flatteurs, à se faire rebaptiser ; mais comme elle repoussait avec le bouclier de la foi cette flèche empoisonnée, le roi ordonna que celle qui possédait déjà par la pensée les royaumes du paradis fût privée de sa fortune, et qu'on la torturât en la soumettant à des supplices qui ne lui laissaient aucun espoir de conserver la vie. Que dirai-je de plus? Après nombre de tourments, après l'enlèvement de ses trésors, de biens terrestres, comme on ne pouvait briser sa volonté de ne pas scinder la sainte Trinité, on l'entraîna malgré elle à un nouveau baptême. Mais pendant qu'on la plongeait de force dans ce bain fangeux, et qu'elle s'écriait : « Je crois que « le Père est avec le Fils et le Saint-Esprit d'une seule « substance et essence, » elle infecta toutes les eaux d'un parfum digne d'elles, c'est-à-dire qu'elle y lâcha son ventre. Elle sortit de là pour être mise judiciairement à la question, et après avoir enduré le supplice des chevalets, celui des flammes et celui des pointes de fer, elle fut consacrée au seigneur Christ par la décapitation.

C'est après cela que les Vandales, ayant été poursuivis par les Alemans jusqu'à Tarifa (1), passèrent la mer, et se répandirent dans toute l'Afrique et la Mauritanie (2).

III. Mais comme de leur temps la persécution contre les chrétiens augmenta, ainsi qu'il a été dit ci-dessus, il semble convenable de rapporter quelque chose de ce que les Vandales firent contre les églises de Dieu et de la manière dont ils furent chassés de leur royaume. Trasamund étant mort à la suite des crimes qu'il commit envers les saints de Dieu, Hunéric (3), d'un caractère plus cruel encore, s'empare du

(1) *Traducta* dit Grégoire; mais la ville de Tarifa, sur le détroit de Gibraltar était appelée *Julia Traducta*.
(2) Les Vandales passèrent en Afrique, conduits par Genséric, en 428.
(3) Hunéric succéda à son père Genséric. Il eut pour successeur Guntamund, et celui-ci Trasamund.

royaume d'Afrique, et par élection devient le chef des Vandales. On ne saurait compter quelles foules de chrétiens furent de son temps mises à mort pour le nom sacré du Christ; mais l'Afrique qui les a perdus et la main du Christ qui les a couronnés de pierreries immortelles, peuvent en rendre témoignage. Cependant nous avons lu les passions de certains de ces martyrs, et nous en reproduirons quelque chose afin d'arriver à ce que nous avons promis. Cyrola, faussement appelé évêque, était alors regardé comme le plus ferme soutien des hérétiques ; et comme le roi envoyait de divers côtés persécuter les chrétiens, ce sicaire découvrit, dans le faubourg de sa cité, l'évêque saint Eugène, homme d'une ineffable vertu, et regardé alors comme un vrai sage. Il le fit enlever si brutalement, qu'il ne lui permit même pas d'aller exhorter son troupeau de chrétiens fidèles. Eugène se voyant entraîné, écrivit en ces termes à ses concitoyens pour les engager à garder la foi catholique :

« A ses fils et filles de l'église à lui confiée par Dieu, ses
« très-chers et très-doux enfants dans l'amour de Jésus-
« Christ, l'évêque Eugène :

« L'autorité royale nous a ordonné par un édit de venir à
« Carthage pour nous donner lieu de mettre notre foi ca-
« tholique à l'épreuve. Mais ne voulant pas, en m'éloignant
« de vous, laisser l'église de Dieu en suspens, c'est-à-dire
« dans le doute, ni abandonner en silence les brebis du
« Christ, comme si je n'étais pas un vrai pasteur, j'ai jugé
« nécessaire d'envoyer à votre piété ces lettres qui seront
« mes mandataires. Je vous écris, non sans larmes, pour
« vous demander, vous exhorter, vous avertir, et je vous en
« adjure de toutes mes forces, par la majesté de Dieu, par
« le redoutable jour du jugement et par la lumière terrible
« qui doit éclairer la venue de Jésus-Christ, de conserver
« fermement la foi catholique, en affirmant que le fils est
« égal au père, et que le saint esprit ne forme avec le père
« et le fils qu'une même divinité. Conservez donc la grâce

« d'un baptême unique, en gardant l'onction du saint chrême,
« et que nul ne retourne à l'eau, de ceux qui ont déjà reçu l'eau,
« puisqu'il est déjà rené par la vertu de l'eau. Dieu consent en
« effet qu'avec de l'eau se forme du sel, mais si ce sel tourne en
« eau, il perd aussitôt toute valeur. Aussi n'est-ce pas sans rai-
« son que le seigneur dit dans l'évangile : *Si le sel perd sa na-*
« *ture, avec quoi le salera-t-on* (1)? Certes, c'est perdre sa rai-
« son que de vouloir être baptisé une seconde fois quand une
« première suffit. N'avez-vous pas entendu le Christ dire :
« *Celui qui a été lavé une première fois, n'a pas besoin de*
« *l'être une seconde* (2)? Que mon absence ne vous contriste
« donc pas, mes frères, mes fils et mes filles en Dieu ; car
« si vous vous attachez aux principes catholiques, aucune
« distance ne pourra vous faire oublier de moi, et la mort
« même ne m'arrachera pas d'avec vous. En quelque lieu que
« les supplices me déchirent, sachez que la victoire est avec
« moi. Si je pars pour l'exil, j'ai l'exemple de saint Jean l'é-
« vangéliste ; si je vais à la mort, *Jésus-Christ est ma vie,*
« *et la mort m'est un gain* (3). Si je reviens, mes frères,
« ce sera l'accomplissement, par Dieu, de votre désir. Il me
« suffit maintenant de n'avoir pas gardé le silence avec vous.
« J'ai averti, j'ai instruit autant que j'ai pu ; je ne suis donc
« pas responsable du sang de tous ceux qui périront ; et je
« sais que cette lettre sera lue contre eux devant le tribunal
« de Jésus-Christ lorsqu'on viendra à rendre à chacun selon
« ses œuvres. Si jamais je suis de retour, mes frères, je vous
« verrai dans cette vie ; sinon, je vous verrai dans la vie à
« venir. En attendant, je vous dis adieu. Priez pour moi, et
« jeûnez ; parce que le jeûne et l'aumône ont toujours incliné
« le seigneur à la miséricorde. Rappelez-vous qu'il est écrit
« dans l'évangile : *Ne craignez point ceux qui tuent le*

---

(1) Matth., v, 13.
(2) Jean, XIII, 10.
(3) Epit. de Paul aux Philipp., I, 21.

« corps, mais qui ne peuvent tuer l'âme : craignez au con-
« traire celui qui, après avoir tué le corps, peut aussi
« perdre l'âme avec le corps et les envoyer dans l'en-
« fer (1). »

Saint Eugène, ayant donc été conduit au roi, discuta en faveur de la foi catholique contre l'évêque arien dont nous avons parlé. Et lorsqu'il l'eut complétement vaincu sur le mystère de la sainte Trinité, et que, de plus, Christ eut accompli par son ministère un grand nombre de miracles, ce même évêque, excité par l'envie, s'anima d'une fureur plus grande encore. Il y avait alors avec Eugène deux hommes des plus sages et des plus saints, les évêques Vindémial et Longin, égaux en dignité et pareils en vertu ; saint Vindémial passait alors pour avoir ressuscité un mort, et Longin rendit beaucoup de malades à la santé. Eugène dissipait non-seulement la cécité des yeux de la chair, mais encore celle des yeux de l'esprit. Voyant cela, ce méchant évêque des Ariens fit venir un homme abusé de l'erreur dans laquelle il vivait lui-même, et lui dit : « Je ne puis souffrir que ces
« évêques opèrent de nombreux miracles au milieu du
« peuple, et que chacun me néglige pour les suivre. Consens
« donc à ce que je vais te prescrire ; voici cinquante sous
« d'or ; tu t'assiéras sur la place publique par laquelle je
« passe, et, tenant ta main sur tes yeux fermés, écrie-toi
« bien fort quand je passerai avec les autres, en disant :
« Bienheureux Cyrola, pontife de notre religion, je te sup-
« plie de me regarder pour manifester ta gloire et ta puis-
« sance en m'ouvrant les yeux, afin que j'obtienne de revoir
« la lumière que j'ai perdue. » Cet homme exécuta l'ordre ; il s'assit sur la place, et, croyant pouvoir se jouer du tout-puissant, il s'écria très-haut, au moment où l'hérétique passait avec les saints de Dieu : « Écoute-moi, bienheureux
« Cyrola ; écoute-moi, saint pontife de Dieu ; jette un re-

(1) Matth., x, 28.

« gard sur ma cécité. Que j'éprouve la vertu des remèdes
« que tu as accordés souvent aux aveugles, dont les lépreux
« ont fait l'expérience, dont les morts eux-mêmes ont res-
« senti les effets. Je t'adjure, par la vertu que tu possèdes,
« de me rendre la lumière que j'ai perdue, car je suis frappé
« d'une entière cécité. » Mais il disait vrai sans connaître la
vérité; car la cupidité l'avait rendu aveugle, et il croyait,
pour de l'argent, pouvoir se moquer de la vertu du Dieu
tout-puissant. L'évêque des hérétiques se détourna un peu,
puis, comme si son pouvoir allait triompher, transporté de vanité et d'orgueil, il posa la main sur les yeux de cet homme, en
disant : « Par notre foi, qui est la vraie manière de croire
« en Dieu, que tes yeux soient ouverts. » Mais à peine cette
impiété fut-elle proférée, que le rire fut changé en gémissements, et que la fraude de l'évêque fut publiquement découverte. En effet, une douleur si grande envahit les yeux
du malheureux qu'il avait peine à les contenir avec ses doigts
pour les empêcher de crever. Enfin l'infortuné se mit à crier
et à dire : « Malheur à moi, misérable, que l'ennemi de la loi
« divine a séduit! malheur à moi, qui, pour de l'argent, ai
« voulu me jouer de Dieu, et qui ai reçu cinquante pièces
« d'or pour commettre ce crime! » Il disait en même temps
à l'évêque : « Voilà ton or ; rends-moi la lumière que j'ai
« perdue par ta fourberie. Et je vous en prie, très-glorieux
« chrétiens, ne méprisez pas un malheureux, mais secourez
« promptement celui qui va périr. Je vois bien en vérité qu'on
« ne se joue pas de Dieu! » Les saints de Dieu, touchés de
« compassion, lui dirent : *Si tu crois, tout est possible à ce-
« lui qui croit* (1). » Alors il s'écria d'une voix forte : « Que
« celui qui ne croira point que Jésus-Christ, fils de Dieu, et
« le saint esprit, ont, avec Dieu le père, une même subs-
« tance et une même divinité, endure ce que je souffre au-
« jourd'hui! » Et il ajouta : « Je crois en Dieu, le père tout-puis-

(1) Marc, IX, 23.

« sant ; je crois en Jésus-Christ, fils de Dieu, égal au père;
« je crois au saint esprit consubstantiel et coéternel au
« père et au fils. » A ces paroles, chacun des évêques se
faisant l'un à l'autre un mutuel honneur, un pieux débat s'élève entre eux pour savoir qui imposera sur les yeux du patient le signe de la bienheureuse croix. Vindémial et Longin priaient Eugène, tandis qu'Eugène, de son côté, les priait eux-mêmes d'imposer les mains à l'aveugle. Vindémial et Longin le firent en effet, et pendant qu'ils tenaient leurs mains sur sa tête, saint Eugène fit le signe de la croix sur ses yeux en disant : « Au nom du père, et du fils et du saint esprit,
« qui sont le vrai Dieu, que nous confessons pour triple en
« une même égalité et toute-puissance, que tes yeux soient
« ouverts. » Et la douleur s'étant évanouie à l'instant, l'homme revint à son premier état de santé. Alors parut manifestement, par la cécité qui l'avait frappé, que la doctrine de l'évêque des hérétiques couvrait les yeux du cœur d'un voile déplorable, afin que nul ne pût contempler la vraie lumière avec les yeux de la foi. O le malheureux, qui, n'étant pas entré par la porte, c'est-à-dire par Jésus-Christ qui est la vraie porte, fut un loup plutôt qu'un gardien pour son troupeau ; et qui, par la méchanceté de son âme, s'efforçait d'éteindre dans celle des fidèles le flambeau de la foi qu'il aurait dû y allumer! Les saints de Dieu firent, au milieu du peuple, beaucoup d'autres miracles, et il n'y avait là qu'une voix pour dire : « Le père est vrai Dieu, le fils
« vrai Dieu, le saint esprit vrai Dieu, lequel doit être
« adoré avec une seule foi, redouté avec une même crainte
« et honoré d'un même culte ; car il est manifeste pour
« tous que la doctrine de Cyrola est fausse. »

Le roi Hunéric, voyant ainsi la fausseté de ses assertions mise à nu par la glorieuse foi des saints, et la secte de l'erreur péricliter plutôt que grandir ; voyant enfin la fraude de son évêque dévoilée dans cet acte criminel, il ordonna que les saints de Dieu périssent après mille tourments, après les chevalets, les flammes et les crochets de fer. Quant au bienheureux Eugène, il donna l'ordre de le décapiter ; mais en même temps il commanda que, si le pontife, au moment où le glaive serait levé sur sa tête, refusait encore d'embrasser la secte hérétique, on ne l'exécutât point, de peur que les chrétiens ne vinssent à le révérer comme un martyr, mais qu'on l'envoyât en exil : ce qui eut lieu comme on le sait. En effet, quand on lui demanda, au moment où sa mort était imminente s'il était décidé à périr pour la foi catholique, il répondit : « Mourir pour la justice, c'est vivre éternellement. » Alors le glaive resta suspendu, et Eugène fut envoyé en exil à Albi, ville des Gaules, où il termina sa vie mortelle. Un grand nombre de miracles se répètent souvent aujourd'hui sur son tombeau. Quant à saint Vindémial, le roi ordonna qu'il fût frappé du glaive, et ce fut en effet ainsi que se termina sa tâche dans cette lutte. L'archidiacre Octavien et plusieurs milliers d'hommes et de femmes attachés à la même foi furent tués ou mutilés. Mais, par l'amour de la gloire, ces supplices n'étaient rien aux yeux des saints confesseurs, qui savaient bien qu'être tourmentés en de petites choses, c'était acquérir la disposition de choses plus grandes, selon cette parole de l'apôtre : « *Que les souffrances de la vie présente n'ont point de proportion avec la gloire future révélée aux saints* (1). » A la même époque beaucoup de chrétiens, s'écartant de la foi pour obtenir la richesse, se préparèrent des maux infinis, comme ce malheureux évêque, nommé Révocatus, qui révoqua dans ce temps son engagement à la foi catholique. Alors aussi le soleil s'assombrit, au point qu'à peine le tiers de son disque était lumineux (2); ce fut, je le crois, à cause de si grands crimes et de l'effusion du sang innocent. Hunéric, après un fait aussi énorme, devint possédé du démon, et celui qui s'était longtemps nourri du sang des

(1) Épît. de Paul aux Rom., VIII, 18.
(2) L'an 450.

saints se déchira de ses propres morsures, et, au milieu de ces tourments, finit par une juste mort son indigne vie. Il eut pour successeur Childéric (1), après la mort (2) duquel Gélésimir obtint le gouvernement. Celui-ci, ayant été vaincu par l'empereur perdit à la fois la vie et le trône. Ainsi tomba le royaume des Vandales (3).

IV. Dans ce temps les églises de Dieu étaient assaillies par un grand nombre d'hérésies, qu'atteignit souvent la vengeance divine. Ainsi une grande persécution, fut excitée par Athanaric, roi des Goths, qui, après avoir infligé divers tourments à une foule de chrétiens, leur tranchait la tête ; ou bien il les envoyait en exil, et les faisait ensuite mourir de faim ou de divers autres supplices. De là il arriva que poursuivi par le jugement de Dieu, à cause de l'effusion du sang des justes, il fut chassé de son royaume, et celui qui attaquait les églises de Dieu fut exilé de sa patrie. Mais revenons à des événements plus anciens.

V. Le bruit s'était répandu que les Huns voulaient faire une irruption dans les Gaules. Il y avait alors dans la ville de Tongres un évêque d'une parfaite sainteté, nommé Aravatius (4), qui, livré aux veilles et aux jeûnes, souvent baigné d'une pluie de larmes, conjurait la miséricorde du seigneur de ne jamais permettre l'entrée des Gaules à cette nation incrédule et toujours indigne de lui. Mais moralement convaincu que sa demande ne lui avait pas été accordée à cause des péchés du peuple, il forma le dessein d'aller à Rome, afin que les recommandations de la vertu apostolique se joignant à ses humbles prières, il pût obtenir plus facilement du sei-

(1) Il eut pour successeurs Guntamund, Thrasamund, puis Hildéric.
(2) L'expulsion non la mort.
(3) Voy. sur tous ces faits l'*Hist. de la persécution des Vandales*, par dom Ruinart.
(4) C'est Servatius, saint Servais, évêque de Tongres vers 384.

gneur ce qu'il demandait. S'étant donc rendu au tombeau de saint Pierre, il implorait le secours de sa bonté, se consumant dans une grande abstinence et dans un jeûne très-sévère, au point qu'il restait deux ou trois jours sans rien boire ni manger et n'interrompait pas un instant ses prières. Il avait passé un grand nombre de jours dans cet état d'affliction, lorsqu'il reçut, dit-on, cette réponse du bienheureux apôtre : « Homme saint, pourquoi me tourmenter? il est irrévoca- « blement arrêté dans les décrets du seigneur que les Huns « viendront dans les Gaules, et qu'ils ravageront ce pays « comme la plus affreuse tempête. Prends donc ta résolution; « hâte-toi vite, mets ordre à ta maison, prépare ta sépulture; « procure-toi des linceuls blancs, car tu quitteras bientôt ton « enveloppe corporelle, et tes yeux ne verront point les maux « que les Huns doivent commettre dans les Gaules. Ainsi l'a « dit le seigneur notre Dieu. » Le pontife, ayant reçu cette réponse du saint apôtre, hâte son voyage et regagne promptement les Gaules. De retour dans la ville de Tongres, il prend aussitôt avec lui les choses nécessaires à sa sépulture ; et disant adieu aux clercs et aux autres citoyens de la ville, il leur annonce avec larmes et gémissements qu'ils ne verront plus son visage. Mais ceux-ci, le suivant tout en pleurs et avec de grands cris, le suppliaient humblement et disaient : « Ne nous abandonne pas, saint père ; ne nous oublie « pas, bon pasteur. » Cependant ne pouvant le rappeler par leurs sanglots, ils s'en retournèrent après avoir reçu sa bénédiction et ses baisers. En arrivant dans la ville de Maëstricht, l'évêque y fut attaqué d'une fièvre légère et mourut. Son corps, lavé par les fidèles, fut enterré sur le bord de la voie publique. Nous avons écrit dans notre livre des *Miracles* (1) comment eut lieu, après un long espace de temps, la translation du bienheureux corps.

(1) Dans le traité *de la Gloire des confesseurs*, chap. 72.

VI. Les Huns étant donc sortis de la Pannonie, comme quelques-uns le rapportent, arrivent la veille même du saint jour de Pâques à la ville de Metz. Ils ravagent la campagne, et quant à la ville, ils la livrent aux flammes, passent le peuple au fil de l'épée, et tuent les prêtres du seigneur eux-mêmes au pied des saints autels. Nul endroit ne demeura à l'abri de l'incendie, si ce n'est l'oratoire du diacre saint Étienne, premier martyr. Je m'empresserai de raconter ce que j'ai appris de quelques personnes au sujet de cet oratoire. Elles disent qu'avant l'arrivée des ennemis un homme pieux vit, dans une vision, le bienheureux diacre Étienne qui conférait avec les saints apôtres Pierre et Paul sur ce malheur, et qui disait : « Je vous conjure, mes seigneurs, d'empêcher par « votre intercession que la ville de Metz ne soit brûlée par les « ennemis, car il s'y trouve un lieu qui contient les restes de « mon humble corps. Faites plutôt que ses habitants éprouvent « que je puis quelque chose auprès du seigneur ; et si les crimes « du peuple se sont tellement accumulés qu'on ne puisse faire « autrement que d'abandonner la ville à l'incendie, que du « moins cet oratoire ne soit pas consumé. » Ceux-ci lui répondirent : « Va en paix, très-affectionné frère ; ton oratoire « seul sera préservé des flammes : quant à la ville, nous ne « pourrons rien obtenir, parce que la sentence de la justice « divine est déjà portée contre elle. Les péchés du peuple « ont prévalu, et le cri de sa méchanceté est monté jusqu'à « Dieu. C'est pourquoi la ville sera brûlée par le feu. » Il est donc hors de doute que c'est par leur intercession que dans le saccagement de la ville l'oratoire est demeuré intact.

VII. Cependant Attila, roi des Huns, quittant Metz pour ravager une foule de villes des Gaules, vient attaquer Orléans, dont il tâche de s'emparer en battant les murs à grands coups de bélier (1). Le bienheureux Agnan, homme

(1) Voyez au sujet de ce siége les *Lettres* de Sidoine Apollinaire, VIII, 15.

d'une éminente sagesse, d'une sainteté digne de louange, et dont les actions vertueuses sont fidèlement conservées dans notre mémoire, était alors évêque de cette ville. Comme les assiégés demandaient à grands cris à leur évêque ce qu'il fallait qu'ils fissent, celui-ci, plein de confiance en Dieu, les fait prosterner tous pour prier et pour implorer avec larmes le secours du seigneur, toujours présent lorsqu'on a besoin de lui. Ils se mettent en prières, comme il l'avait ordonné, et l'évêque leur dit : « Regardez du haut du rem-« part de la ville si la compassion de Dieu nous vient en « aide. » Il espérait en effet que la miséricorde divine enverrait Aétius (1), qu'il avait été précédemment trouver à Arles en prévision de l'avenir. Mais ceux qui regardaient du haut du mur ne virent personne. « Priez avec foi, » dit l'évêque, « car le seigneur vous délivrera aujourd'hui. » Et pendant qu'ils priaient, il ajouta : « Regardez de nouveau. » Ils regardèrent, et ne virent personne leur apporter secours. Il leur dit une troisième fois : « Que la foi soit dans vos « prières, et le seigneur est là. » Ils imploraient donc la miséricorde de Dieu avec des larmes et des sanglots. L'oraison finie, ils regardent pour la troisième fois du haut du mur, suivant l'ordre du vieillard, et voient au loin comme un nuage s'élever de terre. Ils l'annoncent à l'évêque, qui leur dit : « C'est le secours du seigneur. » Déjà cependant les murs tremblent sous les coups du bélier ; ils étaient près de s'écrouler, lorsqu'arrive Aétius ; Théodore (2), roi des Goths, et Thorismod, son fils, accourent en même temps vers la ville, avec leurs armées, et repoussent ou chassent l'ennemi qu'ils ont devant eux. Après avoir ainsi, par suite de l'intercession du saint évêque, délivré la ville, ils mettent en fuite Attila, qui gagne les plaines de Méri (3),

---

(1) Général romain chargé de défendre cette partie de la Gaule.
(2) Lisez *Theodoric* ; roi des Visigoths, 419-451.
(3) « Gagne le champ Mauri, » si l'on traduisait à la lettre, « Mauria-

et se dispose au combat. Les nôtres, à cette nouvelle, se préparent vigoureusement contre lui.

Dans ce temps, le bruit parvint à Rome qu'Aétius se débattait en grand péril au milieu des phalanges ennemies. A cette nouvelle, sa femme, inquiète et tourmentée, se rendait assidûment à la basilique des saints apôtres, et priait pour retirer son mari sain et sauf de cette mauvaise voie. Pendant qu'elle s'occupait de cela jour et nuit, un pauvre mendiant, appesanti par l'ivresse, s'endormit une nuit dans un coin de la basilique de l'apôtre saint Pierre ; et les portes ayant été closes par les gardiens comme de coutume, il se trouva enfermé. S'étant levé durant la nuit, il vit les lampes resplendir dans toute l'étendue de l'édifice, et saisi d'épouvante, il chercha une issue pour s'échapper. Mais ayant vainement essayé de pousser le verrou d'une porte, puis d'une autre, et reconnaissant qu'elles étaient toutes fermées, il se coucha par terre, et attendit en tremblant le moment où le peuple s'assemblant pour chanter les hymnes du matin, il pourrait sortir. Pendant ce temps il vit deux personnages qui se saluaient avec une déférence mutuelle, et qui paraissaient inquiets du succès de leurs affaires. Le plus âgé commença de parler ainsi : « Je ne puis supporter « plus longtemps les larmes de la femme d'Aétius. Elle me « supplie sans relâche de ramener des Gaules son mari sain « et sauf, tandis que par le jugement divin il en avait été « autrement décidé. Cependant j'ai touché l'infinie miséri- « ricorde en faveur de sa vie, et maintenant je cours là-bas « en toute hâte pour l'en ramener vivant. Mais j'adjure celui « qui aurait entendu ces paroles de se taire, et de n'avoir « pas l'audace de divulguer les secrets de Dieu, de peur « qu'il ne périsse promptement sur terre. » L'homme entendit ces paroles, et ne put garder le silence. Dès que le

cum campum. » L'opinion générale est qu'il s'agit de Méri-sur-Seine (Aube).

jour vint à paraître il découvrit à la dame tout ce qu'il avait entendu ; et lorsqu'il eut achevé ses récits, ses yeux se fermèrent à la lumière.

Aétius donc, réuni aux Goths et aux Francs, en vint aux mains avec Attila. Celui-ci voyant son armée taillée en pièces et menacée d'extermination se dérobe par la fuite. Cependant le roi des Goths, Théodore, avait eu le dessous dans ce combat (1), et personne ne doit douter que l'armée des Huns n'ait été mise en fuite par l'intercession de l'apôtre dont nous avons parlé. Le patrice Aétius avec l'aide de Thorismod obtint donc la victoire, et anéantit les ennemis. La guerre étant terminée, Aétius dit à Thorismod : « Hâte-« toi de retourner dans ta patrie, de peur que ton frère, par « ses efforts, ne te dépouille du royaume de ton père. » L'autre, à ces paroles, partit en grande hâte pour prévenir son frère, et pour prendre possession le premier du trône paternel. Par une ruse semblable Aétius fit fuir aussi le roi des Francs. Eux partis il dépouilla le champ de bataille, et retourna victorieux dans sa patrie avec un grand butin. Attila revint avec peu de monde, et bientôt après les Huns, s'étant emparés d'Aquilée, qu'ils incendièrent et détruisirent, se répandirent dans l'Italie et la ravagèrent. Thorismod, dont nous venons de parler, dompta les Alains par la force des armes (2) ; et lui-même, après beaucoup de luttes et de combats, fut vaincu par ses frères, et périt étranglé (3).

VIII. Après avoir ainsi distribué et décrit dans leur ordre les faits qui précèdent, j'ai pensé qu'il n'était pas permis de passer sous silence ce que contient l'ouvrage de Renatus Frigeridus (4) au sujet d'Aétius, dont il vient d'être question.

(1) Il y avait même été tué.
(2) Des Alains étaient à cette époque établis au midi de la Loire.
(3) Il fut tué en 453 par ses frères Théodoric et Frédéric, dont le premier s'empara du trône.
(4) Auteur qui ne nous est connu que par cette citation de Grégoire.

Cet auteur raconte, au douzième livre de ses *Histoires*, qu'après la mort du divin (1) Honorius, le petit Valentinien, âgé seulement de cinq ans, fut créé empereur par Théodose son cousin germain (2); que, dans la ville de Rome, le tyran Jean s'éleva à l'empire; que les envoyés de ce dernier furent traités avec mépris par l'empereur, et il ajoute : « Pendant « ce temps-là, les envoyés revinrent auprès du tyran, por- « teurs des menaces les plus terribles. Jean, effrayé, dépê- « cha vers les Huns Aétius, à qui était alors confié le soin « de son palais (3), qui connaissait ces peuples depuis qu'il « avait été en otage entre leurs mains, et qui s'était lié d'a- « mitié avec eux. Il leur envoya, avec une grande quantité « d'or, des instructions portant qu'aussitôt que les ennemis « entreraient en Italie, ils eussent à les attaquer par der- « rière, tandis que lui-même les prendrait de front. Et « comme nous aurons par la suite beaucoup de choses à « dire sur Aétius, nous croyons devoir parler d'abord de sa « naissance et de son caractère. Son père, Gaudentius, né « d'une des premières familles de Scythie, commença par « servir dans les gardes de l'empereur, et s'éleva ensuite « jusqu'au rang éminent de maître de la cavalerie. Sa mère « était une Italienne et une femme noble et riche. Aétius, « leur fils, prétorien dès son enfance, fut, à l'âge de trois « ans, donné en otage à Alaric, et ensuite aux Huns. Plus « tard, devenu gendre de Carpilion, ancien comte des do- « mestiques, il fut chargé de l'administration du palais de « Jean. Il était d'une stature moyenne, d'un extérieur « mâle, bien fait, ni trop faible ni trop pesant; vif d'esprit « et vigoureux de membres; cavalier très-agile, adroit ti- « reur, maniant bien la lance, très-apte à la guerre, excel-

---

(1) Cette expression officielle, divin, appartient à Frigeridus.
(2) L'an 424.
(3) C'est-à-dire « Aétius, alors *curopalate*, » charge qui consistait dans la direction des bâtiments impériaux.

« lent dans les arts de la paix. Sans avarice ni avidité, doué
« des bons penchants du cœur, et ne déviant pas de son de-
« voir par mauvaises instigations, il était d'une extrême
« patience à braver tous les maux, laborieux, intrépide au
« milieu des dangers et supportait volontiers la faim, la soif
« et les veilles. Il est certain qu'on lui avait prédit, dès son
« enfance, la grandeur qui lui était destinée, et la célébrité
« qu'il obtiendrait dans son siècle et dans son pays. » Voilà
ce que l'historien ci-dessus nommé raconte d'Aétius. Mais
l'empereur Valentinien devenu homme, et craignant qu'Aétius ne s'emparât du pouvoir impérial, le tua sans causes
réelles (1). Dans la suite, pendant que cet empereur, assis
sur son tribunal dans le Champ de Mars, haranguait le peuple, Occylla, trompette d'Aétius, vint droit à lui et le perça
de son épée (2). Telle fut leur fin à tous deux.

IX. Quant aux rois des Francs, beaucoup de gens ignorent (3) quel fut le premier d'entre eux. Sulpice Alexandre (4) parle beaucoup de ces peuples dans son histoire, et
cependant il ne nomme en aucune façon leur premier roi : il
dit seulement qu'ils avaient des *ducs*. Ce que toutefois il en
dit nous semble utile à raconter. Après avoir rapporté que
Maxime, ayant perdu tout espoir de conserver l'empire,
restait, comme abruti, dans Aquilée, il ajoute : « Dans ce
« temps-là (5) les Francs, conduits par leurs *ducs* Geno-
« baude, Marcomer et Sunnon, se précipitèrent sur la pro-
« vince de Germanie ; et après avoir forcé la frontière et

---

(1) L'an 454 (dom Bouquet).
(2) L'an 455.
(3) Grégoire ne le sait pas lui-même ; cependant il s'abstient de dire que tout le monde l'ignore ; il semble vouloir garder la réserve sur une question délicate.
(4) Historien qui ne nous est connu, comme Renatus Frigeridus (p. 58), que par Grégoire de Tours.
(5) L'an 388 (Bouq.).

« tué beaucoup de monde, ils ravagèrent les cantons les plus
« fertiles, et portèrent même l'épouvante jusqu'à la colonie
« Agrippine (1) Dès que la nouvelle en fut portée à Trè-
« ves (2), les maîtres de la milice, Nannenus et Quintinus,
« auxquels Maxime avait confié l'enfance de son fils et la
« défense des Gaules, assemblèrent une armée et se réuni-
« rent à Cologne. Mais les ennemis, chargés de butin après
« avoir ravagé les richesses des provinces, traversèrent le
« Rhin, laissant sur le sol romain une partie des leurs prêts
« à recommencer le ravage ; avec ceux-là le combat fut fa-
« vorable aux Romains, et beaucoup de Francs furent tués
« dans la Carbonnière (3) ; et comme on délibérait par suite de
« ce succès si l'on passerait en France (4), Nannenus s'y re-
« fusa, parce qu'il savait qu'étant chez eux et sur leurs
« gardes, les Francs seraient indubitablement les plus forts
« Ce parti déplut à Quintinus et aux autres gens de guerre.
« Nannenus s'en retourna à Mayence, et Quintinus, avec
« l'armée, traversa le Rhin aux alentours du fort de Nuitz (5),
« et trouva, après deux jours de marche à partir du fleuve,
« des maisons vides d'habitants et de grands villages aban-
« donnés. Les Francs, feignant d'avoir peur, s'étaient retirés
« dans la profondeur des forêts, dont ils avaient défendu
« la lisière par des abattis. Cependant les soldats romains
« ayant livré toutes les maisons aux flammes, exécution par
« laquelle une lâche stupidité remplaçait la véritable vic-
« toire, avaient passé la nuit sur le qui-vive, chargés du

(1) Cologne, *Colonia Agrippina*.

(2) Cette ville était alors considérée comme la capitale des Gaules.

(3) C'était une portion de la forêt des Ardennes, comprise entre la Sambre et l'Escaut. Elle fut plus tard la limite entre les Francs saliens et austrasiens.

(4) La France était alors la partie de la Germanie occupée par les Francs. Voy. une dissertation de B. Guérard intitulée : « *Du nom de France et des différents pays auxquels il fut appliqué.* » (Annuaire de la société de l'histoire de France, 1849, 152.)

(5) Près de Cologne.

« poids de leurs armes. Au point du jour ils entrèrent
« dans les bois, sous la conduite de Quintinus et après s'ê-
« tre embarrassés et trompés dans les chemins pendant la
« première moitié à peu près de la journée, ils se trouvèrent
« tout à fait égarés. Enfin, se voyant partout séparés des
« terrains solides par de grandes barricades, ils se jetèrent
« dans des champs marécageux contigus aux forêts. Pendant
« ces efforts, quelques ennemis clairsemés apparurent, mon-
« tés sur des troncs d'arbres entassés ou sur des abattis; et
« de là, comme du sommet d'une tour, ils lançaient, ainsi
« qu'auraient pu le faire des machines de guerre, des flèches
« trempées dans le suc d'herbes vénéneuses, en sorte que les
« blessures qu'elles faisaient, n'eussent-elles qu'effleuré la
« peau, et même dans les parties du corps où elles ne sont
« pas mortelles, n'en donnaient pas moins une mort certaine.
« Bientôt l'armée, entourée par une multitude d'ennemis
« plus grande, se répandit précipitamment dans les campa-
« gnes découvertes que les Francs avaient laissées libres; et
« la cavalerie la première, s'étant engloutie dans les marais
« se perdit, hommes et chevaux pêle-mêle, et chacun en-
« traîné par le désastre de son compagnon. Les fantassins
« que le poids des chevaux n'avait pas écrasés, embarrassés
« dans la fange, et ne dégageant leurs pieds qu'avec peine,
« retournaient de nouveau se cacher en tremblant dans ces
« bois dont ils venaient de sortir avec tant de peine. Le dé-
« sordre étant donc dans les rangs, les légions furent mas-
« sacrées. Héraclius, tribun des Joviniens (1), et la plupart
« des autres chefs militaires périrent; il n'y eut qu'un
« petit nombre d'hommes auxquels la nuit et le fond des
« forêts prêtèrent un refuge assuré. » Voilà ce que rapporte
Sulpice Alexandre dans le troisième livre de son *Histoire*.

Au quatrième livre, en narrant le meurtre de Victor, fils

(1) Les légions romaines portaient chacune un nom particulier. Celui-ci venait de l'empereur Dioclétien, dont l'un des prénoms était Jovius.

du tyran Maxime, il dit : « En ce temps (1) Carietto et Sy-
« rus, mis à la place de Nannenus, stationnaient dans la
« province de Germanie avec une armée pour faire face aux
« Francs. » Un peu plus loin, les Francs ayant butiné dans
la Germanie, il ajoute : « Arbogaste ne veut plus différer; il
« rappelle à l'empereur qu'il faut infliger aux Francs les
« châtiments qu'ils méritent, à moins qu'ils ne restituent à
« l'instant tout ce qu'ils ont pillé l'année précédente après
« le massacre des légions, et ne livrent les auteurs de cette
« guerre, qui porteront la peine d'avoir perfidement violé la
« paix. » C'est ce que l'on fit, rapporte-t-il, pendant que
commandaient les ducs Carietto et Syrus, et il dit ensuite :
« Très-peu de jours après, ayant eu une très-courte confé-
« rence avec Marcomer et Sunnon, chefs royaux (2) des
« Francs, et après en avoir reçu des otages selon la coutume, le
« général romain se retira à Trèves pour y passer l'hiver. »
Comme il qualifie ces chefs des Francs de *royaux*, nous ne
savons s'ils étaient rois ou s'ils en exerçaient seulement les
fonctions. Cependant le même écrivain, lorsqu'il rappelle la
situation critique de l'empereur Valentinien, ajoute :
« Tandis que du côté de l'Orient on fait diverses opérations
« dans les Thraces, l'État est troublé dans la Gaule. L'em-
« pereur Valentinien, renfermé dans les murs de son palais
« de Vienne (3), était réduit à une condition presque infé-
« rieure à celle d'un particulier ; le soin des affaires mili-
« taires était livré à des satellites Francs ; les affaires civiles
« étaient tombées aussi entre les mains du parti d'Arbo-
« gaste, et l'on ne trouvait pas un seul homme engagé dans
« la milice qui osât accomplir ni les simples demandes ni
« les ordres du prince. » Il rapporte ensuite que, dans la
même année, Argobaste (4) poursuivant, Sunnon et Marco-

(1) L'an 389 (dom Bouquet).
(2) Marcomere et Sunnone Francorum *regalibus*.
(3) L'an 392.
(4) Arbogaste était Franc lui-même, mais au service des Romains.

mer, *vice-rois* (1) des Francs, par suite de haines de famille, se rendit à Cologne, dans le plus fort de l'hiver, « pensant
« qu'on pourrait en toute sécurité pénétrer dans les retraites
« les plus cachées de la France et y mettre le feu, lorsque des
« forêts arides et dépouillées de feuilles ne pourraient plus
« cacher d'embuscades. Ayant donc rassemblé une armée,
« il passa le Rhin, ravagea le pays des Brictères (2) qui sont
« les plus rapprochés du fleuve, ainsi que le pays habité par
« les Chamaves (3), sans que personne se présentât; seule-
« ment un petit nombre d'Ampsuariens et de Cattes (4),
« commandés par Marcomer, se montrèrent sur les collines
« les plus éloignées. » Après avoir de nouveau laissé de côté et ces *ducs* et ces *espèces de rois*, il indique clairement que les Francs avaient un roi, sans toutefois faire connaître son nom, lorsqu'il dit : « Le tyran Eugène, s'étant mis en
« campagne avec l'armée (5), gagne les rives du Rhin afin
« de pouvoir, en renouvelant, suivant l'usage, les anciens
« traités avec les rois des Alemans et des Francs, montrer
« en même temps aux hordes barbares une armée impo-
« sante. » Voilà ce que rapporte des Francs l'historiographe ci-dessus mentionné.

Renatus Profuturus Frigeridus, dont nous avons ci-dessus déjà parlé, dit en racontant la prise et la destruction de Rome par les Goths (6) : « Cependant, lorsque Goare (7)
« eut passé aux Romains, le roi des Alains, Respendial, re-

---

(1) *Subregulos* et plus bas : relictis tam ducibus quam *regalibus*.
(2) Les Brictères ou plutôt Bructères habitaient les bords de la Ruhr et de la Lippe, affluents du Rhin.
(3) Au N.-O. des Bructères, le long de l'Yssel.
(4) Les Ampsuariens et les Cattes faisaient partie, comme les Bructères, de la confédération des Francs. Les premiers occupaient la rive de l'Ems (Amps) et les Cattes la contrée s'étendant depuis la Sieg jusqu'à Fulde.
(5) L'an 393 (Bouq.). — (6) L'an 409 (Bouq.).
(7) Roi ou chef d'une tribu d'Alains.

« tira son armée des bords du Rhin, et les Vandales grave-
« ment engagés dans la guerre contre les Francs, après avoir
« pris pour roi Godégisile et perdu près de vingt mille hommes
« de leur armée par le fer, étaient sur le point de voir leur
« peuple entier exterminé, si les Alains ne les eussent
« secourus à temps de toute leur puissance (1). » Pourquoi, c'est une chose qui nous touche, puisqu'il nomme les
rois des autres nations, ne nomme-t-il pas aussi ceux des
Francs? Lorsqu'il raconte cependant que Constantin,
s'étant élevé à la tyrannie (2), fit venir des Espagnes auprès
de lui son fils Constant, il s'exprime ainsi : « Le tyran Cons-
« tantin ayant mandé des Espagnes son fils Constant (3),
« qui régnait aussi, pour délibérer de vive voix sur l'ensemble
« des affaires, Constant laissa tout l'attirail de sa cour ainsi
« que sa femme à Saragosse, confia à Géronce la direction
« de toutes les affaires de l'intérieur des Espagnes, et se
« rendit sans s'arrêter auprès de son père. Lorsqu'ils furent
« réunis, plusieurs jours s'étant écoulés sans qu'aucun su-
« jet de crainte leur vînt de l'Italie, Constantin, tout en-
« tier livré à la gourmandise et occupé de son ventre, en-
« gagea son fils à retourner en Espagne. Celui-ci, s'étant fait
« précéder de ses troupes, était encore auprès de son père,
« lorsqu'arrivent d'Espagne des messagers annonçant que
« Géronce avait donné l'empire à Maxime, l'un de ses
« clients (4), qui se préparait à lui faire la guerre avec le
« secours des nations barbares. Effrayés de cela, Constant
« et Décimus Rusticus (5), de maître des offices devenu
« préfet, envoyèrent Édobécus vers les peuples de la Ger-
« manie, et s'avancèrent eux-mêmes dans les Gaules avec les

---

(1) L'an 406 (Bouq.)
(2) Constantin, simple soldat d'une légion cantonnée dans la Grande-
Bretagne, se fit proclamer empereur en 407.
(3) L'an 409 (Bouq.).
(4) L'an 410 (Bouq.).
(5) C'est le Rusticus dont parle Sidoine Apollinaire, lib. V, epist. 9.

« Francs et les Alemans, et avec toutes leurs troupes régu-
« lières, pensant revenir bientôt auprès de Constantin. »
Lorsqu'il raconte que Constantin fut assiégé, il dit : « On
« en était à peine au quatrième mois depuis que Constan-
« tin était assiégé, lorsque tout à coup viennent de la Gaule
« ultérieure (1) des gens annonçant que Jovin avait pris les
« ornements royaux (2), et qu'à la tête de Bourguignons,
« d'Alemans, de Francs et d'Alains, il menaçait les assié-
« geants avec toute une armée. Sur le champ on presse
« le siége, on force la ville, et Constantin se rend. Dirigé
« aussitôt vers l'Italie, il fut décapité sur le fleuve Mincio
« par des exécuteurs que le prince envoya au-devant de lui. »
Le même historien dit un peu plus bas : « Dans le même
« temps, Décimus Rusticus préfet des tyrans, Agroétius
« ancien chef des secrétaires de Jovin, et un grand nom-
« bre de nobles, furent pris en Auvergne par les généraux
« d'Honorius, et périrent dans de cruels supplices. La cité
« de Trèves fut pillée et brûlée par les Francs dans une se-
« conde irruption (3). » Après avoir dit qu'Astérius avait
été élevé au patriciat par lettres impériales, il ajoute ce qui
suit : « A la même époque (4), Castinus, comte des domes-
« tiques, fut envoyé dans les Gaules où se préparait une
« expédition contre les Francs. » Voilà ce que ces auteurs ont
dit sur les Francs. Orose, autre historiographe, s'exprime
ainsi, dans le septième livre de son ouvrage (5) : « Stilicon,
« à l'aide des autres nations barbares qu'il avait rassem-
« blées, écrase les Francs, passe le Rhin, parcourt les

---

(1) Gaule ultérieure et citérieure ; ce n'est point une division géographique, mais une manière de désigner, par rapport à celui qui parle, les
parties de la Gaule éloignées ou rapprochées de lui.
(2) L'an 411, à Mayence.
(3) Elle avait été ruinée une première fois en 398 ou 399.
(4) L'an 417 (Bouq.).
(5) Au chap. XXVIII. Ce n'est pas de Stilicon que parle Orose, mais des
Vandales et autres barbares.

« Gaules, et s'avance jusqu'aux Pyrénées. » Telles sont les notions que les historiens dont nous avons parlé nous ont laissées sur les Francs, sans en nommer les rois. Il y en a beaucoup qui racontent que ces peuples sont sortis de Pannonie (1), et qu'ils s'établirent d'abord sur la rive du Rhin ; qu'ayant ensuite traversé ce fleuve, ils passèrent dans la Thuringe, et que là, suivant les bourgs ou cités, ils créèrent, pour les commander, des rois chevelus (2) pris dans la première, et, pour ainsi dire, la plus noble de leurs familles. C'est un fait qui fut consacré plus tard, comme le démontrèrent les victoires de Chlodovech, et que nous exposons dans ce qui va suivre. On lit aussi, dans des *Fastes consulaires* (3), que le roi des Francs Théodomer, fils de Richimer, et Aschila sa mère, périrent par le glaive. On dit également qu'alors Chlogion, homme de mérite et de la plus haute noblesse parmi ceux de sa nation, fut roi des Francs. Il habitait la forteresse de Disparg (4), dans le pays des Thuringiens. De ce côté les Romains occupaient l'espace qui s'étend au midi jusqu'à la Loire. Au delà de la Loire dominaient les Goths ; et les Bourguignons, attachés à la secte des Ariens, s'étaient fixés de l'autre côté du Rhône qui borde la cité lyonnaise. Chlogion, ayant envoyé des éclaireurs vers la ville de Cambrai et fait explorer tout le pays, se met lui-même à leur suite, écrase les Romains, et s'em-

---

(1) Opinion qu'on ne trouve rapportée que par notre auteur.

(2) La longue chevelure flottant sur les épaules était et fut jusqu'à l'extinction de leur dynastie la marque distinctive des princes mérovingiens.

(3) Espèces d'almanachs contenant les listes des consuls de Rome avec l'indication des années où ils étaient en charge ; ceux qui les possédaient notaient quelquefois en marge les événements importants de chaque année. Quand il n'y eut plus d'autorité romaine, le fond de ces livrets ne se composa plus que du chiffre des années et de renseignements chronologiques ; on leur donna alors le nom de *Chroniques*.

(4) Dispargum castrum ; suivant les uns, Duisbourg sur le Rhin ; suivant d'autres, Duysborch, entre Louvain et Bruxelles ; ou Dietz, ou Diestheim. Rien de certain à cet égard.

parc de la ville. Il s'y arrêta peu de temps, et prit possession de tout le pays jusqu'au fleuve de la Somme. Quelques-uns prétendent que le roi Mérovech, dont Childéric fut le fils, était de sa famille.

X. Mais il paraît que cette race avait toujours révéré les cultes idolâtres et n'avait aucune connaissance de Dieu. Ils s'étaient fabriqué des images des forêts et des eaux, ou d'oiseaux, de bêtes sauvages et d'autres choses; ils adoraient ces images comme leur Dieu, et ils avaient coutume de leur offrir des sacrifices. Oh! si elle eût atteint les fibres de leurs cœurs, cette voix terrible qui dit au peuple, par la bouche de Moïse : « Vous n'aurez point d'autre Dieu que « moi, vous ne vous ferez point d'images taillées, et vous « n'adorerez aucune figure de tout ce qui est dans le ciel « et sur la terre, ni de tout ce qui est dans les eaux : vous « ne ferez point cela, et vous ne leur rendrez point de « culte (1). » Et encore : « Vous adorerez le Seigneur votre « Dieu, vous ne servirez que lui seul, et vous jurerez par « son nom (2). » Qu'eussent-ils fait, s'ils avaient pu comprendre quelle vengeance tomba sur le peuple israélite pour avoir adoré le veau d'or, lorsque, après les festins et les chants, après les débauches et les danses, leur bouche impure disait de cette idole : « Voici tes dieux, Israël, qui « t'ont tiré de l'Égypte (3)? » Il en périt vingt-quatre mille. Qu'auraient-ils dit de ceux qui, s'étant initiés au culte de Belphégor, et mêlés aux femmes impudiques des Moabites, furent égorgés et foulés aux pieds par leurs proches ? En punition de leur crime, le prêtre Phinées fit périr les adultères, et apaisa ainsi la colère de Dieu, et « *ce zèle lui fut* « *imputé à justice* (4). » Qu'auraient-ils pensé, si ces vé-

(1) Exode, xx, 3-5.
(2) Deutér., vi, 13.
(3) Exode, xxxii, 4.
(4) Psaume cv, 31.

rités, que Dieu proclame par la bouche de David, étaient venues frapper leurs oreilles ? « Tous ces dieux des nations « sont des démons, mais le seigneur est le créateur des « cieux (1)? » Et celles-ci : « Les idoles des nations ne sont « que de l'argent et de l'or, et les ouvrages des mains des « hommes. Que ceux qui les font leur deviennent sem- « blables, avec tous ceux qui mettent en elles leur con- « fiance (2) ; » ou bien ceci : « Que tous ceux-là soient « confondus qui adorent les ouvrages de sculpture et qui « se glorifient dans leurs idoles (3) ; » ou encore ce que dit le prophète Habacuc : « Que sert la statue qu'ils ont faite? « ils l'ont façonnée, et ce n'est qu'un fantôme inanimé; « c'est le produit de l'or et de l'argent, et il est sans âme « et sans vie. Mais le seigneur habite dans son temple « saint : que toute la terre fasse silence devant lui (4). » Un autre prophète dit encore . » Que les dieux qui n'ont point « fait le ciel et la terre périssent sous le ciel et soient exter- « minés de la terre (5). » On lit dans un autre : » Voici ce que « dit le seigneur qui a créé les cieux, le Dieu qui a créé la « terre et tout ce qui s'y trouve, et qui l'a façonnée, qui ne « l'a pas créée en vain, mais qui l'a formée afin qu'elle fût « habitée (6) : Je suis le seigneur ; c'est là le nom qui m'est « propre. Je ne donnerai point ma gloire à un autre, ni « mon pouvoir à des idoles qui ne durent qu'un instant (7). » Et ailleurs : « Y a-t-il quelqu'un parmi les faux dieux des « nations qui fasse pleuvoir (8)? » Dieu dit encore par la

(1) Psaume XCV, 5.
(2) Psaume CXIII, 12 et 16 (CXV, 4 et 8, selon les Hébreux), et psaume CXXXIV, 15 et 18.
(3) Psaume XCVI, 7.
(4) Habacuc, II, 18 20.
(5) Jérém., X, 11.
(6) Isaïe, XLV, 18.
(7) Isaïe, XLII, 8.
(8) Jérém., XIV, 22.

bouche d'Isaïe « Je suis le premier et je suis le dernier, et
« il n'y a de dieu que moi seul ; peut-il donc y avoir un
« créateur que je ne connaisse pas ? Tous ces artisans d'i-
« doles ne sont rien. Leurs ouvrages les plus estimés ne
« leur serviront de rien. Ils sont eux-mêmes témoins, à leur
« confusion, que leurs idoles ne voient point et ne com-
« prennent point. Tous ceux qui ont part à cet ouvrage se-
« ront confondus ; car tous ces artisans ne sont que des
« hommes. Comment donc un homme a-t-il été assez in-
« sensé pour vouloir former un dieu, et pour jeter en fonte
« une statue qui n'est bonne à rien ? Il a mis le fer dans le
« feu, et l'a battu avec le marteau pour en former une idole ;
« il y a employé toute la force de son bras. De même le
« sculpteur a formé au compas, et fait enfin l'image d'un
« homme qu'il a rendu le plus beau qu'il a pu, et il l'a logé
« dans une niche. Il a coupé du bois, il l'a travaillé, il en a
« fait une image, et l'a adorée comme un dieu ; il a réuni
« ses membres avec des clous et un marteau, afin qu'ils ne
« se séparassent pas ; on les porte parce qu'ils ne peuvent
« marcher : du surplus du bois l'homme a fait du feu et
« s'est chauffé ; et du reste de ce même bois il a fait un
« dieu et une idole devant laquelle il se prosterne, qu'il a
« adorée et qu'il prie, en lui disant : Délivrez-moi, car vous
« êtes mon dieu. J'ai fait du feu de la moitié de ce bois ;
« j'ai fait cuire des pains sur ses charbons ; j'y ai fait cuire
« la chair que j'ai mangée, et du surplus je ferai une idole.
« Une partie de ce bois est déjà réduite en cendres, et ce-
« pendant son cœur insensé a adoré l'autre, et il n'a point
« pensé à tirer son âme de l'égarement où elle est, en
« disant : Peut-être cet ouvrage de nos mains n'est qu'un
« mensonge (1). » La race des Francs ne comprit pas cela

---

1) Isaïe, XLIV, 6-20. Dans toutes ces citations, Grégoire de Tours, comme s'il citait de mémoire, donne plutôt le sens que le texte des livres hébreux

d'abord ; mais ils le comprirent plus tard, ainsi qu'il est narré dans la suite de cette histoire.

XI. Avitus, qui était d'une famille sénatoriale, et, comme on sait parfaitement, citoyen de Clermont, était parvenu à l'empire romain (1); mais, voulant vivre sans frein, et ayant été chassé par le sénat, il fut consacré évêque en la ville de Plaisance. Ayant appris que le sénat, toujours irrité, voulait lui ôter la vie, il se dirigea, chargé d'un grand nombre de présents, vers la basilique du bienheureux saint Julien, martyr d'Auvergne. Mais, ayant atteint en chemin le terme de sa carrière, il mourut, et, porté au bourg de Brioude, il fut enterré aux pieds de ce martyr. Il eut Marcien (2) pour successeur à l'empire. Le romain Égidius fut nommé maître de la milice dans les Gaules.

XII. Childéric vivait dans la dépravation d'une extrême luxure; il régnait sur la nation des Francs, et se mit à déshonorer leurs filles par la débauche. Ceux-ci, indignés, le détrônèrent (3); et comme il sut qu'ils voulaient même le tuer, il gagna la Thuringe, laissant sur les lieux un homme dévoué (4) qui pût amollir par de douces paroles la colère de ces gens furieux. Il lui donna aussi un signe pour savoir quand il pourrait revenir dans le pays, c'est-à-dire qu'ils divisèrent en deux un sou d'or et que Childéric en emporta une moitié avec lui, tandis que son ami garda l'autre, disant : « Lorsque je t'enverrai cette moitié, et que
« les deux parties réunies formeront la pièce entière, alors
« tu pourras sans aucune inquiétude rentrer dans le pays. »
Étant donc allé en Thuringe, Childéric se cacha auprès du roi

---

(1) L'an 455.
(2) Ce fut Majorien qui succéda à Avitus, en 457.
(3) L'an 459.
(4) Aimoin (Xe siècle), le nomme *Viomade* (lib. II, cap. 7).

Basin (1) et de Basine sa femme. Après son expulsion, les Francs, se choisirent unanimement pour roi cet Égidius que la république, comme nous l'avons dit plus haut, avait envoyé dans les Gaules comme maître de la milice. Égidius régnait sur eux depuis huit ans, lorsque le fidèle ami de Childéric, ayant en secret apaisé les Francs, lui envoya des messagers avec le fragment qu'il avait gardé du sou partagé en deux. Childéric, voyant par cet indice certain que les Francs le regrettaient, et ayant même reçu d'eux la prière de revenir, quitta la Thuringe et fut rétabli dans son royaume. Pendant qu'Égidius et Childéric régnaient en même temps, cette Basine, dont nous avons fait mention plus haut, abandonna son mari et se rendit auprès de Childéric. Ce prince lui ayant demandé avec sollicitude par quel motif elle était venue le trouver de si loin, on rapporte qu'elle répondit : « Je connais ton mérite comme homme de grand courage, « voilà pourquoi je suis venue pour habiter avec toi ; car tu « sauras que si j'avais connu au delà des mers un homme « qui valût plus que toi, j'aurais désiré de même habiter avec « lui. » Celui-ci, joyeux, s'unit à elle en mariage. Elle conçut et enfanta un fils qu'elle appela du nom de Chlodovech. Ce fut un grand homme et un éminent guerrier (2).

XIII. En Auvergne, après la mort de saint Artème, Vénérand, d'une famille sénatoriale, fut sacré évêque de Clermont. Paulin nous apprend ce que fut ce pontife, lorsqu'il dit (3) : « Si vous voyiez ces prêtres dignes du Seigneur, « Exupère de Toulouse, Simplice de Vienne, Amand de Bor- « deaux, Diogénien d'Albi, Dyname d'Angoulême, Vé-

---

(1) La plupart des manuscrits l'appellent *Bisin*, d'autres *Bissin*.
(2) Ce chapitre, plus empreint de poésie que d'histoire, semble emprunté à quelque chant national des Francs.
(3) On ne connait de cette lettre que le passage cité ici. Quelques-uns veulent que son auteur soit Paulin, évêque de Nole, ce qui est douteux.

« nérand de Clermont, Alithius de Cahors, ou Pégase de
« Périgueux ; quels que soient les vices du siècle, vous ver-
« riez certainement de bien dignes gardiens de tout ce qui
« est sainteté, foi et religion. » Vénérand mourut, dit-on, la
veille même de Noël ; et le lendemain matin, la procession
consacrée à la solennité du jour honora ses funérailles.
Après sa mort, il s'éleva entre les citoyens une honteuse
querelle au sujet de l'épiscopat ; les partis divisés voulaient
chacun élire une personne différente, et il régnait parmi le
peuple une extrême agitation. Cependant, un dimanche,
comme les évêques de la province siégeaient réunis, une
femme voilée et consacrée à Dieu s'avance hardiment vers
eux et dit : « Écoutez-moi, prêtres du Seigneur. Sachez que
« Dieu n'approuve pas ceux que ces hommes ont élus pour
« le sacerdoce. Voici, le Seigneur aujourd'hui même se
« pourvoira d'un évêque. Cessez donc de troubler et de sou-
« lever le peuple ; mais prenez un peu patience, car le Seigneur
« vous envoie dans ce moment celui qui doit régir cette
« église. » Au milieu de l'étonnement causé par ces paroles survient tout à coup un prêtre du diocèse de Clermont, nommé Rustic (1). Il avait été indiqué par une vision à
cette femme, qui, l'ayant vu, s'écria : « Voici le pontife que
« le Seigneur vous a destiné ; qu'il soit ordonné évêque ! »
A ces paroles tout le peuple, oubliant ses dissensions, pro-
clama que c'était un homme digne et juste. Il fut donc
placé sur le siége épiscopal, et fut le septième qui, au milieu de la joie publique, reçut à Clermont l'honneur du
pontificat.

XIV. Dans la ville de Tours, l'évêque Eustoche étant
mort durant la dix-septième année de son épiscopat, on consacra à sa place Perpétue (2), le cinquième depuis saint Mar-

(1) Vulgairement saint *Rotiri* ou *Routris*, dont la fête est le 24 septemb.
(2) L'an 460.

tin. Perpétue, voyant qu'il s'opérait de continuels miracles au tombeau de ce saint, et qu'on n'y avait bâti cependant qu'une petite chapelle, la jugea indigne de miracles si fréquents. Il la supprima et éleva à sa place la grande basilique qui existe encore aujourd'hui et qui est située à cinq cent cinquante pas de la ville. Elle a cent soixante pieds de long et soixante de large; sa hauteur jusqu'à la voûte est de quarante-cinq pieds. Il y a trente-deux fenêtres dans la partie qui entoure l'autel (1), vingt dans la nef, et quarante et une colonnes. Dans tout l'édifice on compte cinquante-deux fenêtres, cent vingt colonnes et huit portes, dont trois autour de l'autel et cinq dans la nef. Cette basilique se solennise en s'illuminant d'un triple éclat, savoir : à la dédicace de l'église, à la translation du corps du saint et à son ordination comme évêque. Vous saurez qu'il faut observer la dernière le 2 juillet, et celle de la déposition du corps le 11 novembre. En les célébrant fidèlement, vous mériterez dans ce monde et dans l'autre les faveurs du saint pontife. Comme la voûte de la chapelle primitive était d'un travail élégant, l'évêque jugea que cet ouvrage ne devait point être perdu, et il construisit, en l'honneur des bienheureux apôtres Pierre et Paul, une autre basilique, dans laquelle il fixa cette voûte. Il bâtit encore beaucoup d'autres églises, qui ont subsisté jusqu'à ce jour en l'honneur du Christ.

XV. En ce temps aussi, la basilique du bienheureux Symphorien, martyr d'Autun, fut bâtie par le prêtre Eufronius, et dans la suite Eufronius obtint lui-même l'épiscopat de cette ville (2). Ce fut lui qui envoya en grande dévotion le marbre qui recouvre le saint sépulcre du bienheureux Martin.

(1) Sur cette église si célèbre dans nos annales, voyez encore Grégoire de Tours, *Miracles de S. Martin*, l. I; Sidoine Apoll., liv. IV, epist. 18, et un travail de M. Lenormant joint à l'édition de Grégoire donnée par MM. Guadet et Taranne en 1836.
(2) Vers la fin du ve siècle.

XVI. Saint Namatius, après la mort de l'évêque Rustic, devint en ce temps-là le huitième évêque de Clermont. Par ses soins fut bâtie l'église qui existe à présent, et qui est la plus ancienne de l'intérieur de la ville (1). Elle a cent cinquante pieds de long, soixante de large, et cinquante pieds de haut dans l'intérieur de la nef jusqu'à la voûte; par devant, elle a une abside de forme ronde, de chaque côté des ailes d'une élégante structure, et l'édifice entier est disposé en forme de croix. Il a quarante-deux fenêtres, soixante-dix colonnes et huit portes. Là pénètre la terreur de Dieu en même temps qu'une vive lumière, et souvent les personnes pieuses sentent qu'il s'en exhale positivement un parfum des plus suaves, semblable à celui des aromates. Les parois du côté de l'autel sont ornées d'un grand nombre de marbres de couleurs différentes ajustés ensemble à la manière des mosaïques. Au bout de douze ans, l'édifice étant achevé, le bienheureux évêque envoya des prêtres à Bologne, ville d'Italie, pour lui procurer des reliques des saints Vital et Agricole, crucifiés, comme on le sait, pour le nom du Christ notre Dieu.

XVII. La femme de l'évêque Namatius bâtit dans le faubourg de la ville la basilique de Saint-Étienne (2); et comme elle voulait l'orner de peintures, elle tenait un livre sur ses genoux, et lisait l'histoire des actions d'autrefois indiquant aux peintres ce qu'ils devaient représenter sur les murailles (3). Il arriva un jour qu'étant assise dans la basilique et lisant, un pauvre homme vint pour prier, et voyant une femme déjà avancée en âge, vêtue d'une robe noire, il la prit pour une nécessiteuse, tira un carré de pain, le lui posa sur

---

(1) C'est la cathédrale actuelle, maintes fois reconstruite (dom Ruinart).
(2) Appelée depuis Saint-Eutrope (dom Ruinart).
(3) Grégoire de Tours parle, en plusieurs endroits, des peintures des églises. Voyez liv. VII, chap. XXXVI; liv. X, chap. dernier, et ailleurs.

les genoux, et s'éloigna. Celle-ci ne dédaigna pas le don du pauvre qui n'avait pas reconnu son rang; elle accepta et remercia; elle garda ce pain, le plaça devant elle sur sa table, et s'en servit chaque jour pour la prière de bénédiction jusqu'à ce qu'il n'en restât plus.

XVIII. Cependant Childéric guerroyait à Orléans (1); Odoacre arrivait à Angers avec les Saxons (2).

Dans le même temps, une grande peste ravagea les populations.

Égidius mourut (3), et laissa un fils nommé Syagrius. Après la mort d'Égidius, Odoacre reçut des otages d'Angers et d'autres lieux.

Les Bretons furent chassés de Bourges par les Goths (4), après avoir perdu un grand nombre des leurs près du bourg de Déols.

Le comte Paul, avec les Romains et les Francs, attaqua les Goths et leur enleva du butin.

Odoacre étant venu à Angers, le roi Childéric arriva le jour suivant (5); et ayant tué le comte Paul, il s'empara de la ville. Ce même jour la maison épiscopale fut consumée par un grand incendie.

XIX. Sur ces entrefaites, la guerre éclata entre les Saxons et les Romains; mais les Saxons, tournant le dos, abandonnèrent un grand nombre des leurs au glaive des Romains, qui les poursuivaient. Leurs îles furent prises et ravagées par les Francs, et beaucoup de leurs habitants furent tués.

---

(1) Ce chapitre et le suivant semblent être de simples phrases de chroniques copiées par Grégoire. Elles abondent en obscurités.
(2) C'étaient des pirates cantonnés dans les îles de la Loire.
(3) En octobre 464.
(4) Par les Wisigoths, l'an 469 ou 470 (dom Bouquet).
(5) L'an 471

Le neuvième mois de la même année, il y eut un tremblement de terre.

Odoacre contracta une alliance avec Childéric, et ils soumirent ensemble les Alemans, qui avaient envahi une partie de l'Italie.

XX. Euric, roi des Goths, dans la quatorzième année de son règne, créa Victorius duc de sept villes (1). Celui-ci se rendit en hâte à Clermont, et voulut réunir cette ville aux sept autres. Ce fut lui qui fit construire ces chapelles souterraines qu'on voit encore aujourd'hui dans la basilique de Saint-Julien (2), ainsi que les colonnes qui sont dans l'église. Il fit aussi bâtir la basilique de Saint-Laurent et de Saint-Germain dans le bourg de Lignac. Victorius demeura neuf ans en Auvergne. Il intenta injustement une action criminelle contre le sénateur Euchérius (3), et après l'avoir mis en prison, il l'en fit tirer pendant la nuit, puis, l'ayant fait attacher contre une vieille muraille, il ordonna de la faire écrouler sur lui. Mais lui-même craignant, par suite de son amour désordonné pour les femmes, d'être mis à mort par les Arvernes, il s'enfuit à Rome, où, ayant voulu continuer ses débauches, il fut tué à coups de pierres. Euric régna encore quatre ans après le décès de Victorius (4), et mourut dans la vingt-septième année de son règne (5). Il y eut encore alors un grand tremblement de terre.

XXI. L'évêque Namatius, à Clermont, étant mort, il fut

(1) Toulouse, Béziers, Nimes, Agde, Maguelonne, Lodève et Uzès, toutes de la première Narbonnaise et sous la métropole de Narbonne.
(2) Il ne s'agit point ici de la basilique de Vieille-Brioude, comme l'a pensé Frédégaire, mais de la basilique consacrée à saint Julien dans la ville de Clermont (dom Ruinart.)
(3) On pense que c'est à lui qu'est écrite la lettre 8 du livre III de Sidoine Apollinaire.
(4) Arrivé l'an 484 (dom Bouquet).
(5) Lisez dix-septième.

remplacé par Éparchius, homme pieux et d'une grande sainteté. Comme à cette époque l'église possédait, dans l'enceinte de la ville, une petite propriété, l'évêque y avait sa demeure dans l'endroit qu'on appelle aujourd'hui la sacristie, et pendant la nuit il se levait pour aller rendre grâces à Dieu à l'autel de l'église. Il arriva qu'une nuit, en entrant, il trouva l'église remplie de démons et avec eux leur prince lui-même, vêtu comme une femme en toilette et assis sur le siége épiscopal. « Exécrable prostituée, » lui dit le pontife, « il ne te « suffit pas d'infecter tous les autres lieux de tes profana- « tions si nombreuses, tu souilles encore le siége consacré « par le Seigneur, en y asseyant ta personne infecte! Sors « de la maison de Dieu pour ne pas la profaner davantage. » Le démon répondit : « Puisque tu me donnes le nom de « prostituée, je te tendrai mille piéges en t'enflammant de « passion pour les femmes. » Et à ces mots il s'évanouit comme de la fumée. En effet, l'évêque se sentit poussé par l'ardeur du corps à la concupiscence; mais armé du signe sacré de la croix, il fut à l'abri des atteintes de l'ennemi. On rapporte aussi qu'il bâtit un monastère (1) dans le fort du mont Chantoin, au lieu où l'on voit maintenant un oratoire, et qu'il allait s'y renfermer pendant les saints jours de carême; et le jour de la cène du Seigneur il revenait à son église, accompagné des clercs et des citoyens chantant des hymnes pieux. Lorsqu'il fut mort (2), on le remplaça par Sidoine, ancien préfet (3), homme de la plus haute noblesse selon les idées du monde, et l'un des premiers sénateurs des Gaules; aussi avait-il épousé la fille de l'empereur Avitus (4). De son temps, et pendant le séjour à Clermont de ce Victorius dont

---

(1) Cf. ci-dessus, liv. I, chap. XXXIX.
(2) En l'an 473.
(3) C'est Sidoine Apollinaire, Caius Sidonius Apollinaris, célèbre écrivain ; il fut préfet de Rome en 467, sous l'empereur Anthémius.
(4) Papianilla. Sidoine l'avait épousée avant l'élévation d'Avitus l'empire.

nous avons déjà parlé, il y eut dans le monastère de Saint-Cyr de cette même ville un abbé nommé Abraham, qui brillait, comme nous l'avons raconté dans le livre de sa vie (1), de la même foi et par les mêmes œuvres que le premier Abraham.

XXII. Saint Sidoine était d'une telle éloquence, que souvent il improvisait sur-le-champ et avec un grand éclat sur quelque sujet qu'il voulût. Il arriva un jour que s'étant rendu, sur une invitation, à la fête de la basilique du monastère dont nous avons parlé plus haut, quelqu'un lui enleva par méchanceté le petit livre dont il avait l'habitude de se servir pour célébrer les saints offices; cependant il se trouva tellement préparé d'avance, qu'il récita tout l'office de la fête, et si bien, qu'il excita l'admiration de tous les assistants, qui croyaient entendre, non pas un homme, mais un ange. C'est ce que nous avons rapporté avec plus de détails dans la préface du livre que nous avons formé avec les messes qu'il a composées (2). Sa sainteté était pleine de magnificence et digne d'un des premiers sénateurs de la Gaule, ainsi qu'il était, nous l'avons dit; il emportait souvent de chez lui, à l'insu de sa femme, des vases d'argent, et les distribuait aux pauvres. Celle-ci, en l'apprenant, se fâchait contre lui; alors il restituait les meubles à la maison, mais il en donnait la valeur aux indigents.

XXIII. Lorsqu'il se fut consacré au service du Seigneur, et pendant qu'il menait une vie sainte en ce monde, deux prêtres se soulevèrent contre lui, et le réduisirent à l'état le plus humiliant en lui enlevant tout pouvoir sur les biens de l'église, et ne lui laissant que le strict et mince néces-

---

(1) *Vies des Pères*, par Grégoire, ch. III.
(2) Cet ouvrage de Grégoire est perdu et ne nous est connu que par ce passage.

saire. Mais la clémence divine ne laissa pas longtemps impunie son injure. En effet, l'un de ces scélérats, indignes du nom de prêtres, ayant dit un soir avec menaces à l'évêque qu'il l'arracherait de l'église, se leva au son de la cloche de matines, brûlant de fiel contre le saint de Dieu, et méditant dans son cœur pervers d'accomplir ce qu'il avait médité la veille; mais étant entré au cabinet, il rendit l'âme en s'efforçant de soulager son corps. Un serviteur attendait dehors, avec un flambeau, que le prêtre son maître sortît; mais déjà le jour était venu. Son complice, c'est-à-dire l'autre prêtre, lui envoie un exprès pour lui dire : « Viens, ne « tarde pas, afin que nous exécutions ensemble ce qui fut « arrêté hier entre nous. » Mais comme le mort ne pouvait répondre, le serviteur souleva le voile de la porte (1), et trouva son maître mort sur le siége du privé. Il est indubitable, d'après cela, qu'il s'était rendu coupable d'un crime non moins grand que celui de cet Arius qui rendit aussi ses entrailles dans un pareil lieu. En effet, il ne peut être admis sans hérésie que, dans l'Église, on n'obéisse pas au prêtre de Dieu à qui le soin des brebis a été confié, et que quelqu'un s'empare d'un pouvoir qui ne lui a été commis ni par Dieu ni par les hommes. Le bienheureux évêque fut ensuite, quoiqu'il lui restât encore un ennemi, remis néanmoins en possession de son pouvoir. Mais, peu après, il tomba malade de la fièvre, et pria ses serviteurs de le porter dans l'église. Quand on l'y eut transporté, une multitude d'hommes, de femmes et même d'enfants l'entouraient en pleurant et disaient : « Pourquoi nous délaisses-tu, « bon pasteur? A qui serons-nous abandonnés comme des « orphelins? Quelle sera notre vie après ta mort? Qui pren- « dra soin à l'avenir de nous assaisonner du sel de la sa- « gesse, ou, quelle prudence égale à la tienne viendra nous

(1) Des tentures plus ou moins somptueuses servaient de portes dans l'intérieur des maisons.

« rappeler à la crainte du nom du Seigneur? » A ces paroles et autres semblables, que proférait le peuple avec de grands gémissements, le pontife répondit enfin, inspiré par l'Esprit saint qui vint en lui : « Ne craignez point, ô peu« ples! mon frère Apruncule est vivant, et il sera votre « évêque. » Mais ceux-ci, ne comprenant point, crurent qu'il parlait dans le délire.

Au moment où il expirait (1), le méchant prêtre, celui des deux qui était resté vivant, s'empara aussitôt, dans son avide convoitise, de tous les biens de l'église, comme s'il eût déjà été évêque, en disant : « Enfin Dieu a jeté les « yeux sur moi, sachant que j'étais plus juste que Sidoine, « et m'a accordé ce pouvoir. » Pendant qu'il promenait son orgueil par toute la ville, arriva le dimanche, qu'avait précédé de très-peu la mort du saint homme, et il fit préparer, dans la maison épiscopale, un festin auquel on invita, sur son ordre, tous les citoyens, et où, sans respect pour les vieillards, il prit sur le lit la première place. L'échanson, lui ayant offert une coupe, lui dit : « Maître, j'ai vu un songe « que je te raconterai, si tu le permets. Je voyais clair « pendant cette dernière nuit de dimanche. Il y avait une « maison, et dans cette maison s'élevait un trône, sur le« quel siégeait comme un juge plus grand que tout le « monde par sa puissance. Il avait pour assesseurs un « grand nombre de prêtres en vêtements blancs, auxquels « se mêlaient d'innombrables foules de tous les peuples. « Comme je contemplais cela en tremblant, j'aperçois de « loin et au milieu d'eux le bienheureux Sidoine, en sé« rieux débat avec ce prêtre que tu affectionnais beaucoup « et qui est sorti de ce monde il y a peu d'années Celui-ci « ayant été condamné, le roi ordonne qu'on le plonge au « fond d'un étroit cachot. Dès qu'il est emmené, Sidoine « commence à s'élever de nouveau pour parler contre toi,

(1) Le 21 août 488 ou 489. *Hist. litt. de la France*, II, 557.

5.

« disant que tu avais été complice du crime pour lequel
« celui-ci venait d'être condamné. Le juge se met alors à
« chercher avec attention quelqu'un pour l'envoyer vers toi,
« et moi je me cache au milieu des autres et je tourne le
« dos, craignant en moi-même d'être envoyé par la raison
« que j'étais connu de l'évêque. Pendant que je roulais sans
« rien dire cette pensée dans mon esprit, tout le monde se
« retira, et je restai seul dans le prétoire. Le juge m'ap-
« pelle, j'approche plus près. A l'aspect de sa force et de
« sa splendeur, je reste dans la stupéfaction et tout chan-
« celant de crainte : « Esclave, dit-il, ne crains rien ; mais va
« dire à ce prêtre : Viens défendre ta cause, car Sidoine
« a prié qu'on te fît comparaître. » Ne diffère donc pas de
« partir, car il m'a ordonné, ce roi, très-expressément, de
« te rapporter ces paroles, disant : Si tu te tais, tu mourras
« de cruelle mort. » Comme il parlait encore, le prêtre
épouvanté laissa tomber la coupe de ses mains et rendit l'esprit. Enlevé mort de dessus le lit, il fut enseveli et alla
dans l'enfer rejoindre son complice. Tel fut le jugement
dont le Seigneur frappa dans ce monde deux prêtres re-
belles : l'un subit la même mort qu'Arius ; l'autre eut le
sort de Simon le Magicien, qui fut, à la prière du saint
apôtre, précipité du faîte de la citadelle de l'orgueil. Il n'est
pas douteux qu'ils furent plongés ensemble dans l'enfer,
pour avoir tous deux agi criminellement envers leur saint
évêque.

Pendant ce temps-là, comme déjà le nom redoutable des
Francs retentissait dans ce pays, et que chacun désirait pas-
sionnément l'établissement de leur domination, saint Apruncule, évêque de la cité de Langres, commença à devenir
suspect aux Bourguignons (1), et la haine croissant contre
lui de jour en jour, l'ordre fut donné de le faire périr en
secret par le glaive. Avis lui en ayant été donné, il se laissa

---

(1) Voyez, sur Apruncule, le chap. XXXVI ci-après, et liv. III, ch. II.

glisser pendant la nuit du haut du mur du château de Dijon, puis se rendit à Clermont, où il devint le onzième évêque, selon la parole que le Seigneur avait mise dans la bouche de saint Sidoine.

XXIV. Du temps de l'évêque Sidoine, une grande famine accabla la Bourgogne. Comme les habitants se dispersaient en différents pays, et qu'il n'y avait personne qui fournît d'aliments aux pauvres, un sénateur nommé Ecdicius (1), parent de Sidoine, fort de l'appui de Dieu, fit alors une grande chose, à ce qu'on rapporte. Lorsque la famine commençait à sévir, il envoya ses domestiques dans les villes voisines, avec des chevaux et des chariots pour lui amener ceux qui souffraient de la disette. Les serviteurs partirent et ramenèrent dans sa maison tous les pauvres qu'ils purent trouver. Il les nourrit pendant tout le temps de la famine, et les empêcha de mourir de faim ; il en eut, c'est ce que beaucoup disent, plus de quatre mille des deux sexes. Au retour de l'abondance, il organisa de nouveaux transports et reconduisit chacun en sa demeure. Après le départ de ces gens, une voix descendue des cieux parvint jusqu'à lui, disant : « Ecdicius, Ecdicius, puisque tu as fait cela, jamais
« le pain ne manquera ni à toi ni à ta postérité ; car tu as
« obéi à mes paroles et rassasié ma faim en nourrissant
« les pauvres. » Beaucoup de personnes citent la merveilleuse énergie de cet Ecdicius, et l'on écrit qu'un jour, avec dix hommes (2), il mit en fuite une multitude de Goths. On dit aussi que, pendant la même famine, saint Patient, évêque de Lyon, rendit au peuple le même service, et il nous reste encore une lettre dans laquelle saint Sidoine (3) lui donne solennellement des éloges à ce sujet.

(1) Ecdicius ou Hecdicius, fils de l'empereur Avitus, et frère de Papianilla, femme de Sidoine. Voyez les lettres de Sidoine, liv. III, 3 ; V, 16.
(2) Sidoine en met dix-huit.
(3) Lettre 12 du liv. VI.

XXV. Dans le même temps Euric (1), roi des Goths, franchissant la frontière d'Espagne (2), exerça dans la Gaule une dure persécution contre les chrétiens. De tous côtés il décapitait ceux qui refusaient d'accepter sa perversité d'hérétique ; il jetait les prêtres dans les prisons ; quant aux évêques, les uns il les exilait, les autres il les décapitait par le glaive. Il avait même ordonné de barricader avec des épines les avenues des saints temples, afin que, n'y entrant plus, on laissât la foi tomber en oubli. Les villes de la Novempopulanie et les deux Aquitaines (3) furent, surtout alors, désolées par cette persécution. On conserve encore aujourd'hui une lettre écrite à ce sujet par le noble Sidoine à l'évêque (d'Aix) Basile, laquelle raconte ainsi ces détails. Mais le persécuteur mourut bientôt frappé de la vengeance divine.

XXVI. Le bienheureux Perpétue, évêque de la ville de Tours, après avoir rempli durant trente ans l'épiscopat, s'endormit en paix (4). A sa place fut mis le sénateur Volusien ; mais celui-ci, étant devenu suspect aux Goths, fut, dans la septième année de son épiscopat, emmené en Espagne, à peu près comme un captif ; mais il ne tarda pas à mourir. Vérus, qui lui succéda, fut le septième évêque de Tours depuis saint Martin.

XXVII. Après ces événements, Childéric étant mort (5),

---

(1) Les manuscrits le nomment ci-dessus, ch. XX, *Eoric* ou *Euric*, et dans les sommaires de chapitres, *Euvarex*.

(2) Vers l'an 467.

(3) Le texte porte les *deux Germanies*, mais évidemment par erreur. On le voit d'ailleurs par la lettre de Sidoine à Basile, liv. VII, ep. 6.

(4) L'an 490 ou 491 ; *Hist. litt.*, II, 622. Sur Perpétue, Volusien et Vérus, voyez ci-après, liv. X, ch. XXXI.

(5) A Tournai. C'est ce roi franc dont le tombeau, découvert en 1653, a fourni aux antiquaires des objets du plus grand prix, qui ont été souvent décrits, et dont la plus grande partie est conservée au cabinet des antiques de la grande bibliothèque de Paris et au musée du Louvre.

son fils Chlodovech régna en sa place (1). Pendant la cinquième année du règne de Chlodovech. Syagrius, roi des Romains, fils d'Égidius, faisait sa résidence dans la ville de Soissons, qu'Égidius, dont nous avons parlé plus haut, avait autrefois occupée, lorsque Chlodovech, marchant contre lui avec son parent Ragnachaire (2), car ce dernier était roi aussi, vint lui demander de choisir un champ de bataille, Syagrius ne recula point, et sans crainte accepta le défi. Les deux partis combattirent donc. Syagrius vit son armée se rompre ; il tourna le dos, et, d'une course précipitée, se réfugia auprès du roi Alaric, à Toulouse. Chlodovech envoya aussitôt vers Alaric pour qu'il le livrât, disant que s'il le gardait il lui ferait la guerre à son tour. Alaric craignit de s'exposer, pour Syagrius, à la colère des Francs, car les Goths ont l'habitude d'avoir peur, et le livra enchaîné aux envoyés. Chlodovech, dès qu'il l'eut en son pouvoir, le fit mettre en prison, s'empara de son royaume, et donna l'ordre de l'égorger secrètement. A cette époque, beaucoup d'églises furent pillées par l'armée de Chlodovech, car il était encore plongé alors dans les erreurs de l'idolâtrie. L'ennemi avait enlevé d'une église un vase d'une grandeur et d'une beauté merveilleuses, avec tous les autres ornements du saint ministère. L'évêque de cette église (3) envoie des messagers au roi, demandant que, s'il ne pouvait obtenir de recouvrer les autres vases sacrés, on lui rendît au moins celui-là. Aux paroles de l'envoyé le roi répondit : « Suis-nous jusqu'à « Soissons, car c'est là que sera partagé tout le butin ; et « quand ce vase sera entré dans ma part, je ferai ce que le père demande. » En arrivant à Soissons, le roi fit dé-

(1) L'an 481. Nous croyons devoir conserver à *Clovis*, ainsi qu'aux autres noms propres, la physionomie que leur a donnée l'auteur. Il écrit *Chlodovechus*, *Chrotechildis*, *Chlothacharius*, etc.

(2) Roi des Francs de Cambrai. Voyez plus loin, ch. XLII.

(3) C'était saint Remi, évêque de Reims, comme en font foi Frédégaire (chap. XVI), Hincmar, Frodoard, etc.

poser toute la charge du butin au milieu de ses soldats et dit : « Je vous prie, mes braves guerriers, de vouloir bien « m'accorder, outre ma part, au moins le vase que voilà, » et il montrait le vase dont nous avons parlé. A ces paroles, les plus sensés répondirent : « Glorieux roi, tout ce « que nous voyons ici est à toi, et nous-mêmes nous sommes « soumis à ton pouvoir ; qu'il soit fait donc selon ce qui « te paraît agréable, car personne ne peut résister à ta puis- « sance. » Comme ils avaient ainsi parlé, l'un des soldats, léger, jaloux et emporté, s'écria d'une voix forte, leva sa hache à deux tranchants et frappa le vase en disant : « Tu « n'auras rien de tout cela que ce qui te sera véritablement « donné par le sort. » Tous restèrent stupéfaits. Le roi comprima l'outrage avec une patiente douceur, et le vase lui étant échu, il le rendit à l'envoyé de l'évêque, gardant la blessure cachée dans son cœur. Un an s'étant passé, il fit assembler toutes ses bandes en appareil militaire au champ de mars (1), chacun devant y montrer ses armes tenues en bon état. Comme il s'apprêtait à faire le tour des rangs, il vint à celui qui avait frappé le vase, et lui dit : « Nul autre n'a d'armes aussi mal tenues que les tiennes ; ta « lance, ton épée, ta hache, rien de tout cela n'est bien. » Et saisissant la hache, il la jette à terre. Le soldat s'inclina pour la ramasser ; alors le roi, levant la sienne à deux mains, la lui enfonça dans le crâne, en disant : « Voilà ce que tu « as fait au vase à Soissons. » L'homme était mort ; il ordonna aux autres de se retirer. Par cette action il sema une grande crainte autour de lui. Il eut beaucoup de guerres et de victoires. La dixième année de son règne, il porta ses armes chez les Thuringiens et les soumit à son pouvoir.

XXVIII. Il y avait aussi Gundeuch, homme du genre d'Athanaric, ce roi persécuteur dont nous avons parlé plus

---

(1) C'est-à-dire à la revue que le roi passait le 1ᵉʳ mars de chaque année.

haut (1). Il eut quatre fils : Gundebaud, Godegisèle, Chilpéric et Godomar. Gundebaud tua par le glaive Chilpéric son frère, fit jeter à l'eau avec une pierre attachée au cou la femme du même Chilpéric ; puis il condamna à l'exil ses deux filles, dont l'aînée, qui prit l'habit religieux, s'appelait Chrona ; la plus jeune, Chrotechilde. Or Chlodovech ayant envoyé plusieurs ambassades en Bourgogne, ses députés rencontrèrent la jeune Chrotechilde. L'ayant trouvée belle et sage, et ayant appris qu'elle était de sang royal, ils en informèrent le roi Chlodovech. Le roi envoya sans retard une ambassade à Gundebaud, pour demander Chrotechilde en mariage. Celui-ci, n'osant pas refuser, la remit aux envoyés, qui, dès que la jeune fille leur fut livrée, la conduisirent promptement au roi. Chlodovech fut transporté de joie à sa vue, et en fit sa femme (2). Il avait déjà, d'une concubine, un fils nommé Théodéric.

XXIX. Chlodovech eut de la reine Chrotechilde un premier fils (3). Voulant que l'enfant fût consacré par le baptême, la femme pressait instamment son mari, lui disant : « Les dieux que vous honorez ne sont rien, car ils ne peuvent « rien, ni pour eux-mêmes, ni pour les autres, puisqu'ils « sont taillés de pierre, de bois ou de métal. Les noms que « vous leur avez donnés sont des noms d'hommes, et pas « de dieux, comme Saturne, qui, dit-on, s'échappa par la « fuite pour ne pas être chassé du trône par son fils ; comme « Jupiter même, sale artisan de toutes les débauches, vio-« lateur d'hommes, qui n'a pas craint de livrer aux mo-« queries les femmes de sa famille et ne put pas s'abstenir « du lit de sa propre sœur, laquelle se dit elle-même *et la* « *sœur et la femme de Jupiter* (4). Qu'ont fait Mars et

---

(1) Chap. IV. Ici tous les éditeurs accusent Grégoire de se tromper en faisant descendre Gondeuch d'Athanaric. Notre auteur dit seulement qu'ils étaient tous deux de la race des persécuteurs : *Gundeuchus ex genere Athanarici regis persecutoris.*

(2) L'an 493. — (3) L'an 494. — (4) Virgile, *Énéide*, I, 46.

« Mercure ? Ils possèdent plutôt les arts de la magie que la
« puissance de personnes divines. Mais celui qu'on doit
« honorer davantage est Celui qui, par sa parole, a créé de
« rien le ciel, la terre et la mer, et toutes les choses qui y
« sont contenues ; qui a fait briller le soleil, a orné le ciel
« d'étoiles ; a peuplé les eaux de poissons, les terres d'ani-
« maux, et les airs d'oiseaux, qui décore à sa volonté les
« champs de moissons, les arbres de fruits, les vignes de
« raisins ; dont la main a créé l'espèce humaine, et dont la
« libéralité a voulu que toute créature rendît hommage et
« service à l'homme, formé par lui. » Mais, quoique la reine
dît tout cela, l'esprit du roi n'était pas amené à la foi. Il disait : « C'est par la volonté de nos dieux que toutes choses
« ont été créées et produites ; il est clair, au contraire, que
« votre dieu ne peut rien, et, qui plus est, il est prouvé qu'il
« n'est pas même de la race des dieux. » Cependant la reine
fidèle présenta son fils au baptême ; elle fit orner l'église de
voiles et de tentures, pour attirer plus facilement à la foi,
par cette pompe, celui que n'avaient pu toucher les exhortations. L'enfant fut baptisé, et ils lui donnèrent le nom
d'Ingomer ; mais il mourut dans la semaine de son baptême (1).
Le roi, aigri par cette perte, ne fit pas attendre ses reproches et disait à la reine : « Si l'enfant eût été consacré
« au nom de mes dieux, certes il vivrait encore ; mais
« comme il a été baptisé au nom de votre dieu, il n'a pas
« pu vivre du tout. » La reine répondait : « Je rends grâce
« au Dieu tout-puissant, créateur de toutes choses, de ce
« qu'il ne m'a pas jugée tout à fait indigne de voir le fruit
« de mon sein admis dans son royaume. Cette perte n'a
« point affecté mon âme de douleur, parce que je sais que

---

(1) En général, on administrait le baptême la veille de Pâques ; les personnes qu'on y présentait étaient vêtues d'habits blancs, qu'elles ne quittaient que le premier dimanche après Pâques, qui, à cause de cela, était nommé *dominica in albis*.

« les enfants que Dieu retire du monde pendant qu'ils sont
« encore dans les aubes doivent jouir de sa présence. » La
reine eut ensuite un second fils (1), qui reçut au baptême le
nom de Clodomir. Cet enfant étant tombé malade, le roi disait : « Il ne peut arriver autrement à celui-ci qu'il n'est
« arrivé à son frère : baptisé au nom de votre Christ, il doit
« mourir aussitôt » : mais, par les prières de la mère et la
volonté du Seigneur, l'enfant guérit.

XXX. Cependant la reine ne cessait de prêcher auprès du
roi la reconnaissance du vrai Dieu et l'abandon des idoles;
mais rien ne pouvait le porter à cette croyance, jusqu'à ce
qu'enfin une guerre s'éleva contre les Alemans, dans laquelle il fut forcé par la nécessité de confesser ce que jusque
là il avait nié obstinément. Les deux armées, en étant venues
aux mains, combattaient avec acharnement, et celle de
Chlodovech commençait à être taillée en pièces. A cette vue,
celui-ci leva les yeux au ciel, et d'un cœur fervent dit en
fondant en larmes : « Jésus-Christ, que Chrotechilde an-
« nonce être fils du Dieu vivant, qui viens, dit-on, au secours
« de ceux qui sont en peine et donnes la victoire à ceux qui
« espèrent en toi, j'invoque avec dévotion ton glorieux ap-
« pui. Si tu m'accordes de vaincre ces ennemis, et si j'é-
« prouve l'effet de cette puissance que le peuple dévoué à
« ton nom publie avoir éprouvée, je croirai en toi et serai
« baptisé en ton nom. J'ai invoqué mes dieux, mais j'éprouve
« qu'ils ne sont pas près de me secourir; aussi je crois qu'ils
« ne possèdent aucun pouvoir, puisqu'ils ne secourent pas
« ceux qui les servent. C'est toi que j'invoque maintenant,
« et c'est en toi que je veux croire. Que j'échappe seulement
« à mes ennemis ! » Comme il disait cela, les Alemans tournèrent le dos et commencèrent à prendre la fuite, et voyant
que leur roi était mort, ils se soumirent à la domination de

(1) L'an 495.

Chlodovech en disant : « Cesse, de grâce, de tuer notre peu-
« ple; nous sommes à toi. » Il arrêta le carnage et il revint
ayant de l'avis de ses hommes fait la paix ; et il raconta à la
reine comment, en invoquant le nom du Christ, il avait obtenu la victoire. Arrivé la quinzième année de son règne (1).

XXXI. La reine fait alors appeler en secret saint Remi,
évêque de la cité de Reims, le priant de faire pénétrer dans
le cœur du roi la parole du salut. Le pontife fit venir celui-
ci auprès de lui, commença de l'engager secrètement à croire
au vrai Dieu, auteur du ciel et de la terre, et à renoncer aux
idoles, qui ne peuvent être d'aucun secours ni à elles-mêmes
ni aux autres. Chlodovech lui dit : « Je t'écouterai volon-
« tiers, très-saint père ; mais il reste une chose : c'est que
« le peuple qui me suit ne souffre point qu'on abandonne
« ses dieux. Toutefois, je vais lui parler d'après tes paro-
« les. » Il vint donc au milieu des siens ; mais avant qu'il
eût parlé, tout le peuple, par l'intervention de la puissance
divine, s'écria d'une seule voix : « Pieux roi, nous rejetons
« les dieux mortels, et nous sommes prêts à servir le Dieu
« dont Remi prêche l'immortalité. » On l'annonce à l'évêque, qui, transporté d'une grande joie, donna l'ordre de
préparer les fonts sacrés. On marche dans les rues à l'ombre
de toiles peintes, les églises sont ornées de tentures blanches,
on dispose le baptistère, on répand des parfums, des cierges
odoriférants étincellent, tout le temple du baptistère se remplit
d'une odeur divine ; et Dieu accorda une telle grâce aux assistants, qu'ils se crurent transportés au milieu des parfums
du paradis. Le roi demanda le premier le baptême au pontife. Nouveau Constantin, il s'avance vers le bain qui doit
guérir en lui la vieille lèpre, et laver dans une eau nouvelle
les taches qui souillaient sa vie passée. Comme il était entré
pour recevoir le baptême, le saint de Dieu commença de sa

---

(1) L'an 496.

bouche éloquente en disant : « Fléchis le cou, Sicambre
« adouci (1) ; adore ce que tu brûlais, brûle ce que tu ado-
« rais. » Saint Remi, en effet, était un évêque d'une science
remarquable, imbu principalement d'études de rhétorique (2), et si célèbre par sa sainteté, qu'on le comparait à
saint Silvestre pour les vertus. Nous avons maintenant un
livre de sa vie (3), où l'on rapporte qu'il ressuscita un
mort.

Le roi ayant donc confessé le Dieu tout-puissant dans la
Trinité, fut baptisé au nom du Père et du Fils et du Saint-
Esprit, et fut oint du saint chrême avec le signe de la
croix (4). Plus de trois mille hommes de son armée furent
également baptisés, de même que sa sœur Alboflède, qui,
peu de temps après, s'en alla vers le Seigneur ; et comme le
roi était attristé à cause d'elle, saint Remi lui adressa une
lettre de consolation, qui commençait ainsi (5) : « Je suis
« affligé et très-affligé de ce qui cause votre tristesse, c'est-
« à-dire de la mort de votre sœur Alboflède, de bonne mé-
« moire. Mais ce qui peut nous consoler, c'est qu'elle est
« plus digne d'envie que de pleurs par sa sortie de ce
« monde. » Une autre sœur de Chlodovech, nommée Lan-
thechilde, qui était tombée dans l'hérésie des Ariens, se convertit aussi, confessa le Fils et le Saint-Esprit comme égaux
au Père, et reçut le saint chrême.

(1) Sicambres, tribu importante de la nation des Francs ; leur nom
vient de la Sieg, rivière qui traversait un de leurs pays d'origine.

(2) Voyez Sidon. Apoll., lib. XI, epist. 7. Voyez aussi ce que dit Avitus,
Collat. episc. coram rege Gundobado. Il ne reste des écrits de saint
Remi que quelques lettres.

(3) Courte biographie attribuée à Fortunat. On l'a encore.

(4) On voit que la fable du pigeon apportant des cieux l'huile sainte
à l'évêque officiant n'était pas connue de Grégoire. Elle se trouve pour
la première fois dans la Vie de Remi par Hincmar, écrite au neuvième
siècle.

(5) Elle est en entier dans l'*Appendice* de dom Ruinart à son édition
de Grégoire de Tours.

XXXII. Dans ce temps les deux frères, Gundebaud et Godégisèle, régnaient sur les pays qui s'étendent le long du Rhône et de la Saône, et sur la province de Marseille ; eux et leurs peuples, ils suivaient la secte des Ariens. Ces deux frères se faisaient la guerre (1). Godégisèle, ayant appris les victoires du roi Chlodovech, envoya vers lui une députation secrète pour lui dire : « Si tu m'aides à poursuivre mon « frère, de manière que je puisse le tuer à la guerre ou le « chasser du royaume, je te payerai chaque année un tribut « tel que tu voudras toi-même le fixer. » Chlodovech, acceptant l'offre volontiers, promit de fournir du secours partout où il serait nécessaire, et au temps marqué il dirigea une armée contre Gundebaud. A cette nouvelle, celui-ci, ignorant la perfidie de son frère, lui envoya dire : « Viens à mon aide, « car les Francs se mettent en mouvement contre nous, et « envahissent notre contrée pour s'en rendre maîtres. Soyons « donc unanimes contre cette nation, qui est notre ennemie, « de peur qu'en nous séparant nous n'éprouvions le sort « qu'ont éprouvé d'autres peuples. » Godégisèle répondit : « Je vais partir avec mon armée, et je t'apporterai mon se- « cours. » Les trois rois mettant en même temps leurs forces en mouvement, c'est-à-dire Chlodovech marchant contre Gundebaud et Godégisèle, avec tout l'appareil de la guerre, ils arrivèrent à la forteresse nommée Dijon. Ils en vinrent aux mains sur les bords de la rivière d'Ouche (2) ; Godégisèle se réunit à Chlodovech, et leurs armées combinées écrasèrent le peuple de Gundebaud. Ce dernier, reconnaissant l'artifice de son frère, qu'il n'avait pas soupçonné, tourna le dos, prit la fuite, et, suivant les rives et les marais du Rhône, il se jeta dans la ville d'Avignon. Après avoir ainsi remporté la victoire, Godégisèle promit à Chlodovech quelque

---

(1) L'an 500.
(2) Marius dit que cette bataille eut lieu sous le consulat de Patricius et Hypatius, c'est-à-dire l'an 500. (Ruin.)

portion de son royaume, et s'éloigna tranquillement ; puis il entra dans Vienne en triomphe, comme s'il eût été déjà possesseur de tout le pouvoir. Le roi Chlodovech, ayant encore accru ses forces, se mit à la poursuite de Gundebaud, afin de l'arracher de la ville d'Avignon, où il était et de le faire périr. Gundebaud alors, frappé d'épouvante, croyait à chaque instant voir arriver la mort. Cependant il avait avec lui Aridius (1), décoré du titre d'illustre, homme courageux et prudent ; il le fit venir, et lui dit : « De toutes parts les « embûches m'entourent et j'ignore ce que je dois faire ; car « voilà ces barbares venus sur nous pour nous tuer et bou- « leverser ensuite tout le pays. » Aridius répondit : « Il faut « que tu apaises la férocité de cet homme pour éviter la « mort : je vais donc, si cela paraît bien à tes yeux, feindre « de te fuir et de passer à lui ; et dès que j'aurai accès au- « près de sa personne, j'agirai de manière qu'il ne ruine ni « toi ni ce pays. Aie soin seulement d'accomplir tout ce « qu'il te demandera par mon conseil, jusqu'à ce que le « Seigneur, dans sa bonté, daigne rendre ta position pros- « père. — Je ferai, » dit le roi, « tout ce que tu auras « mandé. » Aridius, à ces mots, prit congé de Gundebaud en faisant des vœux pour lui, et venant vers le roi Chlodovech, il lui dit : « Voici ton humble esclave, très-pieux roi, « qui abandonne le misérable Gundebaud pour s'offrir à ta « puissance. Que si ta bonté daigne jeter un regard sur moi, « vous aurez en moi, et toi et ta postérité, un serviteur in- « tègre et fidèle. » Le roi l'accueillit avec un grand empressement et le retint près de lui ; car il était agréable dans ses récits, habile dans ses conseils, juste dans ses jugements et fidèle dans ce qu'on lui confiait. A la fin, Chlodovech était

---

(1) Probablement le même dont il est question dans le récit des controverses agitées par des évêques catholiques et ariens en présence du roi Gondebaud (*Collat. episc. coram rege Gundobado*). Voyez chap. XXXIV, ci-dessous, et *Frédégaire*, ch. XVIII.

établi avec toute son armée autour des murs de la ville: Aridius lui dit alors : « Si la gloire de ta grandeur, ô roi! dai-
« gnait accueillir avec bienveillance les petits avis de ma
« faiblesse, bien que vous n'ayez pas besoin de conseil, je
« les soumettrais cependant avec une entière fidélité, et ils
« pourraient être utiles et à toi-même et aux cités dont tu te
« proposes de traverser le territoire. Pourquoi, continua-t-il,
« conserver une armée contre un ennemi qui se tient dans
« un lieu si puissamment fortifié ? Tu saccages les campa-
« gnes, tu dévores les prés, tu coupes les vignes, tu abats
« les oliviers, tu détruis toutes les récoltes du pays, et tu
« ne peux cependant lui faire aucun mal. Envoie-lui plutôt
« un message, et impose-lui un tribut qu'il te paye tous les
« ans ; de cette manière le pays sera épargné, et tu conser-
« veras tout pouvoir à l'avenir sur ton tributaire. S'il re-
« fuse, alors tu agiras à ton gré. » Le roi goûta ce conseil,
et l'ennemi par ses ordres s'en retourna ; puis envoyant un
message à Gundebaud, il lui commanda d'avoir à lui payer,
chaque année, des tributs déterminés. Celui-ci commença de
payer sur-le-champ, et promit de payer encore à l'avenir.

XXXIII. Peu de temps après, Gundebaud, ayant réparé
ses forces, négligea de payer au roi Chlodovech les tributs
promis et fit marcher une armée contre son frère Godégisèle,
qu'il assiégea dans la ville de Vienne. Dès que les vivres commencèrent à manquer au bas peuple, Godégisèle, craignant
que la disette ne s'étendît jusqu'à lui, fit expulser de la place
tous les pauvres gens. Cela fut exécuté et l'on chassa comme
les autres l'ouvrier à qui était confié le soin des aqueducs.
Celui-ci, s'indignant d'avoir été rejeté de la ville avec les autres, alla, tout furieux, à Gundebaud, et lui indiqua comment il pouvait pénétrer dans les murs et se venger de son
frère ; lui-même il dirigea par l'aqueduc des troupes qu'il fit
précéder d'un bon nombre d'hommes armés de leviers de
fer, parce que le soupirail était bouché par une grosse pierre.

Cette pierre ayant été soulevée avec les leviers sous la direction de l'ouvrier lui-même, ils pénètrent dans la place, et s'assurent des derrières tandis que les assiégés sont occupés à lancer des flèches du haut des murs ; puis ayant fait sonner la trompette au milieu de la ville, les assiégeants s'emparent des portes, les ouvrent, et entrent tous à la fois. Pressés entre ces deux armées, ceux qui défendaient la ville étant taillés en pièces des deux côtés, Godégisèle se réfugia dans l'église des hérétiques, et il y fut tué avec l'évêque arien. Les Francs qui se trouvaient alors avec lui se retirèrent tous dans une même tour. Gundebaud ordonna qu'on ne fît de mal à aucun d'eux, et s'en étant rendu maître, il les envoya en exil, à Toulouse, auprès du roi Alaric, après avoir fait périr les sénateurs (gallo-romains) et les Bourguignons du parti de Godégisèle ; puis il ramena sous sa domination tout le pays qu'on nomme aujourd'hui la Bourgogne (1). Il institua des lois fort douces chez les Bourguignons, pour que son peuple n'opprimât pas les Romains (2).

XXXIV. Gundebaud, ayant reconnu la vanité des croyances hérétiques et confessé le Christ, Fils de Dieu, et le Saint-Esprit, égaux au Père (3), demanda en secret le baptême à saint Avit, évêque de Vienne. Le pontife lui dit :
« Si tu crois réellement, tu dois suivre ce que le Seigneur
« lui-même nous a enseigné ; il a dit : *Celui qui me confes-*
« *sera et me reconnaîtra devant les hommes, je le recon-*
« *naîtrai et confesserai aussi moi-même devant mon Père,*
« *qui est dans les cieux ; mais celui qui me renoncera de-*

(1) Le royaume de Bourgogne s'étendait depuis les Vosges jusqu'à la Durance, et depuis les Alpes jusqu'à la Loire.
(2) Cette législation remarquable est appelée Loi Gombette, du nom de son auteur.
(3) La conférence tenue par les évêques catholiques et les ariens, en présence de Gondebaud, ne justifie pas ce que dit ici Grégoire. Voyez la lettre 2 d'Avit à Gondebaud.

« *vant les hommes, je le renoncerai aussi moi-même de-*
« *vant mon Père, qui est dans les cieux* (1). C'est ce que
« le Seigneur fit entendre à ses saints chéris, les bienheu-
« reux apôtres, lorsqu'il leur annonça par quelles persécu-
« tions on les mettrait à l'épreuve, en leur disant : *Donnez-*
« *vous garde des hommes; car ils vous feront compa-*
« *raître dans leurs assemblées, et ils vous feront fouetter*
« *dans leurs synagogues; et vous serez présentés, à cause*
« *de moi, aux gouverneurs et aux rois pour leur servir de*
« *témoignage aussi bien qu'aux nations* (2). Mais toi, qui
« es roi et qui ne crains pas qu'on te saisisse, tu redoutes
« donc la révolte du peuple, puisque tu n'oses confesser
« publiquement le Créateur. Abandonne cette pensée dérai-
« sonnable, et ce que tu dis croire au fond du cœur, ose le
« déclarer devant le peuple ; car, suivant le bienheureux
« apôtre : *Il faut croire de cœur pour être justifié, et con-*
« *fesser sa foi par ses paroles pour être sauvé* (3). Le
« Prophète aussi a dit : *Je publierai vos louanges, Seigneur,*
« *dans une grande assemblée; je vous louerai au milieu*
« *d'un peuple très-nombreux* (4). Et encore : *Je vous loue-*
« *rai, Seigneur, au milieu des peuples, et je chanterai vo-*
« *tre gloire parmi les nations* (5). Si tu redoutes le peu-
« ple, ô roi! tu ignores que c'est au peuple de suivre ta foi,
« plutôt qu'à toi de favoriser l'imbécillité populaire : car
« c'est toi qui es le chef du peuple, et non le peuple ton chef.
« Si tu pars pour la guerre, c'est toi qui précèdes les batail-
« lons de soldats, et eux qui te suivent où tu les mènes. Il
« vaut donc mieux qu'ils aillent à la connaissance de la vé-
« rité, t'ayant à leur tête, au lieu de demeurer dans l'erreur

---

(1) Matth., x, 32 et 33.
(2) Matth., x, 17.
(3) Paul aux Rom., x, 10.
(4) Psaum. xxxiv, 18.
(5) Psaum. lvi, 9.

« après t'avoir vu périr, car *on ne se joue pas de Dieu* (1),
« et il ne donne pas son amour à celui qui, pour un royaume
« terrestre, refuse de le confesser dans ce monde. » Bien
que troublé par ce raisonnement, Gundebaud persista dans
cette folie jusqu'à la fin de ses jours, et ne voulut pas confesser publiquement l'égalité des trois personnes de la Trinité.
En ce temps là, le bienheureux Avit était un homme d'une
grande éloquence; aussi l'hérésie s'élevant dans la ville de
Constantinople, tantôt celle d'Eutichès, tantôt celle de Sabellius (2), qui soutenaient que notre seigneur Jésus-Christ
n'avait rien de divin, il écrivit, à la demande du roi Gundebaud, contre ces erreurs. Il nous reste encore de cette controverse des Lettres admirables qui édifient aujourd'hui
l'Église de Dieu comme jadis elles confondirent l'hérésie. Il
écrivit un livre d'homélies sur l'origine du monde, six livres
en vers sur plusieurs autres sujets, et neuf livres de Lettres,
parmi lesquelles se trouvent celles dont on vient de parler (3);
il rapporte, dans une homélie qu'il écrivit sur les Rogations,
que ces mêmes Rogations, que nous célébrons avant le triomphe de l'Ascension du Seigneur, furent instituées par Mamert, évêque de la ville de Vienne (4), siége dont lui-même
alors était le chef, à l'occasion d'un grand nombre de prodiges qui épouvantaient cette ville. Elle était fréquemment
ébranlée par des tremblements de terre, et des bêtes fauves,
telles que des cerfs et des loups, franchissant ses portes,
parcouraient ses rues sans crainte. Les choses durèrent ainsi
pendant toute une année, et lorsqu'arrivèrent les jours de

---

(1) Paul aux Galat., vi, 7.

(2) Hérésiarques d'Orient, Sabellius du troisième siècle et Eutychès du cinquieme siècle.

(3) Une partie de ses ouvrages, notamment les homélies, est parvenue jusqu'à nous.

(4) Sidoine (v, 14, et vii, 1), Césaire d'Arles (*Homilia*, 33), et plusieurs autres portent le même témoignage. Voyez aussi le premier concile d'Orléans, cap. xxvii.

la solennité pascale, tout le peuple espérait dévotement de la miséricorde divine qu'au moins ce grand jour mettrait un terme à cette calamité ; mais la vigile même de cette glorieuse nuit, pendant qu'on célébrait les cérémonies de la messe, tout à coup le palais royal, situé dans l'enceinte des murs, est embrasé par le feu du ciel ; tous alors, frappés de terreur, se précipitèrent hors de l'église, craignant ou que la ville entière ne fût consumée par cet incendie, ou ne s'abîmât dans la terre entr'ouverte. Le saint évêque, prosterné devant l'autel, implorait avec larmes et gémissements la divine miséricorde. Qu'ajouterai-je ? La prière de l'illustre évêque pénétra jusqu'au ciel, et le fleuve de larmes qu'il versait éteignit l'incendie de la maison. Pendant que ces choses se passaient, l'Ascension de la majesté du Seigneur s'approchant, comme nous l'avons dit, il prescrivit le jeûne aux peuples, régla la forme des prières, l'ordre des repas, la joyeuse distribution des largesses. Toutes les terreurs ayant dès lors cessé, le bruit de cet événement, en se répandant par toutes les provinces, engagea tous les évêques à imiter ce que la foi avait inspiré à ce prêtre. Ces solennités ont été jusqu'à présent célébrées dans toutes les églises, au nom du Christ, avec componction de cœur et contrition d'esprit.

XXXV. Alaric, roi des Goths, voyant le roi Chlodovech soumettre sans cesse de nouvelles nations, envoya vers lui des députés pour lui dire : « Si mon frère le voulait, j'avais « dans l'esprit que nous pourrions, avec la faveur de Dieu, « nous voir tous les deux (1). » Chlodovech ne refusa pas, et il alla vers lui. S'étant réunis dans une île de la Loire, située près du bourg d'Amboise, territoire de la cité de Tours, après avoir parlé ensemble, mangeant et buvant de même, ils se promirent amitié, et se retirèrent paisiblement.

---

(1) Les historiens ne sont pas d'accord sur la date de cette entrevue. Elle aurait eu lieu en 506, ou en 504, ou en 498.

XXXVI. Beaucoup de gens des Gaules désiraient ardemment dès lors de vivre sous la domination des Francs. Il arriva de là que l'évêque de Rodez, Quintien, haï pour ce sujet, fut chassé de la ville; on lui disait : « C'est parce que « ton désir est que la domination des Francs s'empare de « ce pays. » Peu de jours après, une querelle s'étant élevée entre lui et les citoyens, les Goths qui habitaient la ville conçurent des soupçons contre lui, car les citoyens lui reprochaient de vouloir se soumettre au pouvoir des Francs; après en avoir délibéré, les Goths formèrent le dessein de le tuer; mais l'homme de Dieu, en ayant été averti, se leva pendant la nuit avec ses plus fidèles serviteurs, et, sortant de la ville, se rendit à Clermont, où le reçut avec bonté l'évêque saint Euphraise, qui avait déjà succédé à Apruncule de Dijon, et qui après lui avoir donné des maisons, des terres, des vignes, le retint avec lui, en disant : « Le revenu « de cette église suffit pour nous entretenir tous les deux : « que la charité, prêchée par le saint apôtre, demeure au « moins parmi les prêtres de Dieu. » L'évêque de Lyon lui fit don aussi de quelques biens que son église possédait en Auvergne. Les autres faits relatifs à saint Quintien, les épreuves qu'il eut à supporter, comme les choses que le Seigneur daigna accomplir par ses mains, sont rapportés dans le livre de sa Vie (1).

XXXVII. Le roi Chlodovech dit donc aux siens (2) : « Je supporte avec grand'peine que ces Ariens occupent « une partie des Gaules; marchons avec l'aide de Dieu, « et après les avoir vaincus, réduisons le pays en notre « pouvoir. » Tous ayant approuvé ce discours, il mit l'armée en mouvement et se dirigea sur Poitiers, car c'était là que résidait alors Alaric. Comme une partie de cette ar-

(1) Chap. IV des *Vies des Pères*, par Grégoire.
(2) L'an 507.

mée (1) traversait le territoire de Tours, Clodovech défendit, par respect pour saint Martin, de prendre dans ce pays autre chose que des herbages, et de l'eau. Quelqu'un de l'armée, ayant trouvé du foin appartenant à un pauvre homme, dit : « Le roi n'a-t-il pas ordonné de prendre de l'herbe « et non autre chose? Eh bien, ceci est de l'herbe, ajouta-« t-il; nous n'aurons donc pas transgressé son ordre si nous « le prenons. » En même temps, faisant violence au pauvre, il lui enleva son foin par force. Ce fait vint à la connaissance du roi, qui à l'instant même tua le soldat d'un coup d'épée, en disant : « Où donc sera l'espoir de la vic-« toire si nous offensons saint Martin ? » Ce fut assez pour que l'armée s'abstînt dès lors de rien enlever dans ce pays. Le roi envoya même des députés à la basilique du saint, en disant : « Allez, et peut-être recevrez-vous de la sainte ba-« silique quelque présage de victoire. » Puis, leur ayant remis des présents pour offrir au saint lieu, il ajouta : « Seigneur, si tu m'es en aide, et si tu as résolu de livrer « en mes mains cette nation incrédule et toujours ton en-« nemie, fais-moi la grâce de me révéler ta faveur à « l'entrée de la basilique de saint Martin, afin que je sache « si tu daignes être propice à ton serviteur. » Les domestiques se hâtèrent et, comme ils entraient dans la basilique, suivant l'ordre du roi, celui qui conduisait le chant fit entonner tout à coup cette antienne : « *Seigneur, vous m'avez revêtu de force pour la guerre, et vous avez abattu sous moi ceux qui s'élevaient contre moi ; vous avez fait tourner le dos à mes ennemis devant moi, et vous avez exterminé ceux qui me haïssaient* (2). » Les envoyés, ayant entendu ces paroles d'un psaume, rendirent grâce à Dieu, présentèrent les offrandes au saint confesseur, et vinrent tout joyeux rendre compte au roi. Celui-ci, arrivé avec son

---

(1) Ou des ennemis ? *Hostes.*
(2) Psaume XVII, 39 et 40.

armée sur les bords de la Vienne, ne savait en quel endroit il devait traverser ce fleuve, que l'abondance des pluies avait enflé ; mais, pendant la nuit, il pria le Seigneur de daigner lui indiquer un gué par où il pût passer ; et au lever du jour une biche d'une grandeur extraordinaire, conduite par l'ordre de Dieu, entra sous leurs yeux dans le fleuve, et, passant à gué, fit connaître au peuple par où l'on devait passer. Le roi, arrivant à Poitiers, était encore au loin dans sa tente, lorsqu'il aperçut un feu qui, sorti de la basilique de saint Hilaire, lui sembla arriver sur lui, comme si, aidé de la lumière du bienheureux confesseur Hilaire, il devait triompher plus facilement des armées hérétiques contre lesquelles ce prêtre avait souvent combattu pour la foi. Chlodovech recommanda encore à toute l'armée de ne dépouiller personne ni dans ce lieu même ni dans la marche, et de ne s'approprier le bien de qui que ce fût.

Il y avait en ce temps-là un homme d'une grande sainteté, l'abbé nommé Maixent, reclus, par la crainte de Dieu, dans son monastère, situé sur le territoire de Poitiers : nous ne mettons pas dans notre texte le nom géographique de ce monastère, par la raison qu'il porte encore aujourd'hui celui de : cellule de Saint-Maixent (1). Les moines de ce lieu, voyant un gros de soldats s'approcher du monastère, prièrent leur abbé de sortir de sa cellule pour venir à leur secours. Comme il tardait, ceux-ci, frappés de crainte, ouvrirent sa porte et le firent sortir de la cellule. Il accourut intrépide au-devant des soldats, comme pour leur demander la paix. L'un d'eux ayant tiré son épée pour lui trancher la tête, sa main, levée jusqu'à la hauteur de son oreille, resta roide, et l'épée tomba en arrière ; il se jeta aussitôt aux pieds du saint homme pour lui demander pardon. A cette vue, les autres s'en retournèrent rejoindre l'armée, saisis d'une grande ter-

(1) Du monastère ce nom a passé à la ville de Saint-Maixent.

reur, et craignant d'être tous frappés de mort. Mais le bienheureux confesseur, ayant frotté le bras malade d'huile bénite, et lui ayant imposé le signe de la croix, le guérit, et, par son intervention, le monastère resta préservé de toute violence. Il fit encore un grand nombre d'autres miracles; si quelqu'un est curieux de les rechercher, il les trouvera tous en lisant le livre de sa Vie (1). C'était la vingt-cinquième année du règne de Chlodovech.

Cependant le roi Chlodovech en vint aux mains avec Alaric, roi des Goths, dans les champs de Vouglé, à dix milles de la ville de Poitiers (2). Les Goths se battent à coups de traits, et les Francs attaquent l'épée à la main. Les Goths ayant pris la fuite, comme d'habitude, le roi Chlodovech, aidé de Dieu, obtint la victoire. Il avait avec lui, comme auxiliaire, le fils de Sigebert Claude (3), nommé Chlodéric. Ce Sigebert boitait d'une blessure qu'il avait reçue au genou en combattant contre les Alemans sous les murs de Tolbiac (4). Le roi venait de mettre les Goths en fuite, et de tuer leur roi Alaric, lorsque deux soldats, arrivant tout à coup sur lui, le frappent de leurs piques des deux côtés à la fois; mais il échappe à la mort, grâce à sa cuirasse et à la légèreté de son cheval. Un corps très-nombreux d'Arvernes, qui étaient venus avec Apollinaire (5), et même des premiers d'entre les sénateurs, périt dans cette bataille. Après le combat, Amalaric, fils d'Alaric, s'enfuit en Espagne, et gouverna avec sagesse le royaume de son père. Chlodovech envoya son fils Théodéric en Auvergne, par les territoires d'Albi

(1) Nous l'avons encore.
(2) In campo Vogladense, à Vouglé-sur-le-Clain, à quatre lieues et demie de Poitiers ; à deux milles au sud de Poitiers selon Giesebrecht ; à Vivonne, selon l'abbé Lebeuf, *Dissert. sur l'Hist. de Par.*, tom. I ; à Voulon suivant d'autres. — Année 507.
(3) Roi de Cologne.
(4) Zulpich, entre Bonn et Juliers.
(5) Fils de Sidoine Apollinaire, né avant l'épiscopat de ce dernier.

et de Rodez : celui-ci partit, et soumit à la domination de son père tous ces pays depuis les frontières des Goths jusqu'au territoire des Bourguignons (1). Alaric avait régné vingt-deux ans. Chlodovech, après avoir passé l'hiver dans la ville de Bordeaux, et enlevé de Toulouse tous les trésors d'Alaric, vint à Angoulême, et obtint une si grande grâce du Seigneur, que les murs de la ville s'écroulèrent d'eux-mêmes sous ses yeux. Alors il en chassa les Goths, et il la soumit à son pouvoir. Ayant ainsi complété sa victoire, il revint à Tours, où il offrit de nombreux présents à la basilique de Saint-Martin (2).

XXXVIII. Chlodovech reçut par lettres de l'empereur Anastase le titre de consul, et revêtu, dans la basilique de Saint-Martin, de la tunique de pourpre et de la chlamyde, il posa la couronne sur sa tête ; puis, montant à cheval, il distribua de sa propre main et avec une grande bonté de l'or et de l'argent au peuple qui se trouva sur son chemin, entre la porte de la cour de la basilique de Saint-Martin et l'église de la ville. Depuis ce jour, on ne le nomma plus qu'en employant les mêmes termes dont on nomme le consul ou l'Auguste. Il quitta Tours, et vint à Paris, où il fixa le siége de son royaume. Théodoric y vint ensuite le rejoindre.

XXXIX. Eustoche, évêque de Tours, étant mort, Licinius fut sacré évêque de cette ville ; ce fut le huitième après saint Martin. C'est de son temps qu'eut lieu la guerre que nous venons de rapporter, et de son temps aussi que le roi

(1) Le roi des Francs paraît avoir été dirigé dans cette guerre par Remi, évêque de Reims. Cet évêque lui donna des instructions précises sur ce qu'il devait faire ou éviter, et Clovis lui rendit compte de la manière dont il avait rempli ses vues. Deux lettres où sont consignés les conseils de l'évêque et les paroles de déférence du roi sont rapportées par dom Ruinart à la suite de son édition des œuvres de Grégoire de Tours.

(2) L'an 508.

Chlodovech vint à Tours. Cet évêque passe pour avoir été en Orient, pour avoir visité les lieux saints, pour être allé même à Jérusalem, et pour avoir vu souvent le théâtre de la passion et de la résurrection du Seigneur, tel qu'il est décrit dans les évangiles.

XL. Pendant son séjour à Paris, le roi Chlodevech envoya dire secrètement au fils de Sigebert (1) : « Voilà que « ton père est devenu vieux, et il boite de son pied ma- « lade. S'il mourait, son royaume te reviendrait de droit « avec notre amitié. » Celui-ci, séduit par le désir qu'il en fût ainsi, machine de tuer son père. Un jour Sigebert étant sorti de la ville de Cologne, traversa le Rhin pour se promener dans la forêt de Buchaw (2). Pendant qu'il dormait sous sa tente, vers midi, son fils envoya contre lui des assassins et le fit tuer là, comme s'il eût été sûr de s'emparer après de son pouvoir. Mais, par la justice de Dieu, il tomba dans la fosse qu'il avait creusée en ennemi pour son père. Il envoya des messagers au roi Chlodovech pour lui annoncer la mort de Sigebert et lui dire : « Mon père est mort, « et j'ai en mon pouvoir son royaume et ses trésors. Envoie- « moi tes gens, et je leur remettrai volontiers ce qui, dans « ces trésors, pourra te convenir. » Chlodovech répondit : « Je « rends grâce à ta bonne volonté, et je te prie de montrer « à mes envoyés tes trésors, dont tu conserveras ensuite l'en- « tière possession. » Celui-ci montra donc aux envoyés les trésors de son père, et comme ils examinaient différentes choses, il leur dit : « C'est dans ce petit coffre que mon « père avait coutume d'entasser ses pièces d'or. — Plonge, « lui dirent-ils, ta main jusqu'au fond, pour que rien ne « t'échappe. » Celui-ci l'ayant fait, et s'étant beaucoup in-

---

(1) L'an 509. Sigebert était roi des Francs *Ripuaires*, c'est-à-dire *placés aux rives* (du Rhin).

(2) *Buchonia*, dans la Hesse près Foulde.

cliné, un des envoyés leva la main et lui enfonça sa hache dans la cervelle ; et ainsi cet indigne subit le même sort qu'il avait fait subir à son père. Chlodovech apprenant la mort de Sigebert et de son fils, se rend à Cologne, convoque tout le peuple de ce canton, et lui dit : « Apprenez ce qui est ar-
« rivé. Pendant que je naviguais sur le fleuve de l'Escaut,
« Chlodéric, fils de mon parent, tourmentait son père en lui
« disant que je voulais le tuer. Et comme Sigebert fuyait à
« travers la forêt de Buchaw, son fils a envoyé lui-même des
« brigands qui se sont jetés sur lui, et l'a ainsi fait mou-
« rir. Chlodéric, lui aussi, est mort, frappé je ne sais par qui,
« pendant qu'il ouvrait les trésors de son père. Quant à
« moi, je suis entièrement étranger à tout cela. Je ne puis
« verser le sang de mes parents, car c'est un crime. Mais
« puisqu'il en est arrivé ainsi, je vous donne un conseil que
« vous suivrez s'il vous convient : Tournez-vous vers
« moi pour vivre sous ma protection. » En entendant ces paroles, ceux-ci applaudissent, tant de leurs voix qu'en frappant sur leurs boucliers, et l'élèvent sur le pavois pour l'établir roi sur eux. Ayant donc reçu le royaume et les trésors de Sigebert, il soumit aussi ce peuple à sa domination. Chaque jour Dieu faisait ainsi tomber les ennemis de Chlodovech sous sa main et augmentait son royaume, afin qu'il marchât avec un cœur droit (1) devant le Seigneur et fît ce qui était agréable à ses yeux.

XLI. Chlodovech se tourna ensuite contre le roi Chararic (2). Quand on combattait contre Syagrius, ce Chararic,

(1) Rigoureusement le texte porte : *parce qu'il marchait* avec un cœur droit (*eo quod ambularet*) ; mais cette expression, au milieu des crimes racontés ici, dénoterait chez Grégoire une perversion dont on aurait lieu de s'étonner, et au sujet de laquelle les historiens se sont en effet récriés. Il nous semble plus naturel de croire que le latin un peu chancelant du saint évêque aura légèrement dévié du chemin que suivait sa pensée.
(2) Vers l'an 509. Chararic, à ce qu'on croit, régnait à Thérouanne.

appelé au secours de Chlodovech, s'était tenu à l'écart, sans aider aucun parti, mais attendant l'événement pour lier amitié avec celui qui aurait la victoire. Chlodovech, pour cette raison, marcha, plein de colère, contre lui, l'entoura de piéges, le fit prisonnier avec son fils ; puis, les ayant chargés de fers, il les fit tondre et commanda que Chararic fût ordonné prêtre et son fils diacre. Comme Chararic se plaignait de son humiliation et pleurait, on rapporte que son fils lui dit : « Ces branches ont été coupées sur un arbre vert, et ne « sont pas entièrement desséchées ; bientôt elles repousse- « ront et grandiront de nouveau. Plût à Dieu qu'il meure « aussi vite, celui qui a fait cela ! » Cette parole sembla signifier, aux oreilles de Chlodovech, qu'ils le menaçaient de laisser repousser leur chevelure et de le tuer, et il leur fit trancher la tête à tous deux. Après leur mort il acquit leur royaume, leurs trésors et leurs sujets.

XLII. Il y avait alors (1), à Cambrai, un roi nommé Ragnachaire, si effréné en débauches qu'à peine épargnait-il ses proches parents eux-mêmes. Il avait pour conseiller un certain Farron, qui se souillait dans la même fange. On raconte que lorsqu'on apportait au roi quelque mets, ou quelque présent, ou quelque chose que ce fût, il avait coutume de dire que c'était pour lui et pour son Farron ; ce qui remplissait les Francs d'une extrême indignation. Il arriva que Chlodovech avait reçu des bracelets et des baudriers d'or, c'est-à-dire de cuivre doré par artifice de manière à imiter parfaitement l'or ; il les donna aux leudes (2) de Ragnachaire pour s'insinuer à sa place. Il fit marcher son armée contre lui, et comme Ragnachaire envoyait souvent des éclaireurs à la découverte, et leur demandait à leur retour quelle était la force de cette armée, ils répondirent : « C'est

---

(1) Vers l'an 509 (dom Bouquet). — Voy. ci-dessus, ch. XXVII.
(2) Les familiers du roi, ses gens, *die Leuten*.

« un très-grand renfort pour toi et pour ton Farron. »
Mais Chlodovech arrive et commence l'attaque. Ragnachaire, voyant ses troupes vaincues, se préparait à la fuite, lorsqu'il fut saisi par ses soldats, qui lui lièrent les mains derrière le dos, et l'amenèrent en présence de Chlodovech, ainsi que son frère Riquier. Chlodovech lui dit : « Pourquoi as-tu dés-« honoré notre race en te laissant enchaîner ? mieux t'eût « valu mourir ; » et, levant sa hache, il la lui rabattit sur la tête ; puis, se tournant vers Riquier : « Si tu avais se-« couru ton frère, dit-il, il n'aurait certainement pas été « enchaîné ; » et il le tua pareillement d'un coup de hache. Après qu'ils furent morts, ceux qui les avaient trahis reconnurent que l'or qu'ils avaient reçu de Chlodovech était faux. L'ayant dit au roi, on rapporte qu'il leur répondit : « Il est « juste qu'il reçoive de l'or pareil celui qui, de sa propre « volonté, entraîne son maître à la mort, » ajoutant qu'ils devaient se contenter d'être en vie et prendre garde d'expier dans les tourments leur trahison envers leurs maîtres. En entendant ce langage, le désir leur venait d'obtenir ses bonnes grâces et ils l'assurèrent qu'il leur suffisait qu'on les laissât vivre. Les deux rois dont on vient de parler étaient des proches de Chlodovech. Ils avaient un frère, nommé Rignomer, dans la cité du Mans ; il fut tué par son ordre. Tous étant morts, Chlodovech recueillit leur pouvoir en entier et leurs trésors. Ayant fait périr encore beaucoup d'autres rois, et même ses plus proches parents, dans la crainte qu'ils ne lui enlevassent son royaume, il étendit son pouvoir sur toutes les Gaules. Cependant ayant un jour rassemblé les siens, il parla ainsi, dit-on, des parents dont lui-même avait causé la perte : « Malheur à moi, qui suis resté comme un voya-« geur parmi des étrangers, et qui n'ai plus de parents qui « puissent me secourir en quelque chose si l'adversité ve-« nait ! » Ce n'était pas qu'il s'affligeât de leur mort, mais il parlait ainsi par ruse, et pour découvrir s'il lui restait encore quelqu'un à tuer.

XLIII. Ces choses s'étant ainsi passées, Chlodovech mourut à Paris (1), et fut enterré dans la basilique des Saints-Apôtres (2), qu'il avait lui-même fait construire de concert avec la reine Chrotechilde. Sa mort arriva cinq ans après la bataille de Vouglé. En comptant tous les jours de son règne, il fut de trente ans, et sa vie de quarante-cinq. Depuis la mort de saint Martin jusqu'à la mort de Chlodovech, qui eut lieu la onzième année de l'épiscopat de Licinius de Tours, on compte cent douze ans. Après la mort de son mari, la reine Chrotechilde vint à Tours ; et là, se consacrant au service de l'abbaye de Saint-Martin, elle passa le reste de ses jours parfaite de vertu et de bonté, et visitant rarement Paris.

(1) Le 27 novembre de l'an 511.
(2) Saint Pierre et saint Paul. Au dixième siècle cette église prit le nom de Sainte-Geneviève, qui y avait été enterrée.

LIVRE TROISIÈME.

1. Des fils de Clodovech. — 2. Épiscopat de Dinifius, d'Apollinaris et de Quintianus. — 3. Les Danois viennent dans les Gaules. — 4. Des rois des Thuringiens. — 5. Sigimund fait périr son fils. — 6. De la mort de Chlodomer. — 7. Guerre contre les Thuringiens et leur défaite. — 8. De la mort d'Hermenefroid. — 9. Childebert se rend en Auvergne. — 10. Mort d'Amalaric. — 11. Childebert et Chlothachaire marchent en Bourgogne, et Theudéric en Auvergne. — 12. De la ruine du pays d'Auvergne. — 13. Châteaux de Vollore et de Marlhac. — 14. De la mort de Mondéric. — 15. De la captivité d'Attalus. — 16. De Sigivald. 17. Des évêques de Tours. — 18. Du meurtre des fils de Chlodomer. — 19. De saint Grégorius de Langres et de la position du château de Dijon. — 20. Fiançailles de Theudebert et de Wisigarde. — 21. Theudebert se rend en Provence. — 22. Qu'ensuite il reçoit dans son lit Deuthéria — 23. Mort de Sigivald et fuite de Givald. — 24. Présents de Childebert à Theudebert, — 25. De la bonté de Theudebert. — 26. Mort de la fille de Deuthéria. — 27. Theudebert prend Wisigarde pour femme. — 28. Childebert marche avec Theudebert contre Chlothachaire. — 29. Childebert et Chlothachaire passent dans les Espagnes. — 30. Des rois des Espagnols. — 31. De la fille de Théodéric, roi d'Italie. — 32. Theudebert passe en Italie. — 33. D'Astériolus et de Secundinus. — 34. Libéralité de Theudebert envers les citoyens de Verdun. — 35. De la mort de Sirivald. — 36. De la mort de Theudebert et du meurtre de Parthénius. — 37. Hiver rigoureux.

PROLOGUE.

Je voudrais, s'il m'est permis, comparer un peu les heureux succès des chrétiens confessant la bienheureuse Trinité avec les faits tournant à la ruine des hérétiques qui la divisent. Ne parlons pas cependant de la manière dont

Abraham la vénère au pied de l'yeuse, dont Jacob l'annonce dans sa bénédiction, dont Moïse la reconnaît dans le buisson, dont le peuple la suit dans la nuée et la redoute sur la montagne; ne disons pas non plus comment Aaron la porte sur son *logium* (1), ni comment David la prédit dans un psaume, lorsqu'il prie le Seigneur de rétablir en lui un *esprit droit*, de ne pas retirer de lui l'*esprit saint*, et de l'affermir par l'*esprit principal* (2). Pour moi, je vois là un grand mystère; c'est que celui que les hérétiques appellent inférieur, la voix prophétique l'appelle principal. Mais laissant tout cela de côté, comme nous l'avons dit, revenons à notre temps. L'impie Arius, premier fondateur de cette secte impie, après avoir rendu ses entrailles dans un privé, est livré aux flammes de l'enfer; tandis que le bienheureux Hilaire, défenseur de l'indivisible Trinité, est envoyé pour elle en exil, mais retrouve une patrie dans le paradis. Le roi Chlodovech l'ayant confessée, dompta par son appui les hérétiques, et étendit son royaume sur toutes les Gaules; Alaric, qui la méconnaît, est puni dans sa puissance, dans son peuple, et, ce qui est bien plus, dans la vie éternelle elle-même. Le Seigneur, si les vrais croyants ont perdu quelque chose par les piéges du démon, le leur a rendu au centuple; au lieu que les hérétiques n'acquièrent rien et même ce qu'ils semblent posséder leur est enlevé, comme il a été prouvé par la mort de Godégisèle, de Gundebaud et de Godomar, qui perdirent tout à la fois leur pays et leurs âmes. Pour nous, nous confessons Dieu unique, invisible, immense, incompréhensible, glorieux, immuable, éternel; nous le confessons un dans sa Trinité formée de trois personnes, le Père, le Fils et le Saint-Esprit, et triple dans son

---

(1) C'est le carré d'étoffe orné d'or et de pierres précieuses que le grand prêtre des Juifs portait sur la poitrine et au centre duquel était écrit le mot Dieu.

(2) Psaume L., vers. 10, 11 et 12.

unité, qui résulte de l'égalité de substance, de divinité, de toute-puissance et de vertu. Lui seul est le Dieu suprême et tout-puissant qui règne dans l'éternité des siècles.

I. Le roi Chlodovech étant mort, ses quatre fils, c'est-à-dire Theudéric, Chlodomer, Childebert et Chlothachaire, prennent possession de son royaume, et le partagent entre eux par égales portions (1). Theudéric avait déjà un fils, nommé Theudebert, d'une beauté et d'un mérite remarquables. Comme les fils de Chlodovech étaient puissants par leur grande valeur et par la force considérable de leur armée, Amalaric, roi d'Espagne, fils d'Alaric, demande leur sœur en mariage. Ils daignent la lui accorder, et l'envoient en Espagne avec un monceau d'ornements magnifiques.

II. Licinius, évêque de Tours, était mort et Dinifius était monté sur le siége pontifical de cette ville (2). A Clermont l'église était, depuis la mort du bienheureux Aprunculus, régie par saint Eufrasius, son douzième évêque (3). Eufrasius vécut quatre ans encore après la mort de Chlodovech et mourut dans la vingt-cinquième année de son épiscopat. Alors le peuple ayant élu saint Quintianus, qui avait été chassé de Rodez (4), Alchima et Placidina, l'une sœur et l'autre femme d'Apollinaris (5), viennent trouver ce saint, et lui disent : « Pieux seigneur, le titre d'évêque doit suffire à ta « vieillesse ; permets dans ta bonté, à ton serviteur Apol-

---

(1) Theudéric ou Thierri avait pour capitale Reims ; Chlothachaire ou Clotaire, Cambrai et Tournai ; Childebert Paris ; Clodomir Orléans.

(2) Non pas immédiatement : Voy. liv. X, ch. XXXI.

(3) Voyez, sur Apruncule, liv. II, ch. XXIII et XXXVI.

(4) Grégoire de Tours parle souvent de saint Quintien. Voyez ses Vies des Pères, ch. IV, et ci-dessus liv. II.

(5) Fils de Sidoine Apollinaire, et le même qui conduisit les Arvernes à la bataille de Voulon-sur-le-Clain, que nous avons nommé par erreur *Vouglé*, p. 102. Il fut père d'Arcadius, dont il est parlé ci-dessous, ch. XII.

« linaris, de parvenir à ce poste d'honneur ; et lorsqu'il y
« sera monté, il fera en tout suivant ton plaisir : c'est toi qui
« commanderas, et il obéira en toutes choses à ton ordre.
« Prête seulement une oreille bienveillante à notre humble
« sollicitation. » Il leur répondit : « Comment m'y oppose-
« rai-je, moi qui n'ai ici aucun pouvoir ? Il me suffit, en effet,
« de me livrer à la prière, et de recevoir de l'église ma nour-
« riture de chaque jour. » En entendant ces paroles, celles-
ci dépêchent Apollinaris vers le roi (1). Il part, et, après
avoir fait beaucoup de présents, il obtint l'épiscopat. Il jouit
pendant quatre mois de cet abus, après lesquels il sortit de
ce monde. Lorsqu'on apprit ces choses à Theudéric, il fit
rétablir saint Quintianus, et ordonna qu'on lui remît tous les
biens de l'Église, en disant : « C'est l'ardeur de son amour
« pour nous qui l'a fait chasser de sa ville. » Puis il envoya
aussitôt des messagers qui, ayant convoqué les évêques et le
peuple, le placèrent dans la chaire de l'église d'Auvergne,
dont il fut le quatorzième évêque. Le reste des choses
qu'il fit, aussi bien ses miracles que l'époque de sa mort,
sont écrites dans le livre que nous avons composé sur sa
vie (2).

III. Après ces événements, les Danois, avec leur roi nommé Chlochilaïch (3), traversant la mer sur leur flotte, s'approchent des Gaules : puis étant débarqués, ils dévastent un
des cantons du royaume de Theudéric, et y font des prison-
sonniers. Après avoir chargé leurs vaisseaux tant des captifs
que du reste de leur butin, ils se disposent à revenir dans
leur patrie ; mais leur roi était encore sur le rivage, attendant
que les vaisseaux prissent la haute mer, pour s'embarquer
lui-même après. Theudéric, averti que sa terre avait été dé-

(1) Le roi Theudéric de qui dépendait l'Auvergne.
(2) Vies des Pères, ch. IV.
(3) On ne connaît pas autrement ce personnage.

vastée par des étrangers, envoya dans ces parages son fils Theudebert, avec une armée puissante et un grand appareil de guerre (1). Celui-ci, après avoir tué le roi des Danois, massacre les ennemis battus sur mer, et ramène à terre tout le butin.

IV. A la même époque, il y avait chez les Thuringiens (2) trois frères qui tenaient le gouvernement de cette nation : Badéric, Herménefroid et Berthaire. A la fin, Herménefroid accabla par la force son frère Berthaire, et le tua. Celui-ci, par sa mort, laissa orpheline une fille nommée Radegunde; il laissa aussi des fils dont nous parlerons dans la suite. La femme d'Herménefroid, nommée Amalaberge (3), femme méchante et cruelle, semait la guerre civile entre ces frères ; car un jour son mari, en arrivant pour le repas, trouva sa table couverte à moitié seulement ; et comme il lui demandait ce que cela voulait dire, elle répondit : « Il est juste « que celui qui se laisse enlever la moitié de son royaume, « ait la moitié de sa table vide. » Herménefroid, poussé par ces paroles et par d'autres semblables, s'arme contre son frère, et par des messagers secrets excite le roi Theudéric à attaquer Badéric, en lui disant : « Si tu le tues, « nous partagerons ce pays par moitié. » Theudéric, réjoui de cette proposition, se dirige vers Herménefroid avec une armée. Les deux rois étant réunis, se donnèrent mutuellement leur foi, et se mirent en campagne. Ils en viennent aux mains avec Badéric, écrasent son armée, et lui coupent la tête. La victoire gagnée, Theudéric s'en revint chez lui. Aussitôt Herménefroid, oubliant son serment, refuse

(1) Vers l'an 515.
(2) La Thuringe s'étendait au nord depuis le Mein jusqu'à l'Unstrutt; au midi jusques vers le Danube, autant qu'il est permis d'assigner des limites à ces États barbares en fluctuation continuelle.
(3) Elle était fille d'Amalafride et sœur de Théodoric-le-Grand, roi des Ostrogoths.

d'accorder à Theudéric ce qu'il avait promis de faire et il s'éleva entre eux une grande inimitié (1).

V. Après la mort de Gundebaud (2), Sigimund son fils eut son royaume, et bâtit avec un soin éclairé le monastère d'Agaune (3), ainsi que les maisons d'habitation et les églises qui en dépendent. Après avoir perdu sa première femme, fille de Theudéric, roi d'Italie, dont il avait un fils nommé Sigiric, il en épousa une seconde, qui, selon la coutume des belles-mères, se mit à machiner vivement contre le fils de son mari, et à lui susciter des querelles. Il arriva de là, qu'un jour de grande fête, le jeune homme, reconnaissant sur elle les vêtements de sa mère, lui dit, plein de colère : « Tu n'étais pas digne de couvrir tes épaules de ces vête-« ments, qu'on sait avoir appartenu à ta maîtresse, c'est-à-« dire à ma mère. » Transportée de fureur, elle excite alors son mari par des paroles artificieuses et lui dit : « Ce per-« vers a envie d'avoir ton royaume, et, après t'avoir tué, de « l'étendre jusqu'en Italie, afin de posséder le royaume « d'Italie comme le possédait son aïeul Théodoric. Mais il « sait bien que, toi vivant, il ne peut accomplir cela, et « qu'il ne s'élèvera que si tu tombes. » Sigimund, excité par ces paroles et d'autres du même genre, crut aux conseils de sa méchante femme et devint un cruel parricide. Un jour, l'après-midi, comme son fils était appesanti par le vin, il lui ordonne d'aller dormir, et pendant qu'il dormait, on lui passa autour du cou un mouchoir noué sous le menton que deux esclaves tiraient chacun par un bout, et il fut étranglé (4). La chose faite, le père, déjà repentant, mais trop tard, se précipita sur le cadavre inanimé, et se mit à pleurer très-amère-

---

(1) Voyez ci-dessous ch. VII.
(2) En 516.
(3) Saint-Maurice en Valais (diocèse de Sion).
(4) En 522.

ment. On rapporte qu'un vieillard lui dit alors : « C'est sur « toi que tu dois pleurer maintenant ; toi qui, par suite d'un « perfide conseil, es devenu un parricide odieux : celui qui a « péri innocent n'a pas besoin d'être pleuré. » Néanmoins le roi se rendit vers les saints d'Agaune, et y passa nombre de jours, persévérant dans les larmes et dans les jeûnes pour implorer son pardon. Il fonda dans ce monastère un chant perpétuel, et revint à Lyon, la vengeance divine le poursuivant pas à pas. Le roi Theudéric épousa sa fille (1).

VI. La reine Chrotechilde, s'adressant à Chlodomer et à ses autres fils, leur dit : « Que je n'aie point à me repentir, « très-chers, de vous avoir nourris avec tendresse : que votre « indignation, je vous prie, ressente mon injure, et mettez « un zèle ardent à venger la mort de mon père et de ma « mère (2). » Eux, ayant entendu ces paroles, se dirigent vers la Bourgogne, et marchent contre Sigimund et son frère Godomar. L'armée de ceux-ci fut vaincue et Godomar prit la fuite. Pour Sigimund, pendant qu'il cherchait à se réfugier auprès des saints d'Agaune, il fut pris par Chlodomer (3), qui l'emmena, lui, sa femme et ses fils, dans la cité d'Orléans, où il les fit enfermer et les retint captifs. Les rois Francs s'étant éloignés, Godomar concentre ses forces, réunit les Bourguignons et ressaisit son royaume. Alors Chlodomer, se disposant à marcher de nouveau contre lui, résolut de faire mourir Sigimund. Le bienheureux Avitus, abbé de Saint-Mesmin-de-Mici (4), prêtre de grand renom à cette époque, lui dit : « Si, tournant tes regards vers Dieu, tu changes de « dessein, et si tu ne souffres pas qu'on tue ces gens-là, Dieu « sera avec toi, et tu marcheras à la victoire ; mais si tu les

---

(1) Nommée Suavegothe.
(2) Voy. liv. II, ch. XXVIII.
(3) L'an 523.
(4) A deux lieues d'Orléans.

« tues, tu seras livré toi-même aux mains de tes ennemis, et
« tu périras par le même sort : Il sera fait de toi, de
« ta femme et de tes fils, comme tu feras de Sigimund, de
« sa femme et de ses enfants. » Mais celui-ci, dédaignant
d'écouter cet avis, répondit : « Il est insensé, je pense, de
« laisser des ennemis chez moi quand je marche contre les
« autres : Ayant ceux-ci à dos pendant que l'autre m'atta-
« quera de front, je me trouverai précipité entre les efforts
« de deux armées. La victoire sera plus complète et plus facile,
« si je sépare l'un de l'autre : Celui-ci une fois mort, il sera
« aisé de donner aussi la mort à l'autre. » Et aussitôt, ayant
tué Sigimund avec sa femme et ses fils à Coulmiers (1),
bourg du territoire d'Orléans, il les fit jeter dans un puits, et
gagna la Bourgogne, appelant le roi Theudéric à son aide.
Celui-ci, renonça au droit de venger la mort de son beau-
père et promit d'aller. Après s'être joints à Vézéronce (2),
lieu du territoire de la cité de Vienne, tous deux livrèrent
bataille à Godomar. Godomar avait déjà tourné le dos avec
son armée et Chlodomer qui le poursuivait n'était pas très-
éloigné des siens, lorsque les Bourguignons, imitant son cri
de guerre, l'appelèrent, en lui disant : « Par ici ; par ici ! tourne-
« toi ; nous sommes des tiens ! » Il les crut, se détourna et
tomba au milieu de ses ennemis, qui lui coupèrent la tête, la
fixèrent au bout d'une pique, et l'élevèrent en l'air (3). A
cet aspect, les Francs voyant que Chlodomer a été tué,
rallient leurs forces, donnent la chasse à Godomar, écrasent

---

(1) *Apud Columnam*, dit Grégoire ; sans doute Coulmiers, village à 18 kil. Est d'Orléans, et où se trouvait jadis un puits nommé dans les anciennes chartes *puits de saint Sigismond*. Dom Ruinart cite cependant un *Coloumelle*, près Coulmiers, qui répondrait mieux à *Columna*. Le roi bourguignon fut mis au rang des saints, non à cause de sa vie, mais à cause de sa mort.

(2) *Virontia* ou *Visorontia*, Vézéronce (Isère). Suivant quelques géographes, ce serait Voiron en Dauphiné.

(3) L'an 524.

les Bourguignons, et soumettent tout le pays à leur pouvoir. Chlothachaire prit aussitôt en mariage Gontheuque, femme de Chlodomer son frère, et la reine Chrotechilde, après les jours de deuil, prit et garda ses fils, nommés l'un Théodovald, le second Gunthaire et le troisième Chlodovald. Godomar rentra de nouveau en possession de son royaume.

VII. Theudéric, qui n'avait point oublié le parjure d'Herménefroid, roi des Thuringiens, se dispose à marcher contre lui et appelle à son secours Chlothachaire son frère, en lui promettant une part du butin si Dieu lui accordait la victoire (1). Ayant donc convoqué les Francs, il leur dit : « Res« sentez, je vous prie, la colère tant de mon injure que de la « mort de vos parents (2), et rappelez-vous que jadis les Thu« ringiens se sont jetés violemment, et en leur faisant souf« frir beaucoup de maux, sur nos pères qui demandèrent la « paix et leur livrèrent des otages ; mais les Thuringiens « firent périr ces otages par divers genres de mort; et se « précipitant sur nos pères, leur enlevèrent tout ce qu'ils « possédaient, suspendirent les enfants aux arbres, par le « nerf de la cuisse, et firent périr d'une mort cruelle plus de « deux cents jeunes filles. Attachées par les bras au cou de « chevaux qui, forcés à coups d'aiguillons acérés de tirer « chacun d'un côté différent, ces pauvres femmes étaient « déchirées en morceaux; ils en étendirent d'autres sur les « ornières des chemins en les clouant en terre avec des « pieux, firent passer sur elles des chariots chargés, et « après leur avoir brisé les os, les donnèrent en cet état pour « pâture aux oiseaux et aux chiens. Aujourd'hui Hermène« froid ment sur ce qu'il m'a promis, et refuse entièrement « de remplir ses engagements. Le droit est pour nous ; mar-

(1) Vers l'an 528.
(2) Ce récit se rapporte à d'antiques dissensions entre les Thuringiens et les Francs.

7.

« chons contre eux avec l'aide de Dieu. » A ces paroles les Francs, indignés au souvenir d'un si grand forfait, se dirigent, d'un même cœur et d'un même avis, vers la Thuringe. Theudéric, fortifié par l'adjonction de son frère Chlothachaire et de son fils Theudebert, partit avec son armée. Mais les Thuringiens dressent des embûches sur les pas des Francs : ils creusent, dans les champs où l'on doit se battre, des fosses, dont les ouvertures sont cachées par un épais gazon de manière à simuler une plaine unie. En effet, le combat engagé, un grand nombre de cavaliers francs tombèrent dans ces fosses, ce qui les mit dans une position très-critique ; mais lorsque le piége fut connu, ils surent y prendre garde. Enfin, les Thuringiens, se voyant taillés en pièces, et leur roi Herménefroid ayant pris la fuite, ils tournèrent le dos, et arrivèrent jusqu'au fleuve de l'Unstrut. Mais là il se fit un tel carnage de Thuringiens que le lit du fleuve fut rempli par un monceau de cadavres, et que les Francs passèrent sur eux comme sur un pont pour aller à l'autre bord. Après cette victoire, ils s'emparent du pays et le réduisent sous leur domination (1).

Chlothachaire, à son retour, emmena captive avec lui Radegunde, fille du roi Berthaire, et se l'associa par mariage; plus tard, il fit tuer méchamment le frère de celle-ci par des assassins, et Radegunde, s'étant tournée vers Dieu, prit l'habit religieux ; elle se bâtit dans la ville de Poitiers un monastère, où elle brilla tellement, ornée qu'elle était par ses prières, ses jeûnes, ses veilles et ses aumônes, qu'elle devint grande dans l'opinion des peuples (2).

Les susdits rois des Francs étant encore en Thuringe, Theudéric avait voulu tuer son frère Chlothachaire. Après avoir

---

(1) Vers l'an 529.
(2) Le poëte Fortunat, qui passa une partie de sa vie à Poitiers, devint le commensal et l'ami de sainte Radegonde et il a raconté d'après elle, dans un poëme plein de sauvages beautés, la ruine des rois de Thuringe. Il était aussi l'ami de Grégoire de Tours.

caché des hommes armés, il l'avait fait venir auprès de lui comme pour traiter secrètement quelque affaire, et ayant tendu dans un endroit de sa maison une tapisserie d'un mur à l'autre, il plaça ces hommes armés derrière; mais elle était trop courte, et laissait les pieds des hommes à découvert. Chlothachaire, instruit du piége, entra dans la maison avec les siens et armé. Theudéric comprit que son projet était connu, inventa une fable, et parla de choses et d'autres. Enfin, ne sachant comment pallier sa trahison, il fit présent à son frère d'un grand plat d'argent. Chlothachaire lui dit adieu, le remercia de son présent, et s'en retourna chez lui. Mais Theuderic se plaint aussitôt aux siens d'avoir sacrifié son plat sans cause réelle, et dit à son fils Theudebert : « Va vers ton oncle, et prie-le de consentir à te céder « le présent que je lui ai fait. » Celui-ci y alla, et obtint ce qu'il demandait. Theudéric était très-habile dans ces sortes de ruses.

VIII. Lorsque Theudéric fut de retour chez lui, il fit venir Herménefroid, en lui jurant qu'il n'avait rien à craindre; puis il l'honora de présents très-riches. Mais il arriva qu'un jour, pendant qu'ils conversaient ensemble sur le rempart de la ville de Zulpic, Herménefroid, poussé par je ne sais qui, fut précipité à terre du haut des murs, et y rendit l'esprit(1). Nous ignorons par qui il fut jeté de là; toutefois bien des gens assurent qu'on reconnut clairement dans cet événement la perfidie de Theudéric.

IX. Pendant que Theudéric était encore en Thuringe, le bruit courut à Clermont qu'il avait été tué. Arcadius, l'un des sénateurs de la ville (2), engagea même Childebert à venir

---

(1) Vers 530.
(2) Il était fils de l'évêque Apollinaire cité au chap. II; voyez encore chap. XII.

s'emparer du pays. Celui-ci part sans retard pour Clermont. Il faisait ce jour-là un brouillard si épais, que la vue ne pouvait s'étendre au-delà des deux tiers d'un arpent. Le roi disait souvent : « Je voudrais bien voir par mes yeux la Li-« magne d'Auvergne, qu'on dit si gaie et si brillante de « grâce. » Mais Dieu ne lui accorda pas cette satisfaction. Comme les portes de Clermont étaient fermées, et qu'il n'y n'avait aucun passage ouvert pour entrer, Arcadius l'introduisit en brisant la serrure de l'une des portes. Mais au moment où cela se passait, on annonça que Theudéric était revenu vivant de Thuringe.

X. Childebert ayant été informé positivement de cette nouvelle, revint de Clermont, puis se rendit en Espagne à cause de sa sœur Chrotechilde (1). Celle-ci avait à souffrir beaucoup de vexations, pour la foi catholique, de la part de son mari Amalaric. Souvent, lorsqu'elle se rendait à la sainte église, il faisait jeter sur elle du fumier et d'autres ordures. A la fin, il la maltraita, dit-on, avec tant de cruauté, qu'elle envoya à son frère un mouchoir teint de son propre sang ; en sorte que celui-ci prit, extrêmement irrité, le chemin de l'Espagne. Amalaric, à cette nouvelle, prépare des vaisseaux pour s'enfuir. Childebert arrivait déjà, lorsqu'Amalaric, au moment de s'embarquer, se rappelle qu'il a laissé dans son trésor une multitude de pierres précieuses. Il rentra dans la ville (2) pour les aller chercher ; mais l'armée des Francs l'empêcha de regagner le port. Voyant qu'il ne pouvait s'échapper, il tenta de se réfugier dans l'église des chrétiens (3); mais, avant qu'il eût pu atteindre le seuil sacré, quelqu'un, lançant son javelot, le blessa d'un coup mortel ; il tomba sur

---

(1) L'an 531 (dom Bouquet).
(2) Barcelone suivant les uns, Narbonne suivant d'autres qui pensent qu'Espagne est pris ici dans le sens de possessions espagnoles.
(3) C'est-à-dire des catholiques, par opposition aux ariens.

la place et rendit l'esprit. Alors Childebert prit sa sœur avec de grands trésors; il voulait la ramener avec lui, mais je ne sais par quel accident elle mourut en route. Elle fut portée plus tard à Paris, où on l'enterra auprès de Chlodovech son père. Childebert rapporta, parmi ses autres trésors, des objets consacrés au culte et d'un très-grand prix. Il rapporta soixante calices, quinze patènes, vingt boîtes à renfermer les évangiles; le tout en or pur et orné de pierres précieuses. Il ne permit pas qu'on en brisât rien; il en fit don, au contraire, aux églises et basiliques des saints, et les leur fit délivrer.

XI. Chlothachaire et Childebert se disposèrent ensuite à entrer dans les Bourgognes. Ils convoquèrent Theudéric, pour qu'il se joignît à eux, mais il refusa. Cependant les Francs qui marchaient sous son commandement lui dirent : « Si tu refuses d'aller en Bourgogne avec tes frères, nous te « quittons, et nous aimons mieux les suivre. » Mais celui-ci, pensant que les Arvernes lui avaient été infidèles, dit : « C'est « moi que vous suivrez (1), et moi je vous conduirai dans un « pays où vous aurez de l'or et de l'argent autant que vous « en pouvez désirer, et d'où vous enlèverez des troupeaux et « des esclaves et des vêtements en abondance; seulement ne « suivez pas ceux-ci (2). » Les Francs, charmés de ces promesses, s'engagent à faire tout ce qu'il voudra. Aussitôt Theudéric se dispose à partir, renouvelant maintes fois sa parole de laisser ces hommes de l'armée ramener chez eux tout le butin du pays avec les prisonniers qu'ils feraient. Cependant Chlothachaire et Childebert se dirigent vers la Bourgogne; ils assiégent Autun, et, ayant mis Godomar en fuite, ils s'emparent de la Bourgogne entière.

(1) *Me sequimini*, dit le texte; probablement pour *sequemini*.
(2) Il paraît cependant, par la chronique de Marius d'Avenches, qu'il y envoya Théodebert son fils.

XII. Theudéric étant arrivé en Auvergne avec son armée, dévaste et ruine toute la contrée. Pendant ce temps Arcadius, l'auteur du crime, et dont la perfidie causait la dévastation du pays, gagna la ville de Bourges, qui était alors du royaume de Childebert. Mais Placidina sa mère, et Alchima, sœur de son père, furent prises dans la ville de Cahors, dépouillées de leurs biens, et envoyées en exil. Le roi Theudéric, étant arrivé jusqu'à Clermont, établit son camp dans les faubourgs de la ville. Saint Quintianus en était alors évêque. Cependant l'armée parcourt tous ces malheureux pays, saccage tout, détruit tout. Quelques soldats viennent jusqu'à la basilique de Saint-Julien, à Brioude, brisent les portes, enlèvent les serrures, pillent le bien des pauvres qu'on y avait amassé, et y commettent beaucoup de mal. Mais les auteurs de ces crimes, saisis de l'esprit immonde, se déchirent de morsures qu'ils se font de leurs propres dents, en poussant des cris et en disant : « Pourquoi, saint martyr, « nous tourmentes-tu ainsi ? » comme nous l'avons rapporté dans le livre des *Miracles* de ce saint (1).

XIII. Les ennemis emportent d'assaut le château de Vollore (2), et font misérablement mourir devant l'autel de l'église le prêtre Proculus, qui avait autrefois outragé saint Quintianus. Ce fut, je crois, à cause de lui que le château fut livré aux mains de ces impies, car il s'était défendu jusqu'à ce jour; les assiégeants ne pouvaient le prendre, et se disposaient même à s'en retourner chez eux. Les assiégés se réjouissaient à cette nouvelle; mais ils furent trompés dans leur joie et leur sécurité, comme dit l'apôtre : *Voici la paix et la sûreté, ont-ils dit, et ils se sont trouvés surpris tout à coup par une ruine imprévue* (3). Enfin, comme ils s'abandonnaient à la

---

(1) *Miracles de S. Jul.*, liv. II, ch. XIII.
(2) Près de Thiers (Puy-de-Dôme). Il faut rapprocher de ce chapitre la vie de saint Quintien, dans les *Vies des Pères*, ch. IV.
(3) Paul aux Thessal., épit. I, ch. V.

confiance, ils furent livrés aux mains des ennemis par un esclave même du prêtre Proculus; et lorsqu'après la ruine du château, ils étaient emmenés captifs, une pluie immense que le ciel refusait depuis trente jours tomba aussitôt.

Ensuite les assiégés de Chastel-Merliac (1), pour n'être pas emmenés en captivité, se rachetèrent par une rançon, ce qui fut un effet de leur lâcheté, car ce château était fort par sa position naturelle. Il est entouré, non par un mur, mais par un rocher taillé de cent pieds de hauteur ou davantage. Au milieu est un grand étang d'une eau très-agréable comme boisson; dans une autre partie sont des fontaines si abondantes, qu'elles forment un ruisseau d'eau vive qui s'échappe par la porte de la place; enfin cette forteresse renferme un si grand espace, que ceux qui habitent au dedans de ses murs y cultivent des terres et y recueillent des fruits en abondance. Les assiégés, pleins de confiance dans la force de ces remparts, sortirent au nombre de cinquante, dans l'espoir de faire quelque butin, et de venir ensuite se renfermer de nouveau derrière les murs de leur château; mais ils furent pris par l'ennemi, et exposés, les mains liées derrière le dos et la tête sous le glaive, à la vue de leurs parents. Alors ceux-ci, afin de leur conserver la vie, consentirent à donner un tiers de sol d'or pour la rançon de chacun d'eux.

Theudéric, à son départ de Clermont, y laissa son parent Sigivald, en quelque sorte pour garder le pays (2). Il y avait alors, parmi les officiers chargés de convoquer l'armée, un certain Litigius qui dressait au saint Quintianus de dangereuses embûches, et quoique le saint évêque se prosternât à ses pieds, il n'en résistait pas moins à toutes ses exhortations, et raconta même un jour à sa femme, comme une chose ridicule, que le saint évêque eût fait cela; mais celle-ci, animée d'un meilleur esprit, lui dit aussitôt : « Si tu t'es perdu au-

---

(1) Dans le Cantal, arrondissement de Mauriac.
(2) Voyez le ch. xiv des *Miracles de saint Julien*.

« jourd'hui à ce point, tu ne t'en relèveras jamais. » Trois jours après il arriva des envoyés du roi qui l'emmenèrent enchaîné avec sa femme et ses enfants ; il partit, et ne revint jamais à Clermont.

XIV. Mundéric, qui assurait être un parent du roi, disait, enflé d'orgueil : « Qu'ai-je à faire au roi Theudéric ? L'auto- « rité dans le royaume m'est due aussi bien qu'à lui. Je sor- « tirai et j'assemblerai mon peuple et j'exigerai d'eux le ser- « ment, afin que Theudéric sache que je suis roi autant que « lui. » Et étant allé, il commença de séduire le peuple en disant : « Je suis un chef : suivez-moi, et vous vous en trouve- « rez bien. » Il était donc suivi par une foule de gens de la campagne, comme il arrive souvent dans cette fragile humanité; ils lui prêtèrent serment de fidélité, et l'honorèrent comme un roi. A cette nouvelle, Theudéric lui envoya un ordre portant ces mots : « Viens me trouver, et s'il t'est dû quelque « portion du gouvernement de mon royaume, tu la recevras. » Theudéric ne parlait ainsi que par ruse, et dans l'espoir d'attirer vers lui Mundéric pour le tuer. Mais celui-ci refusa en disant : « Allez, rapportez à votre roi que je suis roi « aussi bien que lui. » Alors le roi fit marcher une armée afin de l'accabler et de le punir. Mundéric, à cette nouvelle, ne se sentant pas assez fort pour se défendre, gagne la forteresse de Vitri (1), se renferme derrière ses murs avec tout ce qu'il possède, et s'y fortifie avec soin en rassemblant autour de lui ceux qu'il avait séduits. L'armée commandée entoura le château, et l'assiégea pendant sept jours. Mais Mundéric et les siens résistaient, et il disait : « Tenons avec cou- « rage ; combattons ensemble jusqu'à la mort, et nous ne se- « rons pas vaincus par les ennemis. » Comme l'armée qui entourait la place lançait des traits sans avancer à rien, on

---

(1) Vitri en Auvergne, d'après la chronique d'Aimoin (II, 8); mais plus probablement Vitri en Champagne, à 4 kilom. Est de Vitri-le-Francois.

en référa au roi, qui envoya un des siens, nommé Arégisile, en lui disant : « Tu vois que ce traître réussit dans sa révolte ; « va, et fais-lui le serment qu'il peut sortir sans crainte ; « mais lorsqu'il sera sorti, tue-le, et efface tout souvenir « de lui dans notre royaume. » Celui-ci partit, et fit ce qui lui avait été prescrit. Il était convenu d'avance d'un signal avec ses gens, en leur disant : « Lorsque j'aurai prononcé telle et « telle parole, aussitôt jetez-vous sur lui, et le tuez. » Donc Arégisile étant entré, il dit à Mundéric : « Jusques à quand « resteras-tu ici comme un de ces hommes qui ne réfléchis- « sent pas ? Est-ce que tu pourras longtemps résister au roi ? « Voilà que les vivres te manqueront et quand la faim te « pressera, tu sortiras, tu te livreras entre les mains de tes « ennemis, et tu mourras comme un chien. Écoute plutôt « mon conseil et soumets-toi au roi, afin de conserver la « vie, toi et tes fils. » Mundéric, ébranlé par ces paroles, répondit : « Si je sors, je suis pris par le roi et tué, moi et mes « fils et tous les amis qui se sont réunis à moi.—N'aie pas peur, « reprit Arégisile ; et si tu veux sortir, reçois mon serment au « sujet des suites de ta faute, et présente-toi hardiment de- « vant le roi ; ne crains rien, car tu seras avec lui comme tu « étais auparavant. — Plût à Dieu que je fusse sûr de n'être « pas tué, dit Mundéric ! » Alors Arégisile, ayant posé les mains sur le saint autel, lui fit le serment afin qu'il sortît sans crainte. Ce serment prononcé, Mundéric passait la porte du château, tenant la main d'Arégisile, et la foule attendait le regardant venir de loin, quand Arégisile dit pour signal : « Que regardez-vous donc avec tant d'attention, vous autres ? « Est-ce que vous n'avez pas déjà vu Mundéric ? » Aussitôt la foule se précipite en avant ; mais lui, comprenant ce qui en était : « Je vois fort bien, dit-il, que ces paroles sont pour « les tiens le signal de me tuer ; mais je te garantis, puisque « tu m'as trompé par tes parjures, que personne ne te verra « plus en vie. » Et lui ayant enfoncé sa lance entre les épau- « les, il le transperça et l'étendit mort ; puis, tirant l'épée à la tête des siens, il fit un grand carnage des gens qui étaient là ; et jusqu'au moment où il rendit l'esprit, il ne cessa de tuer tous ceux qu'il put atteindre. Après sa mort ses biens furent dévolus au fisc.

XV. Theudéric et Childebert firent alliance, se promirent sous serment de ne pas marcher l'un contre l'autre, et reçurent mutuellement des otages l'un de l'autre pour mieux faire exécuter leurs conventions verbales. Il se trouvait dans cette livraison d'otages beaucoup de fils de sénateurs. Mais la désunion s'étant élevée de nouveau entre les deux rois (1), les otages furent réduits en servitude, et ceux qui les avaient reçus en garde s'en firent des esclaves. Cependant beaucoup d'entre eux s'échappèrent et retournèrent dans leur pays ; un petit nombre seulement fut retenu en servitude. Parmi ceux-ci se trouvait Attalus, neveu du bienheureux Grégorius, évêque de Langres. Vendu comme esclave de l'État, il fut destiné à garder les chevaux, et adjugé à un certain barbare qui habitait le pays de Trèves. Bref, le bienheureux Grégorius envoya à sa recherche des serviteurs qui l'ayant découvert, offrirent des présents à cet homme ; mais il les refusa, en disant : « Ce-« lui-ci, issu d'une si haute origine, doit payer dix livres d'or « pour sa rançon. » Au retour des envoyés, un nommé Léon, attaché à la cuisine de l'évêque, lui dit : « Plût à Dieu « que tu me permisses, et peut-être que je serais en état, de le « ramener de captivité ? » L'évêque se réjouit et Léon fut envoyé sur les lieux. Il essaya d'abord d'enlever secrètement le jeune homme, mais il ne le put pas. Alors, prenant un homme avec lui, il dit : « Viens me vendre dans la maison de ce bar-« bare, et le prix de cette vente sera ton bénéfice. Tout ce « que je veux, c'est d'avoir le moyen d'exécuter plus facile-« ment ce que j'ai résolu. » Le marché ayant été conclu sous serment, l'homme alla, le vendit douze sous d'or, et se re-

---

(1) L'an 533.

tira. Or l'acheteur s'informa de ce que savait faire ce serviteur qui n'était pas encore au fait de la maison, et celui-ci répondit : « Je suis très-habile à apprêter tout ce qui doit
« être servi sur la table des maîtres, et je ne crains pas
« qu'on puisse trouver mon pareil dans cette science. Je le
« dis avec vérité, quand même tu voudras traiter le roi, je suis
« en état d'apprêter un festin royal, et personne mieux que
« moi. » Le maître lui dit alors : « Le jour du soleil appro-
« che (c'est ainsi que la barbarie a coutume de nommer le
« dimanche) ; ce jour-là j'inviterai dans ma maison mes voi-
« sins et mes parents, et je désire que tu me prépares un re-
« pas qui excite leur admiration, et dont ils disent : Nous
« n'avons pas vu mieux dans la maison du roi. — Que mon
« maître, reprit Léon, fasse faire une grande provision de
« poulets et j'exécuterai ce que tu ordonnes. » On fit ce que l'esclave avait demandé, et quand brilla le jour du dimanche, il servit un grand festin plein de recherche. Tous mangèrent en faisant l'éloge du repas, après quoi les parents se retirèrent. Le maître accorda sa faveur à cet esclave, et celui-ci prit autorité sur tout ce dont son maître disposait. Celui-ci l'aimait beaucoup, et distribuait lui-même des vivres et des ragoûts à tous ceux qui se trouvaient avec Léon. Après un intervalle d'un an, comme le maître avait pleine confiance en lui, il s'en alla dans un pré qui était voisin de la maison, avec Attalus l'esclave gardeur de chevaux ; puis se couchant à terre loin de lui, chacun le dos tourné, afin qu'on ne vît pas qu'ils causaient ensemble, il dit au jeune homme : « Il est temps
« que nous pensions à notre pays ; je t'avertis donc que cette
« nuit, lorsque tu auras mené les chevaux à l'écurie, tu ne te
« laisseras pas aller au sommeil ; mais, dès que je t'appelle-
« rai, sois prêt et partons. » Le barbare avait invité à sa table beaucoup de ses parents, et entre autres son gendre, le mari de sa propre fille. A minuit, les convives se levant de table pour se livrer au repos, Léon suivit le gendre de son maître avec un breuvage, et lui présenta à boire dans son

logis. Le gendre l'apostropha alors en ces termes : « Dis « donc, toi, l'homme de confiance de mon beau-père, sup- « posé que tu en aies le pouvoir, quand est-ce que tu auras « le vouloir de prendre ses chevaux, et de t'en aller dans ton « pays? » Ce qu'il disait par plaisanterie pour s'amuser ; lui, faisant de même, répondit en riant la vérité : « C'est ce que « je compte faire cette nuit, dit-il, si Dieu le veut. — Plaise « au ciel, reprit l'autre, que mes serviteurs fassent bonne « garde, afin que tu n'emportes rien de mes affaires ! » Et ils se séparèrent en riant. Pendant que tout le monde dormait, Léon appela Attalus ; et, les chevaux sellés, il lui demanda s'il avait une épée :«Je n'ai rien qu'une petite lance, » répondit-il. Alors Léon entrant dans l'appartement de son maître, lui prit son bouclier et sa framée ; et comme celui-ci demandait qui était là, et ce qu'on lui voulait : « Je suis « Léon ton serviteur, répondit l'esclave, et j'éveille Attalus « afin qu'il se lève promptement, et qu'il mène les chevaux « au pâturage, car il est appesanti par le sommeil comme « un ivrogne. — Fais comme tu veux, » dit le maître, et en disant cela il se rendormit. Léon sortit, munit d'armes le jeune homme, et trouva ouvertes, par une faveur du ciel, les portes de la cour, que, pour la sûreté des chevaux, on avait fermées à l'entrée de la nuit avec des clous enfoncés à coup de marteau. Il en rendit grâces à Dieu, et ils s'éloignèrent emmenant aussi le reste des chevaux et emportant leurs effets dans une valise. Arrivés à la Moselle (1), qu'ils devaient traverser, ils furent arrêtés par la présence de quelques personnes, et forcés d'abandonner leurs chevaux et leurs effets ; ils gagnèrent l'autre rive en nageant, étendus sur leurs boucliers. Grâce à l'obscurité de la nuit, ils s'enfoncèrent dans une forêt, et se cachèrent. La troisième nuit était arrivée depuis qu'ils marchaient sans avoir pris aucune nourriture. Alors, par la permission de Dieu, ayant trouvé un

---

(1) C'est probablement la Meuse et non la Moselle que veut dire l'auteur.

arbre chargé de fruits, vulgairement appelés prunes, ils mangèrent, et un peu sustentés, ils entrèrent sur la route de Champagne. Comme ils s'avancent, ils entendent un piétinement de chevaux qui galoppent. « Couchons-nous à terre, di-
« rent-ils, pour n'être pas vus des gens qui viennent. » Tout à coup se présente à eux un grand buisson de ronces; ils passent derrière et se jettent à terre, l'épée à la main, afin que, s'ils étaient découverts, ils fussent prêts à se défendre comme s'ils avaient affaire à des voleurs. Arrivés en cet endroit, les cavaliers s'arrêtèrent devant le buisson; et l'un d'eux se mit à dire, pendant que les chevaux lâchaient leur urine : « Quel malheur que ces misérables se sauvent sans qu'on
« puisse les retrouver! Mais je jure par mon salut que si on par-
« vient à les prendre, je ferai pendre l'un et hacher l'autre en
« morceaux à coups d'épée. » C'était le barbare leur maître qui disait cela : il venait de la ville de Reims en les cherchant, et il les aurait certainement rencontrés en route si la nuit ne l'en eût empêché. Les chevaux se mirent en marche et s'éloignèrent. Léon et Attalus atteignirent la ville (Reims) cette nuit même; et lorsqu'ils y furent entrés, ils trouvèrent un homme auquel ils demandèrent où était la maison du prêtre Paulellus. Cet homme la leur indiqua. Comme ils traversaient la place, la cloche sonna matines, car c'était un dimanche. Ils frappèrent à la porte du prêtre, entrèrent chez lui, et le serviteur lui fit savoir qui était son maître. « Ma vision se
« vérifie, dit le prêtre; car cette nuit je voyais deux co-
« lombes venir en volant se poser sur ma main; l'une des
« deux était blanche, et l'autre noire (1). — Que le Seigneur
« nous pardonne, reprit l'esclave, de ne pas observer son
« saint jour (2); nous vous prions de nous donner quelque
« nourriture; car voilà la quatrième fois que le soleil se lève
« sans que nous ayions goûté ni pain ni viande. » Le prêtre

(1) Ce mot indiquerait, selon M. Guizot, que Léon était un nègre.
(2) On ne prenait de nourriture le dimanche qu'après la messe (Ruin.).

cacha les deux garçons, leur donna du pain trempé dans du vin, et s'en alla à matines. Le barbare à son tour arriva, cherchant toujours ses esclaves, mais il s'en retourna trompé par le prêtre, qui était lié d'ancienne amitié avec le bienheureux Grégorius. Les jeunes gens, après avoir réparé leurs forces par un bon repas, restèrent deux jours dans la maison du prêtre; puis ils partirent et arrivèrent enfin auprès de saint Grégorius. L'évêque, ravi de voir ces jeunes gens, pleura sur le cou de son neveu Attalus (1); quant à Léon, il le délivra de la servitude avec toute sa race, et lui donna une terre en propriété, sur laquelle celui-ci vécut libre le reste de ses jours avec sa femme et ses enfants.

XVI. Pendant son séjour en Auvergne, Sigivald y fit beaucoup de mal; car il ravissait le bien d'autrui, et ses esclaves ne cessaient de commettre des vols, des homicides, des violences et d'autres crimes; et personne n'osait murmurer devant eux. Il en vint à s'emparer avec une téméraire audace de la terre de Boughat (2), que l'évêque Tétradius, dont le nom soit béni (3), avait autrefois donnée à la basilique de Saint-Julien. Mais dès qu'il fut entré dans cette maison, il perdit le sens et se mit au lit. Sa femme alors, par le conseil de l'évêque, le fit porter sur un chariot; et dès qu'elle l'eut transféré dans un autre domaine, il recouvra la santé. Alors elle s'approcha et lui apprit tout ce qu'il avait souffert, ce qu'ayant entendu, il fit au bienheureux martyr le vœu de rendre le double de ce qu'il avait enlevé, et il le rendit. Nous avons rapporté, dans le livre des *Miracles de saint Julien*, ce trait de sa puissance (4).

---

(1) **Attale** fut dans la suite comte d'Autun; c'est à lui qu'est adressée la lettre 18 du livre V de Sidoine (Ruin.).
(2) Près Billom (Puy-de-Dôme).
(3) Tétradius fut, de 506 à 511, évêque de Bourges.
(4) Le second des *Livres des Miracles*, ch. xiv.

XVII. L'évêque Dinifius étant mort à Tours, Ommatius gouverna pendant trois ans ; il fut consacré par l'ordre du roi Chlodomer, dont nous avons parlé ci-dessus. Lorsqu'il fut passé dans l'autre vie, Léon administra pendant sept mois : c'était un homme très-adroit et habile à fabriquer des ouvrages de charpente. Après sa mort, les évêques Théodorus et Proculus, qui étaient venus de la Bourgogne, furent appelés par ordre de la reine Chrotechilde à régir l'église de Tours, ce qu'ils firent pendant trois ans ; ils furent eux-mêmes, après leur mort, remplacés par Francilion, qui était du sénat de Tours. La troisième année de son épiscopat, au moment où venait de briller pour les peuples la bienfaisante nuit de Noël, cet évêque demanda qu'on lui servît une coupe avant de descendre aux vigiles. Un esclave s'avance aussitôt et la lui présente. Dès qu'il eut bu, il rendit l'esprit ; il est donc hors de doute qu'il fut tué par le poison. Après lui, Injuriosus, l'un des citoyens de la ville, le quinzième depuis saint Martin, obtint le siége pontifical de Tours (1).

XVIII. Comme la reine Chrotechilde séjournait à Paris, Childebert voyant que sa mère avait porté toute son affection sur les fils de Chlodomer, dont nous avons parlé plus haut, entraîné par l'envie et craignant que, par la faveur de la reine, ils n'eussent part au royaume, envoya dire secrètement à son frère le roi Chlothachaire : « Notre mère retient « près d'elle les fils de notre frère, et veut leur donner le « royaume. Il faut que tu viennes vite à Paris, et que nous « tenions conseil ensemble pour délibérer sur ce que nous « devons faire d'eux, savoir si on leur coupera les cheveux « pour qu'ils soient comme le reste du peuple, ou s'il ne « faudra pas plutôt les tuer et partager également entre nous

(1) Ce chapitre n'est pas d'accord avec le dernier chapitre du livre II et la fin du livre X, quant au temps et à l'ordre où se présentent les évêques de Tours.

« le royaume de notre frère? » Tout joyeux de ces paroles, celui-ci vint à Paris. Childebert avait répandu dans le peuple l'idée que les deux rois se réunissaient afin d'élever au trône ces jeunes enfants. Mais quand ils furent réunis, ils firent dire à la reine, qui habitait alors la ville même : « Envoie-« nous les enfants pour qu'ils soient élevés au trône. » Elle, remplie de joie, et ignorant leur artifice, fit manger et boire les enfants, et les envoya en disant : « Il me semble que je « n'ai pas perdu mon fils si je vous vois régner à sa place. » Ceux-ci, étant allés, furent saisis aussitôt, séparés de leurs serviteurs et de leurs gouverneurs, et on les garda tous, d'un côté les serviteurs, de l'autre les enfants. Alors Childebert et Chlothachaire envoyèrent à la reine Arcadius, dont il a déjà été question (1), avec des ciseaux et une épée nue. Quand il fut devant la reine, il lui montra l'un et l'autre en disant : « Quelle est ta volonté, très-glorieuse reine; tes fils, « nos maîtres, demandent ce que tu penses qu'on doit « faire de ces enfants, et si tu ordonnes qu'ils vivent les « cheveux coupés, ou qu'ils soient mis à mort ? » Celle-ci atterrée du message, et outrée de colère, surtout en voyant l'épée nue et les ciseaux, répondit sans réfléchir, dans l'amertume qui l'avait saisie et sans savoir, dans sa douleur, ce qu'elle allait dire : « J'aime mieux, s'ils ne sont pas élevés « au trône, les avoir morts que tondus. » Mais Arcadius, s'inquiétant peu de son désespoir et de ce qu'elle pourrait décider ensuite en réfléchissant davantage, revint promptement rapporter cela et dit : « La reine consent ; achevez « votre œuvre ; elle-même ordonne que vous accomplissiez « votre dessein. » Aussitôt Chlothachaire prenant le plus âgé des enfants par le bras, le jette par terre et le tue cruellement en lui enfonçant un couteau dans l'aisselle. Aux cris de l'enfant, son frère se prosterne aux pieds de Childebert, et saisissant ses genoux, il lui disait avec larmes : « Secours-

---

(1) Chap. IX et XII.

« moi, mon excellent père, afin que je ne meure pas comme
« mon frère ! » Alors Childebert, le visage couvert de pleurs,
dit : « Je te prie, mon très-doux frère, d'avoir la générosité
« de m'accorder sa vie; je te donnerai pour lui tout ce que
« tu voudras; seulement qu'il ne meure pas. » Alors Chlothachaire dit, plein de fureur : « Ou repousse-le loin de toi,
« ou tu mourras certainement à sa place. C'est toi, continua-
« t-il, qui es l'instigateur de cette affaire, et tu es si pressé
« de manquer de foi? » A ces mots, Childebert repoussa
l'enfant et le jeta vers Chlothachaire, qui, le recevant, lui
enfonça son couteau dans le côté, comme il avait fait à son
frère, et le tua. Ils firent périr ensuite les esclaves avec les
gouverneurs. Après qu'ils furent morts, Chlothachaire, étant
monté à cheval, s'éloigna sans se troubler nullement du
meurtre de ses neveux; pour Childebert, il se retira dans les
faubourgs de la ville. La reine fit placer les pauvres petits
corps dans un cercueil, et les suivit avec grand appareil de
chants et un deuil immense, jusqu'à la basilique de Saint-
Pierre (1), où elle les fit enterrer ensemble. L'un avait dix
ans et l'autre sept. Ils ne purent avoir le troisième, nommé
Chlodovald, parce qu'il fut sauvé par des hommes courageux.
Celui-ci, méprisant un royaume terrestre, se consacra au
Seigneur, se coupa les cheveux de sa propre main et fut fait
clerc; il s'appliqua aux bonnes œuvres et mourut prêtre (2).
Les deux rois partagèrent par égales portions le royaume de
Chlodomer. Quant à la reine Chrotechilde, elle se montra
telle et si grande, qu'elle fut honorée de tous; zélée pour les
aumônes, assidue aux pieuses veilles, elle fut toujours pure
en chasteté et en toute vertu. Elle pourvut les églises de do-

(1) Depuis Sainte-Geneviève. Quant à la date où se place le meurtre
des enfants de Clodomir, les historiens varient entre les années 526 à
533.

(2) Il mourut vers 560, après avoir fondé un monastère près de Paris
dans un village qui s'appelait alors Nogent et qui a pris, de lui, le nom de
Saint-Cloud.

maines, les monastères et tous les lieux saints de ce qui leur était nécessaire ; elle donna d'un cœur large et empressé, de elle sorte, qu'en son temps on la regardait non comme une reine, mais comme la propre servante du Seigneur, consacrée entièrement à son service. Ni la royauté de ses fils, ni l'ambition du monde, ni la richesse, ne purent l'entraîner par orgueil à sa perdition, mais son humilité l'éleva vers la grâce.

XIX. Dans ce temps, il y avait en la ville de Langres le bienheureux Grégoire (1), prêtre fameux du Seigneur, illustre par ses miracles et par ses vertus. Puisque nous avons nommé ce prélat, je pense qu'il sera agréable au lecteur que je décrive ici la position du lieu appelé Dijon, où il se tenait le plus habituellement. C'est un château à murailles très-fortes établi au milieu d'une plaine assez riante dont les terres sont si fertiles et si productives, que les champs, labourés une seule fois avant la semaille, n'en donnent pas moins de très-riches moissons. Il est bordé au midi par la rivière d'Ouche, qui est extrêmement riche en poissons ; il vient du nord une autre petite rivière (2) qui entre par une des portes, passe sous un pont, ressort par une autre porte, entourant tout le tour des remparts de son onde paisible ; mais avant d'arriver à la porte, elle fait tourner des moulins avec une rapidité étonnante. Dijon a quatre entrées, tournées vers les quatre parties du ciel, et l'ensemble de ses constructions est orné de trente-trois tours. Le mur, jusqu'à la hauteur de vingt pieds, est construit en pierres de taille ; le dessus est bâti en petites pierres ; il a en tout trente pieds de haut et quinze pieds d'épaisseur. Je ne sais pourquoi ce lieu ne porte pas le titre de ville. Il a dans ses environs des sources précieuses. Du côté de l'occident sont des montagnes très-fertiles, couvertes de vignes qui fournissent aux habitants un si noble

---

(1) Il était bisaïeul de Grégoire de Tours.
(2) Appelée la *Suzon*.

falerne, qu'ils dédaignent les vins de Chalon. Les anciens rapportent que ce château fut bâti par l'empereur Aurélien.

XX. Theuderic avait fiancé à son fils Theudebert la fille d'un roi, nommée Wisigarde (1).

XXI. Les Goths (2) ayant, après la mort de Chlodovech, envahi une grande partie de ses conquêtes, Theudéric envoya Theudebert, et Chlothachaire envoya Gunthaire, les plus âgés de leurs fils, pour les recouvrer. Gunthaire, après s'être avancé jusqu'à Rodez, s'en retourna, je ne sais pourquoi; mais Theudebert, allant jusqu'à la cité de Béziers, s'empara de la forteresse de Diou (3), et y fit du butin; il envoya ensuite, vers une autre forteresse, nommée Cabrière, des messagers pour dire que si l'on ne se soumettait, il livrerait la place aux flammes et emmènerait les habitants captifs.

XXII. Là se trouvait alors une dame nommée Deuthéria, d'un grand mérite et d'une grande prudence, dont le mari était mort à Béziers. Elle envoya des messagers à Theudebert pour lui dire : « Personne, excellent Seigneur, ne peut « te résister; en toi nous reconnaissons notre maître. Viens, « et fais tout ce qui te semblera agréable. » Theudebert se présenta devant le château, y entra sur le pied de paix, et, voyant que tout le monde lui était soumis, il n'y fit aucun mal. Deuthéria alla au-devant de lui, qui, la voyant belle, s'en éprit et la fit entrer dans sa couche.

(1) Fille de Waccon, roi des Lombards; voyez Paul Diacre, *de gestis Langob.*, liv. 1, ch. xxj.

(2) C'est-à-dire les Ostrogoths, qui, traversant les Alpes pour venir au secours des Wisigoths leurs frères dépouillés par Clovis, arrêtèrent les progrès des Francs.

(3) *Deas castrum*, Diou en Languedoc suivant Ad. de Valois; suivant d'autres, *Montadié* près Béziers; plus probablement *Die* (Hérault).

XXIII. A la même époque, Theudéric tua à coups d'épée son parent Sigivald, et envoya secrètement vers Theudebert pour qu'il mît aussi à mort le fils de Sigivald, nommé Givald, qu'il avait alors avec lui ; mais comme il l'avait tenu sur les fonts de baptême, Theudebert ne voulut pas le faire périr. Au contraire, il lui fit lire les lettres qu'il avait reçues de son père, et lui dit : « Fuis loin d'ici, car j'ai reçu de mon « père l'ordre de te tuer. Quand il sera mort et que tu « auras appris que je règne, alors reviens vers moi en toute « sûreté. » Givald, à ces nouvelles, le remercia, lui dit adieu et partit. Les Goths avaient alors envahi la ville d'Arles, dont Theudebert détenait des otages ; Givald s'y réfugia ; mais, voyant qu'il n'y était guère en sûreté, il gagna le cœur du pays latin (1) et s'y cacha. Tandis que cela se passait, on annonce à Theudebert que son père est dangereusement malade, et que s'il ne se hâte d'aller promptement vers lui, afin de le trouver encore vivant, il pourrait être exclu par ses oncles et ne plus rentrer dans le royaume. A ces nouvelles, il quitta tout, et accourut, laissant Deuthéria et sa fille à Clermont. Theudéric mourut peu de jours après, dans la vingt-troisième année de son règne (2). Childebert et Chlothachaire se liguèrent contre Theudebert et voulurent lui enlever son royaume ; mais il les apaisa par des présents et fut défendu par ses leudes (3), en sorte qu'il s'affermit sur le trône. Il envoya ensuite chercher Deuthéria à Clermont, et s'unit à elle par mariage.

XXIV. Childebert, voyant qu'il ne pouvait l'emporter sur Theudebert, lui envoya une ambassade pour l'engager à venir le trouver, en lui disant : « Je n'ai pas de fils, et je « désire te traiter comme mon fils. » Celui-ci étant venu, il

(1) *Latium petiit.*
(2) L'an 534.
(3) Cf. p. 106.

le combla de tant de présents que tout le monde en était dans l'admiration; car il lui donna une triple paire des belles choses, soit en armes, en habits ou autres ornements, qui conviennent à un roi. Il fit de même quant aux chevaux et aux bassins précieux. Lorsque Givald eut appris que Theudebert était entré en possession du royaume de son père, il revint d'Italie auprès de lui. Celui-ci, se réjouissant et l'embrassant, lui donna le tiers des présents qu'il avait reçus de son oncle, et lui fit rendre tout ce que Theudéric avait confisqué des biens de Sigivald au profit du fisc royal.

XXV. Affermi dans son royaume, Theudebert se montra grand et plein de toute espèce de bonté : il gouvernait avec justice, vénérant les évêques, enrichissant les églises, soutenant les pauvres, et distribuant à beaucoup de monde beaucoup de bienfaits dans un esprit de grande douceur et de piété. Il remit généreusement aux églises situées en Auvergne tout le tribut qu'elles payaient à son fisc.

XXVI. Lorsque Deuthéria vit sa fille tout à fait adulte, craignant que le roi ne la désirât et ne la prît pour lui, elle la fit monter dans un chariot attelé de bœufs indomptés, et la précipita du haut d'un pont dans le fleuve (1), où elle périt. Cela se passa dans la ville de Verdun.

XXVII. Comme on était dans la septième année depuis que Theudebert était fiancé à Wisigarde, et comme il refusait de la recevoir à cause de Deuthéria, les Francs étaient unanimement scandalisés contre lui de ce qu'il abandonnait sa fiancée. Alors, irrité contre Deuthéria, il la quitta; il avait d'elle un jeune fils nommé Théodebald. Il prit Wisigarde pour épouse, mais ne la conserva pas longtemps; elle mourut, et il en épousa une autre; jamais il ne reprit Deuthéria.

(1) Probablement la Meuse.

XXVIII. Childebert et Theudebert levèrent une armée et se disposèrent à marcher contre Chlothachaire (1). Celui-ci, apprenant leur projet, et jugeant qu'il n'était pas assez fort pour leur résister, se retira dans une forêt (2), y fit de grands abattis, mettant tout son espoir en la miséricorde de Dieu. La reine Chrotechilde, informée de ce qui se passe, se rend au tombeau du bienheureux Martin, s'y prosterne en oraison, et veille toute la nuit en priant qu'il ne s'élève point de guerre civile entre ses fils. Les deux rois, arrivant avec leurs armées, entouraient Chlothachaire et se disposaient à le tuer le lendemain, quand un matin, il s'éleva dans le lieu où ils étaient rassemblés une tempête qui emporta les tentes, détruisit les bagages et bouleversa tout ; des éclairs mêlés de tonnerre et d'une pluie de pierres descendent sur leurs têtes ; ils se précipitent le visage contre le sol couvert de grêle, et ces pierres tombantes les frappent avec force, car il ne leur restait pour tout abri que leurs boucliers, et ce qu'ils craignaient le plus, c'était d'être consumés par le feu du ciel. Leurs chevaux aussi furent tellement dispersés, qu'à peine put-on les retrouver à une distance de vingt stades, et que beaucoup d'entre eux furent même entièrement perdus. Meurtris par les pierres, comme nous l'avons dit, prosternés à terre, ils exprimaient leur repentir et demandaient pardon à Dieu de ce qu'ils avaient voulu faire contre leur propre sang. Sur Chlothachaire, il ne tomba pas une seule goutte de pluie, et l'on n'entendit pas le moindre bruit de tonnerre, et l'on ne sentit, dans le lieu où il était, aucun souffle de vent. Ses frères lui envoyèrent des messagers pour lui demander paix et amitié, ce qui leur ayant été accordé, ils s'en retournèrent chez eux. Personne ne doutera que ce ne soit là un miracle du bienheureux Martin, obtenu par la reine.

(1) L'an 537.
(2) L'auteur des *Gestes des Francs*, Frédégaire, ch. 24, appelle cette forêt *Aretaunum* ; il s'agit de la forêt de Brotonne (Seine-Inférieure).

XXIX. Après cela, le roi Childebert partit pour l'Espagne (1); et lorsqu'il y fut entré avec Chlothachaire, ils entourèrent avec leur armée et assiégèrent la ville de Saragosse. Mais les habitants se tournèrent vers Dieu avec une si grande humilité, que, s'étant revêtus de cilices, et s'étant abstenus de manger et de boire, ils se mirent à faire le tour des murs de la cité, en chantant des psaumes et en portant la tunique du bienheureux martyr Vincent. Les femmes même suivaient en pleurant, enveloppées de grands voiles noirs, les cheveux épars et couverts de cendres, comme si elles eussent assisté aux funérailles de leurs maris. Cette ville avait si bien mis toute son espérance dans la miséricorde du Seigneur, qu'on eût dit qu'elle célébrait un jeûne semblable à celui de Ninive, et qu'on eût regardé comme impossible que, par ses prières, elle ne fléchît à la fin la miséricorde divine. Les assiégeants, qui voyaient les habitants marcher ainsi autour des murs sans comprendre ce qu'ils faisaient, s'imaginèrent qu'ils se livraient à quelque maléfice. Ayant pris un paysan de l'endroit, ils lui demandèrent ce que c'était qu'ils faisaient. « Ils pro-
« mènent, répondit-il, la tunique de saint Vincent, et, avec
« elle, ils prient le Seigneur d'avoir pitié d'eux. » Les assiégeants prirent peur de cela et s'éloignèrent de la ville. Cependant ils conquirent la plus grande partie de l'Espagne, et revinrent dans les Gaules avec un grand butin.

XXX. Après Amalaric, Théoda fut ordonné roi dans les Espagnes (2). Celui-ci ayant été tué, on éleva Theudégisile à la royauté. Ce dernier était un jour à souper, festinant avec ses amis et se livrant tout à la joie, lorsque tout à coup, les lumières ayant été éteintes au milieu du repas, il mourut frappé par ses ennemis à coups d'épée (3). Après lui, Agila

(1) L'an 542.
(2) L'an 531.
(3) L'an 548.

prit le pouvoir (1); car les Goths avaient pris cette détestable habitude, lorsqu'un de leurs rois leur déplaisait, de le tuer, et d'établir roi à sa place celui qui leur convenait.

XXXI. Théodéric, roi d'Italie, qui avait eu en mariage une sœur du roi Chlodovech, était mort laissant avec sa femme une fille encore enfant. Celle-ci, devenue grande, rejeta par légèreté d'esprit les conseils de sa mère, qui lui destinait le fils d'un roi, se livra à son esclave, nommé Traguilan, et s'enfuit avec lui dans une ville où elle pût se défendre. Sa mère, violemment irritée contre elle, la conjura de ne pas déshonorer plus longtemps une noble race, mais de renvoyer l'esclave, et de prendre pour mari l'homme sorti, comme elle, d'un sang royal, et que sa mère lui avait choisi. Sa fille n'y voulut en aucune façon consentir. Alors, furieuse, la mère envoya contre elle une armée. Les troupes arrivent, tuent Traguilan par le glaive, et ramènent en la battant la fille fugitive dans la maison de sa mère. Toutes les deux étaient attachées à la secte arienne, où il est d'usage, lorsqu'on se présente à l'autel, que les rois communient avec un calice et le menu peuple avec un autre. La fille mit du poison dans le calice avec lequel devait communier sa mère, qui, dès qu'elle eut bu, mourut aussitôt. Il n'est pas douteux qu'un tel crime n'ait été l'œuvre du diable. Que répondront ces misérables hérétiques sur ce que le démon réside dans leur Eucharistie? Nous qui confessons la Trinité dans une même égalité et toute-puissance, quand même nous avalerions un poison mortel, en communiant au nom du Père, du Fils et de l'Esprit saint, Dieu véritable et incorruptible, ce poison ne nous ferait aucun mal. Les Italiens, indignés contre cette femme, appelèrent Théodat, roi de Toscane, et l'établirent roi sur eux. Celui-ci, lorsqu'il sut ce que cette courtisane avait fait; que, pour l'amour d'un esclave qu'elle avait

---

(1) Ce chapitre est, ainsi que le suivant, rempli de fables ou de faits dénaturés.

accueilli, elle s'était rendue parricide envers sa mère, il fit chauffer un bain très-fortement, et il l'y fit enfermer avec une servante. Aussitôt qu'elle fut entrée dans cette vapeur ardente, elle tomba sur le pavé, morte et consumée. Quand les rois Childebert et Chlothachaire, ses cousins germains, ainsi que Theudebert, eurent appris qu'on l'avait fait périr par un si honteux supplice, ils envoyèrent un message à Théodat pour lui reprocher cette mort et pour lui dire : « Si « tu ne composes pas avec nous pour ce que tu as fait, nous « t'enlèverons ton royaume, et te condamnerons au même « supplice. » Il eut peur, et leur envoya cinquante mille sous d'or. Mais Childebert, se montrant toujours envieux et fourbe à l'égard du roi Chlothachaire, s'unit à son neveu Theudebert, et ils partagèrent cet or entre eux, sans vouloir rien en donner à Chlothachaire. Alors celui-ci s'empara des trésors de Chlodomer, et leur enleva beaucoup plus qu'ils ne lui avaient pris.

XXXII. Theudebert se rendit en Italie (1) et y fit beaucoup de conquêtes; mais comme ces lieux sont, dit-on, malsains, son armée était tourmentée par diverses sortes de fièvres, et beaucoup des siens y moururent. Ce que voyant, Theudebert s'en revint, rapportant, lui et son armée, beaucoup de butin. On dit cependant qu'il s'avança alors jusqu'à la ville de Pavie, où il envoya plus tard Buccellin. Celui-ci, après s'être emparé de la petite Italie (2), et l'avoir soumise à la domination du roi, passa dans la grande, où il combattit plusieurs fois Bellissaire, qu'il vainquit. Lorsque l'empereur vit les fréquents revers de Bellissaire, il le fit retirer pour mettre Narsès à sa place; et, comme pour humilier Bellissaire, il le fit ce qu'il avait été autrefois, comte de l'étable. Buccellin livra de

(1) En 539.
(2) En 547. C'est probablement la partie de l'Italie située au nord du Pô, qui est appelée ici petite Italie.

grands combats à Narsès, s'empara de toute l'Italie, et s'étendit jusqu'à la mer : il envoya d'Italie de grands trésors à Theudebert. L'empereur, informé par Narsès de l'état des affaires, prit à sa solde des troupes étrangères, et envoya à Narsès du secours, livra de nouveau bataille, fut vaincu et se retira. Buccellin s'empara ensuite de la Sicile, dont il exigea des contributions qu'il fit parvenir au roi : il fut en effet très-heureux dans ces entreprises.

XXXIII. Astériolus et Secundinus étaient alors parmi les grands auprès du roi : l'un et l'autre étaient savants et versés dans les lettres. Secundinus avait été plusieurs fois chargé par le roi de missions auprès de l'empereur, ce qui l'avait rendu arrogant et lui faisait faire quelquefois des choses peu raisonnables. Il en résulta qu'entre lui et Astériolus s'éleva une altercation violente qui fut poussée jusque-là que, laissant de côté les argumentations verbales, ils se déchirèrent de leurs propres mains. Cependant la paix fut rétablie entre eux par le roi ; mais comme Secundinus était encore irrité des coups qu'il avait reçus, leur ancienne querelle se raviva. Le roi prit le parti de Secundinus au pouvoir duquel il livra Astériolus ; celui-ci fut grandement abaissé et privé du revenu que le roi lui accordait ; mais la reine Wisigarde le lui fit rendre. Après la mort de cette reine, Secundinus s'éleva de nouveau contre Astériolus, et le tua. Celui-ci, en mourant, laissa un fils, qui, grandissant et parvenu à l'âge d'homme, commença à vouloir venger l'injure de son père. Alors Secundinus, frappé de terreur, se sauva devant lui d'une terre dans une autre, et, se voyant pressé par son ennemi au point de ne pouvoir plus échapper, il s'empoisonna, dit-on, pour ne pas tomber dans ses mains.

XXXIV. Désideratus, évêque de Verdun, à qui le roi Theudéric avait infligé bien des outrages, ayant été, après beaucoup de pertes, de dommages et de peines, rendu à la liberté de sa personne, par la volonté de Dieu, et ayant repris son évêché, avons-nous dit, de Verdun, s'affligeait sur les habitants de cette ville qu'il voyait très-pauvres et dénués de tout ; mais, exclu de ses biens par Theudéric, et n'ayant pas de quoi venir à leur secours avec son argent, il envoya des messagers dire au roi Theudebert, dont il voyait la bonté et la bienfaisance envers tout le monde : « Ta réputation de bonté est « répandue par toute la terre, et ta générosité est si grande, « que tu donnes même à ceux qui ne te demandent pas. Je te « prie, pieux roi, si tu as quelque argent, de nous le prêter, « afin que nous puissions secourir nos concitoyens ; et lorsque, « grâce au commerce, ils seront en état de fixer un terme « pour s'acquitter comme font les autres cités, nous te ren- « drons ton argent avec les intérêts légitimes. » Theudebert, touché de compassion, lui prêta sept mille sous d'or qu'il prit et partagea entre ses concitoyens. Ceux-ci, en faisant leurs négoces, s'enrichirent et passent aujourd'hui pour opulents. Lorsque l'évêque rapporta au roi l'argent qu'on lui devait, le roi répondit : « Je n'ai pas besoin de le reprendre ; « il me suffit qu'à la suite de la répartition que tu as faite, « des pauvres qu'accablait la misère aient été soulagés à ta « prière et par mes largesses. » Et ne voulant rien prendre, il rendit riches ces gens de Verdun.

XXXV. Cet évêque étant mort dans la susdite ville (1), Agiricus, l'un des citoyens, fut mis à sa place. Or, Siagrius, son fils, se rappelant les injures de son père, et comment, accusé par Sirivald devant le roi Theudéric, il avait été non-seulement dépouillé de ses biens, mais encore mis à la torture, tomba sur Sirivald avec une troupe de gens armés, et le tua de la manière suivante : Un matin, par un brouillard épais, au moment où, la nuit se dissipant, on pouvait à peine distinguer quelque chose, il arriva à un domaine de Sirivald,

(1) L'an 554.

nommé Fleurei (1), dans le territoire de Dijon ; et un des familiers de la maison en étant sorti, ils crurent que c'était Sirivald lui-même, et le tuèrent. Comme ils s'en revenaient, croyant avoir eu raison de leur ennemi, un esclave de Sirivald leur apprit qu'ils avaient tué, non le maître, mais un de ses inférieurs. Alors ils retournent sur leurs pas en le cherchant, découvrent la chambre où il avait coutume de dormir, ils en attaquent la porte, dont ils essayent pendant longtemps de forcer l'entrée ; et, ne pouvant y parvenir, ils démolissent le mur d'un côté, entrent et tuent Sirivald à coups d'épée. Il fut tué aussitôt après la mort de Theudéric.

XXXVI. Peu après que ces choses se furent passées, le roi Theudebert tomba malade. Des médecins lui consacrèrent de grands soins, mais rien n'y servit, car Dieu voulait déjà l'appeler à lui. Ainsi donc, après avoir été très-longtemps malade, il guérit de tout mal en rendant l'esprit (2). Cependant les Francs, qui avaient Parthénius en grande haine, parce que du temps de ce roi il leur avait imposé des tributs, se mirent à le poursuivre. Lui, se voyant en danger, s'enfuit de la ville, et supplia instamment deux évêques de le conduire à Trèves, et d'apaiser la fureur du peuple par leurs prédications. Ils y furent, et, la nuit, comme il était couché dans son lit, il se mit tout à coup à jeter de grands cris et à dire : « Hélas ! « hélas ! secourez-moi, vous qui êtes ici ; venez à l'aide d'un « homme qui périt. » Réveillés par cette clameur, ceux qui l'entouraient lui demandèrent ce que c'était, et il leur répondit : « Ausanius, mon ami, et Papianilla ma femme, que « j'ai tués autrefois, m'appelaient en jugement et me disaient : « Viens répondre, car nous t'accusons au tribunal de Dieu. » Entraîné par la jalousie, il avait en effet, peu d'années auparavant, tué sa femme innocente et son ami. Enfin, les évêques

(1) Fleurey-sur-Ouche, près Dijon.
(2) L'an 548.

étant à Trèves, et ne pouvant résister à la colère du peuple en tumulte, voulurent cacher Parthénius dans l'église, en le mettant dans un coffre, et en étendant sur lui des vêtements qui servaient au culte. Le peuple, étant entré et ayant fouillé tous les coins de l'église, se retirait furieux de n'avoir rien trouvé, lorsqu'un d'entre eux soupçonna quelque chose et dit : « Voici un coffre dans lequel nous n'avons pas cherché « celui qui nous est hostile. » Comme les gardiens déclaraient qu'il n'y avait dedans que des ornements d'église, ils demandèrent la clef, disant : « Si vous n'ouvrez à l'instant, nous le brisons « nous-mêmes de suite. » Bref, le coffre est ouvert, et, les linges écartés, ils y trouvent Parthénius, qu'ils tirent de là en applaudissant et en s'écriant : « Dieu a livré notre ennemi « entre nos mains. » Aussitôt ils le frappent à coups de poing, lui crachent au visage; et, après l'avoir attaché, les mains derrière le dos, ils le lapidèrent contre une colonne. C'était un homme d'une grande voracité : il précipitait ses digestions en prenant de l'aloès, afin de pouvoir plus promptement recommencer à manger, et, sans aucun respect pour les personnes qui pouvaient l'entendre, il laissait échapper des vents en public. Donc, il finit de la manière que nous venons de dire.

XXXVII. Il fit, cette année, un hiver dur et plus rigoureux que d'habitude, au point que les torrents, enchaînés par la glace, servaient de route au peuple comme la terre même. Il y avait de grandes neiges, tellement que les oiseaux roidis par le froid ou mourant de faim, se laissaient prendre à la main sans que les hommes eussent besoin de piéges.

Depuis la mort de Chlodovech jusqu'à la mort de Theudebert on compte trente-sept ans. Theudebert mourut le quatorzième année de son règne et son fils Théodobald régna à sa place.

LIVRE QUATRIÈME.

1. Mort de la reine Chrotechilde.—2. Projet du roi Chlothachaire d'enlever aux églises le tiers de leurs revenus. — 3. Ses femmes et ses fils. — 4. Comtes des Bretons. — 5. L'évêque saint Gall. — 6. Le prêtre Caton.— 7. Épiscopat de Cautinus. — 8. Rois d'Espagne. — 9. Mort du roi Théodobald.—10. Révolte des Saxons.—11. Par l'ordre du roi, ceux de Tours viennent demander Caton pour évêque. — 12. Le prêtre Anastase. — 13. Inconstance et malice de Chramn. Cautinus et Firminus. —14. Seconde expédition de Chlothachaire contre les Saxons.— 15. Épiscopat de saint Eufronius, — 16. Chramn et ses partisans; ses excès; son arrivée à Dijon. — 17. Chramn passe du côté de Childebert. — 18. Le duc Austrapius. — 19. Mort de l'évêque saint Médard; sa sépulture. — 20. Mort de Childebert; fin de Chramn. — 21. Mort du roi Chlothachaire.—22. Partage de son royaume entre ses fils. — 23. Expédition de Sigibert contre les Huns; Chilpéric envahit ses villes. — 24. Le patrice Celsus. — 25. Femmes de Guntchramn. — 26. Femmes de Charibert. — 27. Sigibert épouse Brunichilde. — 28. Femmes de Chilpéric. — 29. Seconde guerre de Sigibert contre les Huns. — 30. Départ des Arvernes par l'ordre de Sigibert, pour prendre la ville d'Arles. — 31. Fort de Tauredunum, et autres prodiges. — 32. Le moine Julien. — 33. L'abbé Sunniulfus. — 34. Histoire d'un moine de Bordeaux. — 35. Avitus, évêque de Clermont. — 36. Saint Nicétius de Lyon. —37. Le reclus saint Friard.—38. Rois d'Espagne. — 39. L'empereur Justin. — 40. Mort de Palladius d'Auvergne. —41. Invasion de l'Italie par Alboin et les Langobards. — 42. Origine d'Eunius, surnommé Mummolus. — 43. Guerre de Mummolus avec les Langobards.— 44. Histoire d'un archidiacre de Marseille.— 45. Les Langobards et Mummolus. — 46. Arrivée de Mummolus à Tours.— 47. Fin tragique d'Andarchius.— 48. Invasion de plusieurs villes par Théodebert. — 49. Le monastère de Latta. — 50. Derniers actes de Sigibert; son arrivée à Paris. — 51. Alliance de Chilpéric avec Guntchramn; mort de Théodebert son fils. — 52. Mort du roi Sigibert.

I. La reine Chrotechilde, pleine de jours et riche de bonnes œuvres, mourut dans la ville de Tours, au temps de l'évêque Injuriosus (1). Transportée à Paris avec de pompeux chants de psaumes, elle fut ensevelie dans le sanctuaire de la basilique de Saint-Pierre (2), au côté du roi Chlodovech, par ses fils les rois Childebert et Chlothachaire. Elle avait construit elle-même cette basilique, dans laquelle fut ensevelie aussi la bienheureuse Geneviève.

II. Le roi Chlothachaire avait récemment ordonné que toutes les églises de son royaume payeraient au fisc le tiers de leurs revenus : tous les évêques avaient, bien contre leur gré, consenti et souscrit le décret; mais le bienheureux Injuriosus, s'en indignant, refusa courageusement de souscrire, et il disait : « Si tu veux enlever ce qui est à Dieu, le « Seigneur t'enlèvera bientôt ton royaume; car c'est une « iniquité, quand les pauvres devraient être nourris aux dé- « pens de ton grenier, que tu remplisses au contraire tes « greniers de leur bien. » Et, irrité contre le roi, il se retira sans lui dire adieu. Le roi, ému, craignant d'ailleurs la puissance du bienheureux Martin, envoya après l'évêque avec des présents, lui demanda pardon en désapprouvant ce qu'il avait fait, et le pria de supplier en sa faveur la puissance du bienheureux pontife Martin.

III. Le même roi Chlothachaire eut sept fils de différentes femmes, savoir, d'Ingonde : Gunthaire, Childéric, Charibert, Guntchramn, Sigibert et une fille nommée Chlotsinde ; d'Arégonde, sœur d'Ingonde, Chilpéric : de Chunsène, il eut Chramn. Je dirai de quelle manière il avait pris la sœur de sa femme. Comme il était déjà lié par mariage avec Ingonde, et l'aimait d'unique amour, il reçut d'elle la prière suivante :

---

(1) En 545, peut-être le 3 juin, jour où l'on célèbre sa fête.
(2) Depuis Sainte-Geneviève. Voy. ci-dessus, page 108.

« Mon seigneur a fait de sa servante ce qu'il lui a plu et il m'a
« appelée à son lit : maintenant, pour mettre le comble à ses
« faveurs, que mon seigneur le roi écoute ce que sa servante
« lui demande. Je supplie qu'à ma sœur, votre esclave, vous
« daigniez procurer par votre ordre un mari capable et riche,
« afin que rien ne m'humilie et qu'au contraire, plus élevée
« encore, je puisse vous servir avec plus de dévouement. »
Lui, qui était déjà trop enclin à la volupté, en entendant cela,
s'enflamme d'amour pour Arégonde, se rend sur le domaine
où elle résidait, et l'unit à lui par le mariage. Quand il l'eut
prise, il retourna près d'Ingonde et lui dit : « J'ai songé à
« l'accomplissement de cette grâce que ta douceur m'a de-
« mandée ; et en cherchant un homme riche et sage que je
« dusse unir à ta sœur, je n'ai trouvé rien de mieux que
« moi-même. Tu sauras donc que je l'ai prise pour femme ;
« je ne crois pas que cela te déplaise. » — « Ce qui paraît
« bon aux yeux de mon maître, répondit-elle, qu'il le fasse :
« seulement que sa servante vive toujours dans la grâce du
« roi ! » Gunthaire, Chramn et Childéric moururent du
vivant de leur père. Nous raconterons plus tard la fin de
Chramn. Quant à Chlotsinde, la fille du roi, elle fut l'épouse
d'Alboin, roi des Langobards.

Injuriosus, évêque de Tours, mourut la dix-septième année
de son épiscopat. Baudin, autrefois domestique (1) du roi
Chlothachaire, lui succéda (2) : ce fut le seizième depuis la
mort de saint Martin.

IV. Vers ce temps, Chanaon, comte des Bretons, tua trois
de ses frères. Voulant tuer encore Macliau, il l'avait fait
saisir, et le retenait, chargé de chaînes, dans une prison.

---

(1) *Domesticus*, officier du palais impérial et ensuite de la maison des Mérovingiens, mais dont les fonctions ne sont pas exactement connues.

(2) En 546.

Celui-ci fut délivré de la mort par Félix, évêque de Nantes. Il jura ensuite à son frère de lui être fidèle; mais il voulut rompre son serment je ne sais à quelle occasion, et Chanaon, s'en doutant, le persécuta de nouveau. Macliau, voyant qu'il ne pouvait échapper, s'enfuit chez un autre comte de ce pays, nommé Chonomor. Ce dernier, pressentant l'approche de ceux qui le poursuivaient, le cacha sous terre dans un petit réduit au-dessus duquel il éleva un tombeau comme pour un mort, en y ménageant un petit soupirail par où il pût respirer. Les ennemis arrivent; on leur dit : « Tenez, Macliau « est mort; c'est ici qu'il est enterré. » A cette nouvelle, ceux-ci se livrèrent à la joie, burent sur le tombeau même, et annoncèrent à son frère qu'il était mort. Celui-ci, dès qu'il l'eut appris, s'empara de tout son *royaume*, quoique les chefs bretons soient appelés comtes et non rois, car ils ont toujours été sous la dépendance des Francs depuis la mort de Clodovech. Cependant Macliau, se relevant de dessous terre, se retira dans la ville de Vannes, où il fut tonsuré et ordonné évêque. Mais Chanaon étant mort, il apostasia, laissa croître ses cheveux, et reprit son épouse, qu'il avait abandonnée en entrant dans la cléricature, prenant aussi possession du royaume de son frère. Alors il fut excommunié par les évêques; et nous écrirons plus tard comment il mourut (1). L'évêque Baudin mourut dans la sixième année de son épiscopat (2). A sa place est substitué l'abbé Gunthaire, le dix-septième évêque depuis la mort de saint Martin.

V. Lorsque le bienheureux Quintianus, comme nous l'avons dit plus haut (3), fut sorti de ce monde, saint Gall (4), avec

---

(1) Liv. V, chap. XVI.
(2) En 552.
(3) Liv. III, chap. II, XII, et *Vies des Pères*, ch. IV.
(4) C'était l'oncle paternel de notre historien. Voy. *Vies des Pères*, ch. VI.

l'appui du roi, lui succéda sur la chaire épiscopale. De son temps, comme la maladie nommée peste inguinaire sévissait dans diverses contrées (1), et dépeuplait surtout la province d'Arles, saint Gall, moins tremblant pour lui que pour son peuple, priait jour et nuit le Seigneur afin de ne pas voir, lui vivant, son troupeau ravagé. Une nuit, il vit en songe un ange du Seigneur, dont les cheveux étaient aussi blancs que la neige et qui lui dit : « Tu fais bien, ô évêque, de supplier « ainsi le Seigneur pour ton peuple! Ta prière a été enten- « due, et voici tu seras exempt avec ton peuple de cette ma- « ladie; personne, de ton vivant, ne périra dans cette con- « trée par la peste. Pour le moment, ne crains rien; mais, «' après huit ans, tremble. » Il était évident par là qu'après ce nombre d'années il devait sortir de ce monde. S'étant éveillé, il rendit grâces à Dieu de ce qu'il avait obtenu de lui cette consolation qu'il daignât le fortifier par un messager céleste; et il institua ces prières appelées Rogations qu'on va faire à pied et en chantant, au milieu du carême, à la basilique de Saint-Julien martyr (2); c'est un voyage d'environ 360 stades. On vit aussi, à cette époque, tout à coup marqués sur les murs des maisons et des églises, des caractères d'écriture auxquels les paysans donnaient le nom de *thau* (3). Ainsi,

(1) Ce fut la première des terribles pestes qui désolèrent le moyen âge. L'auteur en mentionne d'autres, livre IV, ch. xxxi; V, xxxv; VI, xiv; VII, i; IX, xxi, xxii; X, xxiii.

(2) A Brioude, à cinq myriamètres au sud de Clermont.

(3) C'est le nom du T grec, qui représente assez bien une croix. Ce récit, que Grégoire répète dans son livre de *la Gloire des Mart.*, ch. li, semble s'expliquer par un passage des prophéties d'Ézéchiel (ch. ix) : « Dieu cria à l'homme vêtu de lin qui avait le cornet d'écrivain à son côté, et lui dit : Passe par le milieu de la ville et fais une marque sur les fronts des hommes qui souffrent et qui gémissent. Et j'entendis qu'il dit aux autres : Passez après lui et frappez; que votre œil n'épargne personne; mais n'approchez d'aucun de ceux sur qui sera cette marque. » D'après cela, au premier bruit de peste on traçait une croix sur sa maison pour la mettre à l'abri du fléau.

grâce à la prière de saint Gall; cette peste, qui dévastait les autres pays, n'atteignit pas la cité de Clermont (1). D'où je pense qu'il n'était pas digne d'une légère faveur le pasteur qui, par la protection du Seigneur, mérita de ne pas voir ses brebis dévorées. Lorsqu'il eut quitté ce monde, et qu'après avoir été lavé (2) il eut été transporté dans l'église, le prêtre Caton reçut aussitôt les compliments des clercs au sujet de l'épiscopat, et, comme s'il fût déjà évêque, il s'empara de tout le bien de l'église, éloigna les administrateurs, renvoya les vicaires, et régla tout par lui-même.

VI. Les évêques qui étaient venus pour ensevelir saint Gall, dirent, après l'ensevelissement, au prêtre Caton : « Nous « voyons que la plus grande partie du peuple t'a choisi : « viens, fais cause commune avec nous, et nous, te bénissant, « nous te sacrerons évêque. Quant au roi c'est un enfant; « et si on t'impute en cela quelque faute, nous prendrons ta « défense, et nous agirons auprès des grands et des premiers « du royaume de Théodobald, afin qu'il ne te soit fait aucun « tort. Nous-mêmes, crois seulement avec confiance, nous « nous porterons cautions pour toi et si tu éprouvais quelque « dommage, nous t'indemniserons sur nos propres biens. » Mais lui, montant tout gonflé sur le piédestal d'une vaine gloire, répondit : « Vous avez appris par la renommée que « dès le premier temps de mon jeune âge j'ai toujours reli- « gieusement vécu; que je me suis livré aux jeûnes; que j'ai « trouvé mon plaisir dans les aumônes; que j'ai passé sou- « vent de longues veilles, persistant assidûment pendant la « nuit entière à chanter les cantiques. Aussi le Seigneur mon

---

(1) Civitatem *Arvernam*. La capitale des Arvernes ne commença de porter le nom de *Clermont*, qui appartenait spécialement à sa citadelle, qu'à la fin du VIIIe siècle.

(2) Usage de ce temps. Voy. liv. II, chap. v, et liv. IV, ch. XXXVII et XLV.

« Dieu n'entend pas que l'ordination puisse me manquer à
« moi qui ai tant fait pour son service. En effet, j'ai obtenu,
« et toujours par les lois canoniques, les degrés de la clérica-
« ture : j'ai été dix ans lecteur ; cinq ans j'ai rempli les fonc-
« tions de sous-diacre ; quinze ans j'ai été attaché aux devoirs
« du diaconat, et depuis vingt ans je possède l'honneur de la
« prêtrise. Que me reste-t-il donc maintenant sinon à rece-
« voir l'épiscopat que mérite la fidélité de mes services ? Ainsi,
« retournez dans vos cités, et faites ce que vous croirez utile
« à vos intérêts ; car pour moi je veux acquérir cette dignité
« suivant les règles prescrites (1). » A ces paroles, les évêques
se retirèrent en détestant son vain orgueil.

VII. Donc élu à l'épiscopat, du consentement des clercs,
et se mettant à la tête des affaires sans être encore ordonné,
il commença à proférer diverses menaces contre l'archidiacre
Cautinus, lui disant : « Je te suspendrai de tes fonctions, je
« t'humilierai, je te ferai souffrir mille morts. » — Celui-ci
répondit : « Très-pieux Seigneur, je désire avoir tes bonnes
« grâces, et si je les obtiens, je te rendrai un service ; sans
« qu'il t'en coûte aucune peine, et sans fraude aucune, j'irai
« vers le roi, et j'en obtiendrai la confirmation de ton épisco-
« pat. Je ne veux d'autre récompense que tes bonnes grâces. »
Caton soupçonnant qu'il voulait le tromper, méprisa hautement ces paroles. Mais celui-ci se voyant humilié et calom-
nié, feignit une maladie, et sortant la nuit de la ville, se
rendit auprès du roi Théodobald, à qui il annonça la mort
de saint Gall. A cette nouvelle, le roi ou ceux qui l'entouraient, convoquèrent une assemblée d'évêques à Metz, et
l'archidiacre Cautinus y fut ordonné évêque : il l'était quand
arrivèrent les messagers du prêtre Caton. Alors, par ordre
du roi, on lui livra les clercs qui s'étaient chargés du message

(1) Ou canoniques, c'est-à-dire avec l'approbation du roi. Voyez le
chap. suivant.

avec tout ce qu'ils avaient apporté appartenant à l'église, on lui adjoignit des évêques et des chambellans pour l'accompagner, et on le conduisit à Clermont. Accueilli volontiers par le clergé et les citoyens, il fut donc établi leur évêque. De grandes inimitiés s'élevèrent bientôt entre lui et le prêtre Caton, parce que personne ne put obtenir de ce dernier qu'il fût soumis à son évêque. Les clercs même se partagèrent, et les uns se soumettaient à l'évêque Cautinus, les autres au prêtre Caton; ce qui fut à leur très-grand détriment. L'évêque Cautinus, voyant qu'il n'y avait aucun moyen de le faire plier, lui retira les biens ecclésiastiques, tant à lui qu'à ses amis et à tous ceux qui faisaient avec lui cause commune, et il les laissa sans pouvoir et sans biens : mais quiconque revenait à lui recouvrait ce qu'il avait perdu.

VIII. Agila régnait en Espagne, et comme il écrasait le peuple sous le poids d'une domination très-lourde, l'armée de l'empereur entra dans les Espagnes et s'empara de quelques villes. Agila fut tué (1) et Athanagilde prit le gouvernement. Il eut à soutenir beaucoup de combats contre cette armée, la vainquit souvent, et lui enleva en partie les villes dont elle s'était méchamment emparée.

IX. Théodobald étant parvenu à l'âge adulte, épousa Vaidetrade (2). On dit que ce Théodobald était d'un esprit malin, et qu'étant irrité contre un homme qu'il soupçonnait de s'être enrichi à ses dépens, il imagina une fable et lui dit : « Un serpent trouva un flacon plein de vin ; il se glissa
« par l'ouverture et but avidement le contenu ; mais gonflé
« par le vin, il ne pouvait plus sortir par où il était entré.
« Le propriétaire du vin arrivant comme l'animal s'effor-

---

(1) En 554. Athanagilde, pour renverser Agila, avait appelé à son aide l'empereur d'Orient, Justinien.
(2) Sœur de Visigarde dont il a été question au livre précédent, ch. xx et xxvii.

« cait de sortir et ne le pouvait, lui dit : Rejette d'abord ce
« que tu as avalé, et alors tu pourras t'en aller librement (1). »
Fable qui remplit cet homme d'une grande crainte, et
de haine en même temps. Sous son règne, Buccellin (2),
après avoir soumis toute l'Italie à la domination des Francs,
fut tué par Narsès : l'Italie retourna à l'empereur, et personne depuis ne la recouvra. De son temps, nous vîmes croître des raisins sur l'arbre appelé sureau, sans qu'aucune
vigne y fût greffée ; et les fleurs de cet arbre, qui produisent
ordinairement, comme vous savez, des graines noires, se
changèrent en grains de raisius. Alors aussi, la cinquième
nuit de la nouvelle lune, on vit une étoile, venant à la rencontre de cet astre, entrer dans son disque. Je crois que
ces signes annonçaient la mort du roi. Il était en effet très-
impotent, et malade au point que, de la ceinture aux pieds,
il avait perdu toute sensibilité. Il s'affaiblit peu à peu et
mourut la septième année de son règne (3). Le roi Chlothachaire recueillit son royaume, et fit entrer dans son lit
Valdétrade son épouse : mais réprimandé par les évêques,
il la quitta, et lui donna le duc Garivald (4) : puis il envoya
son fils Chramn en Auvergne.

X. Cette année, les Saxons s'étant révoltés, le roi Chlothachaire fit marcher une armée contre eux, détruisit la plus
grande partie de leurs hommes, et parcourant la Thuringe,
la dévasta tout entière, parce qu'elle avait prêté secours
aux Saxons.

(1) Cf. Horat. *epist.* l. VII, v. 29, et la Fontaine, liv. III, xvii.

(2) En 554. Voyez ci-dessus, liv. III, ch. xxxii. Sur l'expédition de
Buccelin et de Leutharis, voyez surtout Agathias.

(3) En 555, si l'on met la mort de Théodebert, en 548, d'après la
Chron. de Marius. (D. Bouq., liv. II, chap. xvi.)

(4) C'était Garibald, duc de Bavière. (Paul Diacre, liv. I, chap. xxi;
liv. III, chap. xxix. — D. Bouq., liv. II, p. 634, 636.)

XI. L'évêque de Tours, Gunthaire, étant mort, on demandait, à la suggestion, dit-on, de l'évêque Cautinus, le prêtre Caton pour gouverner l'église de Tours ; en sorte que les clercs joints à Leubaste, martyraire (1) et abbé, se rendirent en grand appareil à Clermont ; et quand ils eurent exposé à Caton la volonté du roi, celui-ci les tint en suspens quelques jours sur sa réponse : mais désirant s'en retourner, ils lui dirent : « Fais-nous connaître ta volonté « pour que nous sachions à quoi nous en tenir ; autrement « nous retournons chez nous, car ce n'est point par un effet « de notre volonté que nous sommes venus te chercher ; « c'est d'après un ordre du roi. » Mais Caton, amoureux d'une vaine gloire, réunit une foule de pauvres à qui il donna le mot pour s'écrier : « Pourquoi nous abandonnes-tu, bon « père, nous tes enfants que tu as élevés jusqu'à ce jour ? « Qui nous soutiendra désormais en nous donnant à boire « et à manger, si tu t'en vas ? Nous t'en prions, ne quitte « pas ceux que tu avais coutume de nourrir.» Alors il se tourna vers le clergé de Tours, et dit : « Vous voyez en ce « moment, très-chers frères, combien cette multitude de « pauvres me chérit ; je ne puis les laisser pour aller avec « vous.» Ayant reçu cette réponse, ils retournèrent à Tours. Caton avait noué des liaisons avec Chramn, et en avait reçu la promesse que si le roi Chlothachaire venait en ce temps à mourir, Cautinus serait aussitôt expulsé de l'évêché, et lui-même mis à la tête de l'église. Mais celui qui avait méprisé la chaire de Saint-Martin n'obtint pas celle qu'il voulait : et en lui fut accomplie la prophétie de David, lorsqu'il dit : *Il n'a pas voulu la bénédiction, elle s'éloignera de lui* (2). En effet, cet homme allait se haussant sur le cothurne de la

---

(1) Employé de l'église chargé de veiller sur les reliques. C'était aussi l'ecclésiastique placé à la tête de tout établissement de religion ou de charité fondé en l'honneur d'un martyr.

(2) Ps. cviii, 18.

vanité, et ne pensait pas que personne pût être regardé comme le surpassant en sainteté. Un jour même il paya une femme pour crier dans l'église, comme si elle était inspirée, qu'elle le reconnaissait pour un grand saint et cher à Dieu, tandis que Cautinus était coupable de tous les crimes et indigne de l'épiscopat qu'il avait obtenu.

XII. Du reste Cautinus, entré en possession de l'épiscopat, devint un tel homme que tout le monde l'exécrait. Il s'adonnait au vin outre mesure ; car souvent il se plongeait tellement dans la boisson, que quatre hommes avaient peine à l'emporter de table ; d'où il arriva que par la suite il devint épileptique, ce dont fréquemment le peuple fut témoin. Il était aussi tellement livré à l'avarice, que, quel que fût le domaine dont les limites touchaient au sien, il se croyait mort s'il n'en rognait quelque chose : aux plus forts, il enlevait avec des procès et des querelles ; aux plus faibles, il arrachait par la violence. Et, comme le dit notre Sollius (1), il dédaignait de payer n'espérant pas obtenir les titres.

En effet, il y avait alors un prêtre nommé Anastase, libre de naissance, qui, par des chartes de la reine Chrotechilde, de glorieuse mémoire, possédait quelque propriété. Souvent l'évêque était venu le trouver ; il le pria humblement et avec instance de lui donner les chartes de ladite reine, et de lui abandonner cette propriété ; mais comme le prêtre différait d'accomplir le désir de son évêque, celui-ci, après avoir essayé tantôt de le séduire par des caresses, tantôt de l'effrayer par des menaces, le fit à la fin amener malgré lui, à la ville, et l'y fit impudemment retenir, avec ordre, s'il ne livrait les titres, de l'accabler de mauvais traitements, et de le faire mourir de faim. Mais lui, opposa la résistance d'une âme énergique et refusa toujours les titres, disant qu'il valait

---

(1) Sidoine Apollinaire. Voy. plus haut, p. 78, n 3.

mieux pour lui périr de faim s'il le fallait, que de laisser ses enfants (1) dans la misère pour l'avenir. Alors, par l'ordre de l'évêque, il est remis à des gardiens chargés de le laisser *mourir de faim à moins qu'il ne livre ses chartes.* Dans la basilique de saint Cassius martyr, il y avait une crypte antique et profonde, où était un vaste tombeau de marbre de Paros, dans lequel on avait déposé le corps d'un homme des temps anciens. Le prêtre est couché dans le sépulcre, enseveli vivant sur le mort; on place sur lui une pierre qui servait de couvercle au sarcophage, et on met des gardes à l'entrée du souterrain. Mais les gardes comptant sur ce qu'il était maintenu par la pierre, allument du feu (car on était en hiver), et, assoupis par le vin chaud, ils s'endorment. Le prêtre, nouveau Jonas, implorait du fond de ce tombeau fermé, ainsi que des entrailles de l'enfer (2), la miséricorde de Dieu; et le sarcophage étant, comme nous l'avons dit, assez spacieux, sans pouvoir s'y retourner entièrement il étendait librement les mains dans tous les sens comme il le voulait. Des ossements pourris, c'est lui-même qui le racontait ensuite, s'exhalait une puanteur mortelle, qui non-seulement bouleversait les sens, mais pénétrait jusqu'au fond des entrailles. Quand il bouchait ses narines avec son manteau, il ne sentait rien de trop insupportable, tant qu'il pouvait retenir sa respiration; mais aussitôt que, se croyant près d'étouffer, il écartait un peu le manteau de son visage, il aspirait non-seulement par la bouche et par les narines, mais, pour ainsi dire, par les oreilles mêmes, cette odeur empestée. Que dirai-je de plus? Dieu, je pense, ayant eu pitié de lui, le captif étend la main droite vers les bords du sarcophage, et y trouve le levier qui, lorsqu'on avait ouvert le tombeau, était resté entre le couvercle et l'une des parois.

---

(1) Les hommes mariés entraient alors dans l'Eglise.
(2) Jonas, II, III.

En la remuant peu à peu il sentit qu'avec l'aide de Dieu la pierre se reculait ; et quand elle fut assez écartée pour que le prêtre pût sortir la tête au dehors, il agrandit aisément l'ouverture de manière à y passer tout entier. Cependant les ténèbres de la nuit commençant à couvrir le jour, sans être encore partout répandues, il gagne une autre porte du souterrain : cette porte était fermée par de très-fortes serrures et des clous très-solides ; mais elle n'était pas si bien jointe qu'on ne pût voir par les interstices des planches. Le prêtre penche la tête vers ces ouvertures et aperçoit un homme qui passait son chemin : il l'appelle, à voix basse toutefois. Celui-ci l'entend, et sans tarder, avec une hache qu'il tenait à la main, il coupe les pièces de bois auxquelles étaient attachées les serrures et ouvre au prêtre une issue. La nuit était venue ; le prêtre alors court en toute hâte à sa maison, après avoir instamment conjuré son homme de ne parler du fait à personne. Étant donc rentré chez lui et ayant pris les chartes que la reine lui avait remises, il les porte au roi Chlothachaire, en lui apprenant comment il avait été par son évêque livré vivant à la sépulture. Tout le monde était stupéfait, et disait que jamais Néron ni Hérode n'avaient commis un tel forfait, d'enfermer un homme vivant dans un sépulcre, lorsqu'arriva l'évêque Cautinus qui venait vers le roi Chlothachaire ; mais sur l'accusation du prêtre, il s'en retourna vaincu et couvert de confusion. Quant au prêtre, muni de diplômes du roi, il défendit son bien aisément, le conserva et le transmit à sa postérité. Il n'y avait dans Cautinus ni religion ni frein : complétement étranger aux lettres soit ecclésiastiques soit profanes, il était cher aux juifs, et leur était dévoué, non pour leur salut, ainsi que ce doit être le soin assidu d'un pasteur, mais pour en acquérir certains objets de prix : comme il voulait leur plaire, et qu'ils étaient ses adulateurs hautement déclarés, ils lui vendaient ces objets plus cher qu'ils ne valaient.

XIII. En ces jours-là, Chramn résidait à Clermont; beaucoup de choses déraisonnables se commettaient par lui, et cela précipita sa sortie de ce monde. Le peuple le maudissait largement. Il n'avait d'amitié pour aucun homme qui pût lui donner un bon et utile conseil : mais il rassemblait des gens de vile condition et dans la fougue de la jeunesse; il n'aimait qu'eux, et se prêtant à leurs conseils, il délivrait des ordres écrits pour faire enlever de force des filles de sénateurs. Il dépouilla Firminus du comté de la ville après l'avoir gravement outragé, et lui substitua Salustius, fils d'Évodius. Firminus se réfugia dans l'église avec sa belle-mère. C'était alors le temps du carême, et l'évêque Cautinus devait se rendre en chantant les psaumes à la paroisse de Brioude, selon l'usage établi par saint Gall, comme nous l'avons dit plus haut (1). L'évêque sortit donc de la ville en pleurant abondamment, car il craignait d'éprouver quelque malheur en chemin, le roi Chramn lui ayant fait des menaces. Tandis qu'il était en route, le roi envoya Imnacharius et Scaptharius, les premiers auprès de lui, en leur disant : « Allez, et « arrachez par force de l'église Firminus et Césaria sa belle-« mère. » Lors donc que l'évêque s'éloignait avec la procession, comme il a été dit plus haut, les émissaires de Chramn entrent dans l'église, et s'efforcent artificieusement d'amuser Firminus et Césaria par divers entretiens. Après avoir très-longtemps parlé de choses et d'autres, en se promenant dans l'église, comme les réfugiés prêtaient toute leur attention à ce qui se disait, on s'approcha des portes du sanctuaire, qui pendant ce temps avaient été ouvertes. Alors Imnacharius saisissant Firminus, et Scaptharius Césaria, dans leurs bras, ils les jettent hors de l'église à des serviteurs apostés pour les saisir et qui sur-le-champ les conduisirent en exil. Mais le jour suivant, leurs gardiens s'étant

---

(1) Chap. v, p. 150.

laissé vaincre par le sommeil, ils comprirent qu'ils étaient libres, se réfugièrent dans la basilique de Saint-Julien, et furent ainsi délivrés de l'exil; mais leurs biens furent dévolus au fisc. Quant à l'évêque Cautinus, se doutant qu'on voulait aussi lui faire du mal, il poursuivait son chemin, ayant près de lui un cheval sellé, lorsqu'il vit derrière lui des hommes à cheval qui s'avançaient pour l'atteindre. « Malheur à moi ! « dit-il ; ce sont ceux que Chramn envoie pour me pren- « dre. » Et montant à cheval, il laisse la procession, puis pressant des deux talons sa monture, il court tout seul jusqu'au portique de la basilique de Saint-Julien, où il arrive à demi mort. Nous, en racontant ces choses, nous nous rappelons ce jugement de Salluste contre ceux qui critiquent les historiens (1) : « C'est une tâche ingrate d'écrire les actions « des hommes, parce que d'abord il faut nécessairement que « les faits descendent au niveau de notre langage ; ensuite « parce que la plupart attribuent à la malveillance et à l'en- « vie le récit des fautes que vous blâmez. » Mais poursuivons notre dessein.

XIV. Chlothachaire, après la mort de Théodobald, étant devenu roi de la France (2), et s'étant mis à la parcourir, apprit des siens que les Saxons, transportés d'un nouvel accès de folie, s'étaient révoltés et qu'ils refusaient de livrer les tributs qu'ils avaient coutume de payer tous les ans. Irrité de ces paroles, il marche vers eux. Comme il était près de leur territoire, les Saxons envoient des députés chargés de lui dire : « Nous ne faisons pas mépris de toi, et ce que nous « avions coutume de payer à tes frères et à tes neveux, nous « ne le refusons pas, et nous te donnerons plus encore si tu « le demandes ; nous ne désirons qu'une chose, c'est que la « paix subsiste, afin que ton armée n'en vienne pas aux

---

(1) Sallust., *Catilina*, chap. III.
(2) C'est-à-dire de l'Austrasie.

« mains avec notre peuple. » A ces mots, Chlothachaire dit aux siens : « Ces hommes parlent bien ; ne marchons pas « sur eux de peur de pécher contre Dieu. » Mais ceux-ci dirent : « Nous savons qu'ils sont des menteurs et qu'ils ne « rempliront aucunement leurs promesses : marchons contre « eux. » Les Saxons offrirent la moitié de ce qu'ils possédaient, demandant encore la paix ; et le roi Chlothachaire dit aux siens : « Laissez, je vous prie, ces hommes de peur d'at- « tirer sur nous la colère de Dieu. » Mais ils ne l'écoutèrent pas. De nouveau les Saxons vinrent offrir leurs vêtements, leurs troupeaux, et la totalité de ce qu'ils possédaient, en disant . « Prenez tout cela avec la moitié de notre terre ; lais- « sez-nous seulement nos femmes et nos petits enfants, et « qu'il n'y ait point de guerre entre nous. » Même cela, les Francs n'y voulurent pas consentir. Le roi Chlothachaire leur dit : « Renoncez, je vous supplie, renoncez à ce projet ; « les droites paroles ne sont pas de notre côté : ne marchez « pas à une guerre où vous vous perdriez ; si vous voulez ce- « pendant y aller de votre propre commandement, moi je « ne vous suivrai pas. » Alors ceux-ci, pleins de colère contre le roi Chlothachaire, se jettent sur lui, déchirent sa tente, l'accablent lui-même de mauvais traitements et le traînant de force, ils voulaient le tuer s'il tardait à marcher avec eux. Voyant cela, Chlothachaire partit avec eux contre son gré. Mais quand le combat fut engagé, leurs adversaires firent d'eux un grand carnage, et des deux côtés il tomba une si grande multitude, qu'on ne peut estimer le nombre des morts ni songer à les compter. Alors Chlothachaire consterné demanda la paix, disant que ce n'était pas de sa propre volonté qu'il était allé contre eux, et l'ayant obtenue, il revint chez lui (1).

XV. Ceux de Tours qui s'étaient accordés en faveur du

(1) Ce chapitre semble, aussi bien que le ch. xii, l. II, tiré d'un poëme.

prêtre Eufronius (1), apprenant que le roi était revenu de la bataille des Saxons, viennent le trouver, et lui exposent leur demande à laquelle le roi répondit : « J'avais ordonné « que le prêtre Caton fût établi évêque en ce lieu; pourquoi « notre ordre a-t-il été méprisé? » Ils lui répondirent : « Nous l'avons appelé, mais il n'a pas voulu venir (2). » Comme ils disaient ces mots, arrive tout à coup le prêtre Caton, suppliant le roi de chasser l'évêque Cautinus et de l'instituer lui-même évêque de Clermont. Le roi se moquant de cette demande, Caton demanda de nouveau qu'on le nommât à Tours, ce qu'il avait précédemment dédaigné. Alors le roi lui dit : « J'avais d'abord ordonné que l'on te « sacrât évêque de Tours ; mais, à ce que j'apprends, tu as « eu cette église en mépris ; dès lors tu n'en obtiendras pas « le gouvernement; » et ainsi Caton s'en alla confus. Le roi s'informant ensuite de saint Eufronius, on lui dit qu'il était le neveu du bienheureux Grégoire, dont nous avons fait mention plus haut (3). Le roi répondit : « C'est là la pre- « mière et la grande noblesse. Que la volonté de Dieu soit « faite et que l'élection accomplie dans l'église de saint « Martin soit confirmée. » Et d'après le diplôme qu'il en donna, saint Eufronius fut ordonné évêque, le dix-huitième depuis saint Martin.

XVI. Cependant Chramn, comme nous l'avons dit, faisait toutes sortes de maux en Auvergne, toujours rempli de haine contre l'évêque Cautinus. En ce temps il fut malade si gravement qu'une fièvre violente lui fit tomber les cheveux. Il avait alors avec lui un homme généreux et distingué par sa parfaite bonté, Ascovindus, citoyen de Clermont, qui cherchait à le détourner de toutes ses forces de cette mé-

(1) Pour l'épiscopat de leur cité.
(2) Voyez chap. XI, p. 155.
(3) Voyez liv. III, chap. XIX, et *Vie des Pères*, ch. 7.

chanceté, mais sans y réussir ; car près de Chramn était aussi le Poitevin Léon, vif aiguillon pour pousser à tous les excès et qui, digne de son nom, déployait dans toutes ses passions une cruauté léonine. On rapporte qu'une fois il dit que Martin et Martial, ces confesseurs du Seigneur, ne laissaient rien qui vaille aux droits du fisc. Mais aussitôt, frappé par un miracle des confesseurs, il devint sourd et muet, et mourut en démence. Le malheureux s'était rendu dans la basilique de Saint-Martin à Tours, y avait prié pendant la nuit, y avait offert des présents ; mais la vertu accoutumée du saint ne se tourna pas vers lui, et il s'en retourna aussi malade qu'il était venu.

Chramn quittant Clermont vint en la cité de Poitiers. Il y résidait, tout-puissant, lorsque séduit par le conseil des méchants, il forma le dessein de passer à Childebert son oncle, et tendit des embûches à son père. Childebert eut la perfidie de lui promettre de le soutenir, tandis qu'il aurait dû, comme un père spirituel, l'avertir de ne pas se faire l'ennemi de son père. Ils échangent alors des serments par de secrets messagers, ils conspirent d'un commun accord contre Chlothachaire. Mais Childebert ne se rappelait pas que chaque fois qu'il avait agi contre son frère (1), il s'en était toujours retourné à sa confusion. Cette alliance conclue, Chramn revint dans le Limosin, et réduisit sous sa domination ce pays qu'il avait précédemment parcouru gouvernant pour son père. Quant aux populations de l'Auvergne, elles se tenaient renfermées dans leurs murs, et périssaient cruellement sous le poids de maux divers. Chlothachaire envoya vers Chramn deux de ses fils, Charibert et Guntchramn : ceux-ci traversant l'Auvergne, et apprenant qu'il était en Limosin, s'avancèrent jusqu'au lieu appelé la Montagne-Noire (2), où ils le trouvèrent. Ils plantent leurs ten-

(1) Voyez ci-dessus, III, IX, XXVIII, XXXI.
(2) *Montem nigrum.* Giesebrecht prétend que ce lieu s'appelle aujour-

tes, s'établissent en sa présence, et lui envoient une députation pour lui enjoindre de restituer les biens paternels qu'il avait usurpés, ou sinon de préparer son armée à combattre. Lui, feignant la soumission envers son père, leur dit : « Je « ne pourrai me dessaisir de tout le pays que j'ai pris ; mais « j'espère le conserver sous mon pouvoir par le consentement « de mon père. » Ses frères demandèrent que le combat décidât la chose entre eux. Déjà les deux armées marchant l'une contre l'autre en grand appareil en étaient venues au combat, lorsque tout à coup s'éleva une tempête accompagnée d'éclairs et de tonnerre qui empêcha la mêlée. Comme on rentrait dans les camps, Chramn, usant de ruse, fit annoncer à ses frères, par un étranger, la mort de leur père ; car à cette époque avait lieu la guerre contre les Saxons dont nous avons parlé plus haut (1). Ceux-ci, alarmés, retournèrent de toute leur promptitude en Bourgogne. Chramn marchant après eux avec son armée, s'avança jusqu'à la cité de Châlon, qu'il assiégea et gagna ; puis il poussa jusqu'au château de Dijon, où il parvint un dimanche, et je dirai ce qui arriva. Il s'y trouvait alors l'évêque saint Tétricus, dont nous avons fait mention dans un précédent ouvrage (2) ; les clercs ayant posé trois livres sur l'autel, les Prophètes, les Apôtres et les Évangiles, prièrent le Seigneur de montrer ce qui arriverait à Chramn, et de déclarer par la puissance divine s'il devait réussir, ou au moins s'il régnerait ; en même temps ils firent une convention, savoir que chacun d'eux lirait à la messe le passage qu'ils auraient trouvé à la première ouverture du livre. Ayant donc ouvert le premier de tous les livres des Prophètes, ils trouvent : *J'arracherai de là mes ceps et ils seront dans la désolation ; au lieu*

d'hui encore la *Montagne-Noire*; M. A. Jacobs propose le village de Saint-Georges de *Négremont*, à 15 kilom. d'Aubusson (Creuse).

(1) Voyez chap. x, xiv.
(2) *Vies des Pères*, ch. vii.

de porter de bons raisins ils n'ont donné que de mauvais fruits (1). Le livre de l'Apôtre ayant été ouvert, ils lisent : *Vous savez bien, mes frères, que le jour du Seigneur viendra comme un voleur dans la nuit. Lorsqu'ils auront dit : Paix et sécurité, la mort fondra sur eux tout d'un coup comme les douleurs de l'enfantement sur une femme, et ils ne pourront l'éviter* (2). Enfin le Seigneur dit, par son Évangile: *Celui qui n'écoute pas mes paroles est comparable à un insensé qui édifie sa maison sur le sable : la pluie est tombée, les torrents se sont précipités, les vents ont soufflé contre elle avec violence, et elle s'est écroulée, et la ruine en a été grande* (3). Chramn fut reçu dans les basiliques par le susdit évêque et y mangea le pain de la communion, puis il se dirigea vers Childebert; mais il ne lui fut pas permis d'entrer dans les murs du château de Dijon.

Le roi Chlothachaire combattait alors vigoureusement contre les Saxons. En effet, les Saxons soulevés, à ce qu'on assure, par Childebert, et irrités contre les Francs pour ce qui s'était passé l'année précédente, étant sortis de leur pays, avaient attaqué la France, s'étaient avancés jusqu'à la ville de Deutz (4) en pillant, et ils commirent partout de cruels forfaits.

XVII. Dans ce temps, Chramn, après avoir épousé la fille de Wilichaire (5), se rendit à Paris et s'attacha de foi et d'amitié le roi Childebert, en lui jurant qu'il était l'ennemi déclaré de son père. Childebert, tandis que Chlothachaire combattait contre les Saxons, entra dans la campa-

(1) Isaïe, V, v, iv.
(2) I Thess., V, ii, iii.
(3) Matth., VII, xxvi, xxviii.
(4) Sur le Rhin, vis-à-vis de Cologne.
(5) Duc d'Aquitaine; sa fille s'appelait *Chalda*. (Almoin et *Gest. Franc.*)

gne rémoise, et s'avança jusqu'à la ville de Reims, dévastant tout par le pillage et l'incendie. En effet, il avait ouï dire que son frère avait été tué par les Saxons, et croyant tout soumis à sa puissance, il se jeta partout où il put atteindre.

XVIII. A la même époque le duc Austrapius, ayant peur de Chramn, se réfugia dans la basilique de Saint-Martin, et dans une telle angoisse le secours divin ne lui fit pas défaut. Chramn l'avait fait resserrer de telle manière que personne n'osait lui fournir d'aliments ; et il était si étroitement gardé, qu'il ne lui était pas même permis de puiser de l'eau, afin que, bientôt poussé par le besoin, il quittât de son propre mouvement la sainte basilique pour se faire tuer. Comme il était à demi mort, quelqu'un entra lui portant à boire de l'eau dans un vase, et il venait de le prendre, quand le juge vola rapidement pour le lui arracher de la main et le répandit à terre. Mais rapidement aussi suivirent la vengeance de Dieu et les signes de la puissance du bienheureux pontife : ce jour même, le juge qui avait fait cela, saisi de la fièvre, expira au milieu de la nuit et ne put arriver jusqu'au lendemain, à cette heure où, dans la basilique du saint, il avait arraché le vase de la main du fugitif. Après ce miracle, tout le monde apporta en très-grande abondance à celui-ci les choses qui lui étaient nécessaires ; et quand le roi Chlothachaire revint dans son royaume, Austrapius fut en grand honneur près de lui. Du vivant de ce roi, il entra dans le clergé, au château de Selle, qui est dans le diocèse de Poitiers (1), et y fut ordonné évêque, afin qu'à la mort de l'évêque Pientius, qui gouvernait alors l'église de Poitiers, il lui succédât. Mais le roi Charibert en décida autrement. Quand l'évêque Pientius eut quitté le séjour de ce monde, Pascentius,

(1) *Sellense castrum.* Depuis, abbaye de *Selle* ou *Celle*, près de Melle Poitou (Deux-Sèvres).

abbé de Saint-Hilaire, fut désigné à Paris par l'ordre du roi Charibert pour lui succéder, bien qu'Austrapius criât que cette place lui était due. Mais peu lui servirent les discours qu'il proféra. Il retourna dans son château ; et là, les Teifales (1) qu'il avait souvent opprimés s'étant soulevés contre lui, il fut blessé d'un coup de lance et finit misérablement sa vie. L'église de Poitiers rentra en possession de ses paroisses (2).

XIX. Au temps du roi Chlothachaire, un saint évêque de Dieu, Médard, après avoir accompli le cours de ses bonnes œuvres, plein de jours et grand par la sainteté, mourut (3). Le roi Chlotachaire l'ensevelit avec le plus grand honneur dans la ville de Soissons, et commença à faire construire au-dessus de son corps une basilique qui fut achevée ensuite et perfectionnée par son fils Sigibert. Au tombeau de ce bienheureux, nous avons vu se rompre et tomber brisés les fers et les chaînes des captifs ; et on les garde jusqu'à ce jour, auprès de son sépulcre, comme un témoignage de sa puissance. Mais revenons aux faits antérieurs.

XX. Cependant le roi Childebert tombait malade, et après être longtemps resté à Paris couché dans son lit, il mourut (4), et fut enseveli dans la basilique du bienheureux Vincent (5), qu'il avait construite lui-même. Chlothachaire prit son royaume et ses trésors ; quant à Ultrogothe et ses deux filles (6), il les envoya en exil. Chramn revient alors

(1) *Teifales*, bande de soldats goths qui se trouvait cantonnée dans le Poitou ; ils ont donné leur nom à la ville de Tifauges, sur la Sèvre.
(2) C'étaient celles dont on avait formé comme un diocèse provisoire pour Austrapius, en attendant qu'il succédât à Pientius.
(3) Le 8 juin 545. Il était évêque de Tournai.
(4) Année 558.
(5) Depuis, Saint-Germain-des-Prés. On y a trouvé son tombeau.
(6) Ultrogothe était sa veuve ; ses deux filles, Chroteberge et Chrote-

auprès de son père, mais plus tard il le trahit encore, et se voyant perdu, il gagna la Bretagne, et là resta caché avec sa femme et ses filles chez le comte Chonobre; Wilichaire, son beau-père, se réfugia dans la basilique de Saint-Martin (1). Et alors cette sainte basilique, par suite des péchés du peuple et des outrages qui s'y commettaient, fut brûlée par Wilichaire et son épouse, ce que nous ne rappelons pas sans un profond soupir. Déjà la cité de Tours, moins d'un an auparavant, avait été consumée par le feu, et les églises qu'elle renfermait avaient été totalement dévastées. Aussitôt, la basilique de Saint-Martin fut, par les soins du roi Chlothachaire, couverte d'étain, et rétablie dans l'élégance où elle était d'abord. Alors deux armées de sauterelles parurent, qui, traversant, dit-on, l'Auvergne et le Limosin, vinrent dans la plaine de Romagnat (2), et là, se livrèrent un grand combat où la plupart d'entre elles furent détruites.

Cependant le roi Chlotachaire, furieux contre Chramn, s'avança à sa rencontre en Bretagne avec une armée, et celui-ci ne craignit pas de marcher contre son père. Les deux armées se trouvèrent en présence, concentrées dans une même plaine, et Chramn avec les Bretons commanda les troupes contre son père, jusqu'à ce que la nuit tombante fit cesser le combat. Cette même nuit, Chonobre, comte des Bretons, dit à Chramn: « Je trouve injuste que tu sois forcé de mar« cher contre ton père : laisse-moi, cette nuit, fondre sur « lui, et l'accabler avec toute son armée. » Chramn aveuglé, je le crois, par la puissance de Dieu, ne le permit point. Le matin venu, on met de chaque côté l'armée en mouvement, on se hâte l'un contre l'autre. Il marchait, le roi Chlothachaire, comme un nouveau David allant combattre

sinde. Le roi Charibert les prit sous sa protection. Voyez Fortunat, liv. VI, chap. IV.

(1) Grégoire en parle ailleurs ; *Mirac. de saint Martin.* I, XXIII.
(2) Bourg près de Clermont (Puy-de-Dôme)

son fils Absalon; il pleurait et s'écriait : « Regarde, Sei-
« gneur, du haut du ciel, et juge ma cause, car je suis in-
« justement outragé par mon fils. Regarde, et juge avec
« équité ; et prononce le même jugement que tu as pro-
« noncé entre Absalon et David son père. » Ils combattirent avec un succès égal, mais le comte des Bretons tourna
le dos et à l'instant fut tué. Chramn enfin se prépara à fuir :
il avait sur la mer des vaisseaux tout prêts ; mais au moment où il voulait sauver sa femme et ses filles, il fut écrasé
par l'armée de son père, saisi et enchaîné. On l'annonça au
roi Chlothachaire, et il ordonna qu'il fût brûlé avec sa femme
et ses filles. On les enferma dans la cabane d'un pauvre ;
Chramn, étendu sur un banc, fut étranglé avec un mouchoir, puis on mit le feu à la cabane, et ainsi périt-il avec
sa femme et ses filles (1).

XXI. Le roi Chlothachaire, la cinquante et unième année
de son règne, se mit en marche pour visiter le bienheureux
Martin avec de nombreux présents, et vint à Tours, au tombeau de ce saint pontife, repassant dans sa mémoire toutes
les fautes qu'il avait pu commettre par négligence; suppliant
avec un profond gémissement que le bienheureux confesseur
implorât pour ses péchés la miséricorde du Seigneur, et effa-
çât par son intercession les fautes que sa folie avait commises. A son retour, la cinquante et unième année de son règne,
comme il chassait dans la forêt de Cuise (2), il fut saisi de la
fièvre, et ramené dans sa métairie de Compiègne, et là cruellement tourmenté par la fièvre, il disait : « Ah! que pen-
« sez-vous que soit ce roi du ciel, qui tue ainsi de si grands
« rois ! » et plongé dans cette douleur, il rendit l'esprit. Ses
quatre fils, l'ayant fait transporter à Soissons en grand honneur, l'ensevelirent dans la basilique du bienheureux Mé-

(1) An 560. (*Chron*. de Marius.)
(2) La forêt de Compiègne.

dard. Or il mourut, à un an d'intervalle, un jour après celui où Chramn avait été tué.

XXII. Chilpéric, après les funérailles de son père, s'empara des trésors qui étaient amassés dans la ville de Braine (1), s'adressa aux Francs les plus capables, et se les soumit par des présents. Bientôt il entre dans Paris, et prend possession de la demeure du roi Childebert : mais il ne lui fut pas donné de la garder longtemps ; car ses frères, s'étant réunis, l'en chassèrent ; et tous quatre, c'est-à-dire Charibert, Guntchramn, Chilpéric et Sigibert, ils firent entre eux un partage régulier. Le sort donna à Charibert le royaume de Childebert, et Paris pour siége principal ; à Guntchramn, le royaume de Chlodomer, et Orléans pour siége ; à Chilpéric, le royaume de son père Chlothachaire, et son siége Soissons ; à Sigibert, le royaume de Theudéric, et pour siége Reims (2).

XXIII. Après la mort du roi Chlothachaire, les Huns attaquent les Gaules ; Sigibert envoie l'armée contre eux, et, les ayant combattus, les vainquit et les mit en fuite ; plus tard leur roi se concilia par ses ambassadeurs les bonnes grâces de Sigibert. Tandis que celui-ci était préoccupé de cette guerre, son frère Chilpéric envahit Reims et enleva d'autres cités qui appartenaient à son frère. De là surgit entre eux une guerre plus triste encore, une guerre civile. Sigibert, revenu vainqueur des Huns, s'empare de la cité de Soissons, et, y trouvant Théodebert, fils du roi Chilpéric, il le prend et l'envoie en exil. Puis, s'avançant contre Chilpéric, il lui livre bataille, le défait, le met en fuite, et replace sous son autorité les villes qui étaient à lui. Quant à Théodobert, fils de

---

(1) *Braine-sur-Vesle*, entre Soissons et Reims (Aisne).
(2) On ne sait que très-vaguement jusqu'où s'étendaient les limites de ces quatre royaumes ; en fait, elles étaient vraisemblablement très-peu déterminées. Cf. ci-dessus, liv. III, c. 1, page 111.

Chilpéric, il le fit garder prisonnier une année entière dans sa villa de Ponthion (1); puis, comme il était clément, il le renvoya à son père sain et sauf et enrichi de présents, mais après lui avoir fait promettre par serment de ne jamais rien entreprendre contre lui, serment qui fut violé plus tard : tel est l'effet de nos péchés (2)!

XXIV. Le roi Guntchramn ayant obtenu, comme ses frères, sa portion de royaume, renvoya Agrécula le patrice (3), et donna cette dignité à Celsus, homme de haute stature, aux larges épaules, au bras vigoureux, au langage superbe, toujours prêt à la réplique, habile dans la connaissance du droit. L'avidité de cet homme à s'enrichir devint telle qu'il enlevait souvent les biens des églises pour ajouter à ses possessions. Ayant une fois entendu lire à l'église une leçon du prophète Isaïe, dans laquelle il est dit : *Malheur à ceux qui ajoutent maison à maison et joignent une terre à une terre jusqu'à ce que l'espace leur manque* (4), il s'écria, dit-on : « Voilà qui est mal dit : malheur à moi et à mes fils ! » Il laissa un fils, qui mourut sans enfants et légua la plus grande partie de son bien aux églises que le père avait dépouillées.

XXV. Le bon roi Guntchramn mit d'abord dans son lit pour concubine Vénéranda, servante d'un de ses hommes, et en eut un fils nommé Gundebaud. Ensuite il épousa Marcatrude fille de Magnachaire (5), et il envoya son fils Gunde-

(1) *Ponthion*, près Vitri-le-Brûlé, en Pertoi (Marne).
(2) Voyez ci-après, ch. XLVII.
(3) Les rois bourguignons avaient reçu des empereurs romains ce titre qu'on trouve de même dans d'autres contrées, et se plaisaient à le porter. Sous les rois francs, il était donné à l'officier qui gouvernait ces provinces sous l'autorité du roi. Selon la chronique de Marius, Celsus mourut en 570.
(4) Isaïe, V, VIII.
(5) Cf. liv. V, ch. XVII.

baud à Orléans. Mais, jalouse de celui-ci, quand elle eut elle-même un fils, Marcatrude travailla à sa mort et le fit périr, dit-on, en lui faisant donner du poison dans un breuvage. Gundebaud étant mort, elle-même, par le jugement de Dieu, perdit le fils qu'elle avait et encourut la haine du roi ; il l'éloigna de lui et elle mourut peu après. Après celle-là, le roi prit Austrechilde surnommée Bobyla, dont il eut deux fils nommés l'aîné Chlothaire, le plus jeune Chlodomer.

XVI. Le roi Charibert prit pour épouse Ingoberge, dont il eut une fille (1) qui plus tard, en prenant un mari, fut emmenée dans le Kent. Ingoberge avait alors à son service deux jeunes filles nées d'un pauvre homme : l'une, nommée Marcovièvre, portait l'habit religieux ; la seconde s'appelait Méroflède. Le roi leur était attaché par un amour très-vif : or, elles étaient filles, avons-nous dit, d'un ouvrier en laine. Ingoberge, jalouse de ce qu'elles étaient aimées par le roi, fit travailler leur père dans son intérieur, espérant que le roi, à cette vue, prendrait les filles en aversion. Tandis que cet homme était à l'ouvrage, elle appela le roi. Celui-ci, pensant voir quelque chose de nouveau, regarde, et aperçoit de loin le père qui arrangeait les laines du palais. A ce spectacle, enflammé de colère, il délaissa Ingoberge et prit Méroflède. Il eut aussi une autre jeune fille, nommée Theudechilde, dont le père était berger, c'est-à-dire gardeur de brebis, et en eut, à ce qu'on rapporte, un fils, qui, au sortir du sein de la mère, fut porté de suite au sépulcre.

Au temps de ce roi, Léontius (2) ayant réuni dans la ville de Saintes les évêques de sa province, dégrada Émérius de

---

(1) Aldeberge ou Berthe, qui, mariée à Éthelbert, roi de Kent, travailla à le convertir au christianisme lui et tout son peuple. Voyez plus loin, liv. IX, chap. XXVI, et les chroniqueurs anglais.

(2) Évêque de Bordeaux, vers 561.

l'épiscopat, en affirmant qu'il avait reçu cet honneur d'une manière qui n'était pas canonique. En effet, il avait eu un décret du roi Chlothachaire pour être béni sans l'avis du métropolitain, qui était absent. Quand ils l'eurent chassé, ils s'accordèrent en faveur d'Héraclius, alors prêtre de la ville de Bordeaux, et après avoir signé cet accord de leurs propres mains, ils le transmirent au roi Charibert par le prêtre en question. Celui-ci, passant à Tours, fit connaître au bienheureux Eufronius ce qui s'était passé, et le pria de daigner signer cet accord : ce à quoi l'homme de Dieu se refusa hautement. Lors donc que le prêtre eut franchi les portes de la cité de Paris, il se rendit en la présence du roi, et lui dit : « Salut, roi glorieux. Le siége apostolique (1) envoie à
« ton Éminence le plus abondant salut. » — « Est-ce que,
« dit le roi, tu as visité la ville de Rome, pour nous apporter
« le salut de son pape? » — « C'est ton père Léontius,
« reprit le prêtre, qui avec les évêques de sa province, t'en-
« voie le salut, en t'informant qu'Émulus » (c'est ainsi qu'ils avaient pris l'habitude de nommer Émérius dans son enfance)
« a été rejeté de l'épiscopat, parce qu'il a brigué l'évêché de
« Saintes au mépris des règles canoniques. Ils t'ont donc
« adressé l'acte de leur accord par lequel un autre doit être
« mis à sa place; afin que les transgresseurs des canons,
« étant régulièrement condamnés, la puissance de votre gou-
« vernement se prolonge jusqu'aux âges les plus reculés. »
Il parlait encore, que le roi furieux ordonna qu'on l'ôtât de devant ses regards, qu'on le mît sur un chariot plein d'épines, et qu'on le jetât en exil, en disant : « Penses-tu donc
« qu'il n'y ait plus dans ce monde un seul des fils du roi
« Chlothachaire pour maintenir les actes de son père, que ces

(1) Les siéges métropolitains prenaient alors le nom d'Apostoliques et leurs titulaires celui de Papes, quoique la réponse de Charibert montre que c'étaient des désignations plus particulièrement réservées dès alors à l'église et à l'évêque de Rome.

« gens-là rejettent, sans notre avis, un évêque que sa vo-
« lonté avait choisi? » Et aussitôt, il fit réintégrer l'évêque
à sa place par des hommes pieux qu'il envoya, et fit partir
quelques-uns de ses chambellans, qui, après avoir exigé de
l'évêque Léontius mille pièces d'or, étaient chargés de punir
les autres évêques chacun selon ses moyens. Ainsi punit-il
l'injure faite au prince.

Ensuite Charibert épousa Marcovièvè, la sœur de Méroflède. Pour ce motif, ils furent tous deux excommuniés par
l'évêque saint Germain ; et comme le roi refusait de l'abandonner, elle fut frappée par le jugement de Dieu et mourut.
Peu après, le roi Charibert, lui-même, la suivit (1). Après sa
mort, Theudéchilde, une de ses femmes, envoya des messagers au roi Guntchramn, pour s'offrir à lui comme épouse.
Le roi lui fit répondre : « Qu'elle se hâte de venir à moi avec
« ses trésors ; car je la prendrai et la ferai grande aux yeux
« des peuples, de telle manière qu'elle aura plus grand hon-
« neur avec moi qu'avec mon frère qui vient de mourir. »
Elle, joyeuse, rassembla tout ce qu'elle possédait, et partit
pour aller le trouver. Ce que voyant, le roi dit : « Il est plus
« juste que ces trésors soient auprès de moi qu'au pouvoir de
« celle-là, qui n'était pas digne du lit de mon frère. » Alors,
lui enlevant une grande quantité de ses richesses, et ne lui
en laissant qu'une petite partie, il l'envoya au monastère
d'Arles. Là, elle ne se soumettait qu'avec peine à la con-
trainte des jeûnes et des veilles, et par des messages secrets,
elle s'adressa à un certain Goth, à qui elle promit que, s'il
voulait la conduire aux Espagnes et l'épouser, elle sortirait
du monastère avec ses trésors, et le suivrait de bon cœur. Celui-ci le promit sans hésiter. Elle avait donc rassemblé ses
effets, et les avait roulés en paquets, se préparant à sortir du
couvent, lorsque l'activité de l'abbesse prévint son projet, et

---

(1) Il mourut à Paris, entre les années 567 et 570.

ayant découvert son manége, la fit rudement fustiger, puis ordonna qu'elle fût gardée dans une prison, où elle resta jusqu'à la fin de sa vie en ce monde, soumise à de grandes souffrances.

XXVII. Le roi Sigibert, voyant que ses frères se donnaient des épouses indignes d'eux, et pour leur plaisir s'unissaient en mariage, même à des servantes, envoya une ambassade en Espagne et fit demander, avec de riches présents, Brunichilde (1), fille du roi Athanagilde. C'était une jeune fille de manières élégantes, d'un aspect gracieux, honnête et décente dans ses mœurs, prudente dans ses avis et d'aimable conversation. Son père l'accorda, et l'envoya au susdit roi avec de grands trésors. Celui-ci, ayant rassemblé les seigneurs et préparé de grands festins, la reçut pour épouse avec un plaisir et une joie immenses. Elle était soumise à la croyance arienne; mais convertie par la prédication des évêques et les exhortations du roi lui-même, elle crut, et confessa la bienheureuse Trinité réunie en un seul Dieu, reçut l'onction sainte, et, devenue catholique, elle persévère encore aujourd'hui dans la foi du Christ (2).

XXVIII. Voyant cela, le roi Chilpéric, qui avait déjà plusieurs femmes, demanda Galsuinthe, sœur de Brunichilde, promettant, par ses envoyés, qu'il abandonnerait les autres s'il pouvait obtenir une épouse digne de lui, une fille de roi. Le père, acceptant de lui ces promesses, résolut de lui envoyer sa fille de la même manière que la précédente, avec de grandes richesses. Galsuinthe était plus âgée que Brunichilde. Lorsqu'elle arriva auprès du roi Chilpéric, elle fut reçue avec grand honneur, et jointe à lui par le mariage. Il la chérissait même d'un vif amour, et elle lui avait en effet apporté avec

(1) En 566.
(2) Brunehaut ne mourut, en effet, qu'en 613.

elle de grands trésors. Mais l'amour de Frédégunde, femme qu'il avait eue auparavant, fit naître entre eux beaucoup de bruit. Déjà Galsuinthe avait été convertie à la foi catholique et avait reçu le chrême. Se plaignant au roi d'avoir à supporter de continuelles injures, et disant qu'elle ne jouissait d'aucun honneur auprès de lui, elle lui demanda la permission de retourner librement dans son pays, en lui abandonnant les trésors qu'elle avait apportés avec elle. Celui-ci éluda la demande par d'ingénieux prétextes, l'adoucit par des paroles caressantes, et à la fin la fit étrangler par un esclave. Il la trouva morte dans son lit. Après sa mort, Dieu montra sa puissance par un miracle. La lampe qui, suspendue par une corde, brûlait devant son tombeau, étant tombée sur le pavé par suite de ce que la corde se rompit sans que personne y touchât, le pavé perdit sa dureté devant elle, elle descendit comme dans une matière molle, et s'enterra à demi, sans se briser aucunement : ce qui parut à tous ceux qui en furent témoins ne pouvoir s'être fait sans un grand miracle. Quant au roi, après avoir pleuré sa mort, il reprit Frédégunde pour femme au bout de peu de jours. La chose ainsi faite, ses frères, imputant à ses ordres la mort de la reine, l'excluent du pouvoir. Chilpéric avait alors trois fils d'Audovère, sa première épouse : Théodobert, dont nous avons parlé plus haut(1), Mérovech et Chlodovech. Mais poursuivons ce que nous avons commencé.

XXIX. Cependant les Huns s'efforçaient de nouveau d'entrer dans les Gaules (2). Sigibert marcha contre eux avec son armée, et accompagné d'une grande quantité de vaillants guerriers; mais au moment de combattre, les Huns, habiles dans les arts magiques, leur font apparaître divers fantômes et les mettent en déroute. Son armée étant en fuite, Sigi-

(1) Chap. XXIII.
(2) An 566, selon Ruinart; en 569, selon Valois. Voyez chap XXIII.

bert lui-même, enfermé par les Huns, restait leur prisonnier, si plus tard, grâce à ses manières aimables et adroites, il n'eût subjugué, par l'art avec lequel il leur fit des présents, ceux qu'il n'avait pu vaincre par la supériorité des armes. Il amena leur roi par les dons qu'il lui fit à conclure avec lui une alliance telle qu'ils ne devaient jamais, leur vie durant, combattre l'un contre l'autre; et toute cette affaire est regardée, à juste titre, comme glorieuse pour Sigibert plutôt que comme lui faisant quelque honte. De son côté, le roi des Huns fit aussi beaucoup de présents au roi Sigibert. On l'appelait le Gagan (1), nom dont on nomme tous les rois de ce peuple.

XXX. Le roi Sigibert (2), voulant s'emparer de la ville d'Arles, donna l'ordre aux Arvernes de se mettre en marche. Firminus était alors comte de leur cité; il partit à leur tête. Audovaire survint d'un autre côté avec une armée, et étant entrés dans la ville d'Arles, ils en exigèrent des serments de fidélité pour le compte du roi Sigibert. Le roi Guntchramn, l'ayant appris, envoie là avec une armée le patrice Celsus, qui s'empare en route de la ville d'Avignon. Arrivé ensuite devant Arles, il en forme le siége, et commence d'attaquer les troupes de Sigibert, qui étaient renfermées derrière les murs. Alors l'évêque Sabaudus dit à celles-ci : « Franchissez les por-
« tes et engagez le combat, car vous ne pourrez protéger, en
« restant enfermés dans ces murs, ni nous ni tout ce qui est
« de la dépendance de cette ville. Si par la protection de
« Dieu vous triomphez de ceux-là, nous vous garderons la
« foi que nous vous avons jurée; si ce sont eux qui l'empor-
« tent sur vous, vous trouverez les portes ouvertes et vous y
« entrerez afin de ne pas périr. » Trompés par cette ruse, ils

(1) Gagan, Cagan, Chagan, Gargan suivant les différents manuscrits C'est le titre des princes tartares : *Khan des khans.*
(2) En 566. (Ruin.)

traversent les portes et se disposent au combat; mais, vaincus par l'armée de Celsus, ils commencent à fuir en se dirigeant vers la ville, dont ils trouvent les portes fermées. Leurs soldats frappés à coups de javelots par derrière, écrasés sous les pierres par les habitants de la ville, se dirigent vers le Rhône, et ils cherchent à gagner l'autre rive en s'étendant sur leurs boucliers. Mais beaucoup d'entre eux périrent emportés par la violence du fleuve, et le Rhône fut pour les Arvernes ce que le Simoïs avait été pour les Troyens, comme on lit dans ces vers :

« Il roule sous ses ondes les casques des guerriers, leurs bou-
« cliers, et leurs corps généreux.... — Quelques hommes appa-
« raissent nageant au milieu du vaste abîme (1). »

Ils purent à peine, comme nous l'avons dit, en nageant et en s'aidant du secours de leurs boucliers, gagner la terre à l'autre bord. Dépouillés de leurs effets, privés de leurs chevaux, ils ne rentrèrent dans leur patrie que couverts de honte. On accorda cependant à Firminus et à Audovaire la faculté de se retirer. En cette occasion, beaucoup de guerriers d'entre les Arvernes périrent, soit entraînés par l'impétuosité du courant, soit tués à coups de glaive. Ayant ainsi repris cette ville, Guntchramn, toujours fidèle à ses habitudes de bonté, restitua Avignon à l'autorité de son frère.

XXXI. Un grand prodige apparut alors dans les Gaules : ce fut ce qui arriva au château de Tauredunum (2), situé sur

___

(1) Virgile, *Énéide*, I, 104, 105 et 122.

2) Personne n'a pu dire encore où était cet endroit. Les uns l'ont cru au fort de l'Écluse, à sept lieues au-dessous de Genève, d'autres quelques lieues plus bas, à la perte du Rhône, près de Bellegarde; ou même à *Tournon* en Vivarais. Le récit de Grégoire semble plus naturel en plaçant Tauredunum sur le Rhône, avant l'entrée de ce fleuve dans le Léman; et en effet, Marius d'Avenches, dans sa *Chronique*, parle aussi

une montagne qui dominait le fleuve du Rhône. Après avoir rendu pendant plus de soixante jours je ne sais quel mugissement, cette montagne se détachant et se séparant d'un autre mont contigu, avec les hommes, les églises, les objets mobiliers et les maisons qui la couvraient, se précipita dans le fleuve, et, lui barrant l'approche de ses rives, refoula les eaux en arrière. Cet endroit en effet était fermé à droite et gauche entre des montagnes, où le torrent coule dans un étroit défilé. Inondant alors la partie supérieure de son cours, il couvrit et dévasta tout ce qui était sur ses rives. Puis cette eau amoncelée, se précipitant dans la partie inférieure, surprit inopinément les habitants comme elle avait fait plus haut, les tua, renversa les maisons, détruisit les animaux, emportant et bouleversant par cette violente et subite inondation tout ce qui était assis le long des rivages jusqu'à la cité de Genève. Plusieurs racontent que là les eaux furent en une telle masse qu'elles entrèrent dans cette ville par-dessus les murs. Cela n'est pas difficile à croire, parce que, comme nous l'avons dit, le Rhône, dans ces parages, coule resserré dans les défilés des montagnes, et qu'arrêté dans son cours, il n'avait pas de place où s'écouler par le côté, et quand il eut une fois franchi la montagne qui était descendue dans son lit, il submergea tout. Après cet événement, trente moines vinrent à l'endroit où s'était écoulé le château, et, en fouillant la terre qui était restée après la chute de la montagne, ils trouvèrent de l'airain et du fer. Comme ils étaient occupés à cela, ils entendirent la montagne mugir comme auparavant; mais ils sont retenus par une âpre cupidité, et pendant ce temps, la partie qui ne s'était pas encore écroulée tomba sur eux, les engloutit, les tua, et on ne les a jamais retrouvés.

Avant le désastre de l'Auvergne, de grands prodiges avaient

---

de ce fait, qu'il place à l'année 563, et dit qu'il se passa dans le Valais : « *Mons validus Tauredunensis, in territorio Vallensi.* »

de même effrayé cette contrée. Souvent apparurent autour du soleil trois ou quatre grandes clartés que les paysans appelaient des soleils, en disant : « Voilà trois ou quatre soleils au « ciel. » Une fois cependant, aux calendes d'octobre (1), le soleil se montra tellement obscurci, qu'il n'en restait pas le quart de lumineux; mais sombre et décoloré, il ressemblait à un sac de poil (2). Une étoile, appelée par quelques-uns *comète* et ayant un rayon semblable à une épée, se montra une année entière au-dessus de ce pays; le ciel parut tout en feu, et il apparut beaucoup d'autres signes. Dans l'église même de Clermont (3), tandis qu'on chantait un jour de fête les vigiles du matin, un de ces oiseaux huppés, que nous nommons alouette, étant entré, éteignit avec ses ailes toutes les lumières qui brûlaient, et avec la même promptitude que si elles eussent été placées dans la main d'un seul homme et plongées toutes dans l'eau. Puis, passant par-dessous la tenture dans le sanctuaire, elle en voulut éteindre la lampe, mais elle en fut empêchée par les portiers (4), et enfin tuée. Un autre oiseau fit de même aux lampes allumées dans la basilique de saint André. Et quand arriva le fléau lui-même, la mortalité fut si grande parmi le peuple dans tout le pays qu'on ne saurait compter combien de légions y périrent. Comme on manqua bientôt de cercueils et de planches, on enterrait dix personnes, et même plus, dans la même fosse. Un dimanche, on compta, dans la seule basilique de saint Pierre, trois cents corps morts. Or la mort était subite. Il naissait à l'aine ou à l'aisselle une plaie semblable à un serpent, et le venin agissait de telle manière sur les malades, que le second ou le troisième jour ils rendaient l'âme (5). En

---

(1) C'est-à-dire le 1ᵉʳ octobre.
(2) Expression de l'*Apocalypse*, v 12. (Guadet et Taranne).
(3) *In ecclesia Arverna*.
(4) *Portiers*, le moindre des quatre ordres ecclésiastiques mineurs, qui sont ceux d'acolyte, lecteur, exorciste et portier.
(5) Marius, dans sa chronique, parle de cette peste et la place en 571.

outre, la force du poison enlevait aux gens le sens. Ce fut alors que mourut aussi le prêtre Caton. Tandis qu'il y en avait beaucoup qui s'étaient enfuis devant le fléau, lui, au contraire, ensevelissant les morts, disant une messe pour chaque victime, ne voulut jamais quitter son poste. Ce prêtre avait beaucoup d'humanité et il était grand ami des pauvres ; et je crois que, s'il a eu quelque orgueil, il s'est racheté par là. Quant à l'évêque Cautinus, après avoir, par crainte de cette peste, couru en divers lieux, il rentra dans la ville, prit la maladie et mourut le vendredi saint. A la même heure, mourut aussi Tétradius son cousin. Alors, Lyon, Bourges, Chalon, Dijon, furent cruellement ravagés par ce fléau.

XXXII. Il y avait alors au monastère de Randan (1), en Auvergne, un prêtre d'une éminente vertu, nommé Julianus, homme de grande abstinence, qui ne faisait usage ni de vin ni de ragoûts, portait en tout temps un cilice sous sa tunique, était le premier à l'office de la nuit, toujours en prière, guérissait les possédés, rendait la lumière aux aveugles, et chassait sans peine, par l'invocation du nom du Seigneur et le signe de la croix, toutes les autres infirmités. Comme, à force de se tenir debout, il avait les pieds atteints d'enflure, et qu'on lui demandait pourquoi il restait toujours debout, malgré la faiblesse de son corps, il avait coutume de répondre en plaisantant dans un sens spirituel : « Ils font mon ou-« vrage tant que la vie est avec moi, et leur *appui* ne me « manque pas, car Dieu le veut ainsi. » Nous le vîmes une fois dans la basilique du bienheureux martyr Julien guérir par sa seule parole un possédé. Souvent, par la prière il apportait remède à des fièvres quartes ou autres. En ce temps de peste, il fut enlevé de ce monde pour reposer, plein de jours et de vertus.

(1) Petite ville d'Auvergne. (Puy-de-Dôme, arr. Riom.)

XXXIII. A la même époque aussi, trépassa l'abbé de ce même monastère; il eut pour successeur Sunniulfus, homme tout de simplicité et de charité, car souvent il lavait lui-même les pieds de ses hôtes, et les essuyait de ses mains. Il y avait seulement à lui reprocher qu'il dirigeait, non par la crainte, mais par les supplications, le troupeau qui lui était confié. Il avait coutume de raconter que, dans une vision, il avait été conduit auprès d'un fleuve de feu, où une foule de gens venaient se plonger de l'une des rives, comme des abeilles dans leur ruche; ceux-ci y étaient jusqu'à la ceinture, ceux-là jusqu'aux aisselles, quelques autres jusqu'au menton, tous criant avec larmes qu'ils étaient cruellement brûlés. Or, il y avait sur ce fleuve un pont tellement étroit, qu'à peine avait-il autant de large que le pied d'un homme. Sur l'autre rive se montrait une grande maison blanchie par dehors. Sunniulfus demande alors à ceux qui étaient avec lui ce que tout cela signifiait et ils répondirent : « Il sera précipité de ce pont, « celui qui sera trouvé faible dans la conduite du troupeau « qui lui a été confié; mais l'homme ferme passe sans danger, « et est introduit, plein de joie, dans la maison que tu vois « à l'autre bord. » En entendant cela, il se réveille, et dans la suite il se montra beaucoup plus sévère envers ses moines.

XXXIV. Je ferai connaître ce qui est aussi arrivé dans un certain monastère (1) à la même époque. Quant au nom du moine, comme il vit encore, je ne veux pas le nommer, de peur que ces pages arrivant jusqu'à lui, il ne se livre à un sentiment de vanité qui diminue son mérite. Un jeune homme vint au monastère, et se recommanda à l'abbé pour vivre dans le service de Dieu. Comme celui-ci faisait beaucoup d'objections, disant que le service de l'endroit était sévère, et qu'il ne pourrait remplir d'aussi grands devoirs que ceux

(1) De Bordeaux, disent plusieurs manuscrits et le sommaire du chap.

qui lui seraient ordonnés, le jeune homme promit, au nom du Seigneur, de les remplir tous; ainsi fut-il reçu par l'abbé. Quelques jours après, il se distinguait déjà en toutes choses par l'humilité et la sainteté, lorsqu'il arriva que les moines, retirant leurs blés des greniers, en mirent environ trois *corus* (1) sécher au soleil et le chargèrent d'y veiller. Tandis que les autres se reposaient et qu'il était resté à la garde du blé, tout à coup le ciel se couvrit, et une forte pluie, accompagnée d'un vent bruyant, s'approchait rapidement du monceau de grain. A cette vue, le moine ne savait plus ni que faire ni à quoi se résoudre : mais réfléchissant que, s'il appelait les autres, jamais ils n'auraient le temps de resserrer un si vaste amas dans les greniers, il met de côté toute autre pensée et se livre à la prière suppliant Dieu de ne pas faire tomber sur le blé une goutte de cette pluie. Comme il priait ainsi, se jetant à terre, la nuée se divisa, et une pluie abondante tomba tout autour du monceau sans qu'aucun grain, pour ainsi dire, fût mouillé. Cependant les autres moines, avec l'abbé, comprenant le péril, accouraient en hâte pour ramasser le blé : ils voient ce miracle, et ayant cherché le gardien, ils le trouvent non loin de là, prosterné sur le sable et priant. A cette vue l'abbé s'incline derrière lui; et la pluie passée, la prière finie, il l'appelle afin qu'il se relève, puis le fait saisir et frapper de verges, en disant : « Il te faut, mon « fils, croître humblement dans la crainte et le service de « Dieu, et ne pas te glorifier par des prodiges et des mira- « cles; » et il le tint enfermé sept jours dans sa cellule, lui ordonnant de jeûner comme un coupable, pour éloigner de lui tout sentiment de vaine gloire qui fît obstacle à sa perfection. Aujourd'hui, le même moine, comme nous l'avons appris de gens véridiques, est voué à une telle abstinence,

---

(1) Le *corus* contenait trente *modius*, et l'on a calculé, pour le temps de Charlemagne (B. Guérard), que le *modius* de froment pouvait alors valoir environ cinquante-six litres.

que, dans le temps du carême, il ne se nourrit même pas de pain, et boit seulement tous les trois jours une coupe pleine de tisane. Que le Seigneur, nous l'en prions, daigne, s'il lui plaît, le tenir en sa garde jusqu'à la fin de sa vie!

XXXV. L'évêque Cautinus étant donc mort à Clermont, comme nous l'avons dit, beaucoup de gens prétendaient à l'épiscopat, en offrant beaucoup, promettant plus encore. Le prêtre Eufrasius, fils du feu sénateur Ennodius (1), se procura chez des Juifs beaucoup d'objets précieux, et les envoya au roi par son parent Bérégésile, afin d'obtenir par des présents ce qu'il ne pouvait obtenir par son mérite. Il était élégant dans ses manières, mais peu respectable dans ses actions; il enivrait souvent des Barbares (2), mais restaurait rarement les pauvres; et c'est ce qui l'empêcha, je crois, de réussir, parce qu'il voulut acquérir les honneurs de l'épiscopat non par Dieu, mais par les hommes. D'ailleurs, on ne pouvait changer ce que Dieu avait dit par la bouche de saint Quintianus : « De la race d'Hortensius (3) il ne sort personne « qui puisse gouverner l'Église de Dieu. » L'archidiacre ayant rassemblé les clercs dans l'église de Clermont, Avitus, après avoir fait, à la vérité, beaucoup de promesses, fut élu, et ayant reçu l'acte de sa nomination n'en demanda pas moins la confirmation au roi. Firminus, qui avait été établi comte de cette cité, voulut y mettre obstacle; il n'y alla pas lui-même : seulement des amis, qu'il avait envoyés dans ce but, supplièrent le roi de laisser passer au moins un dimanche avant le sacre d'Avitus; s'ils obtenaient ce délai, ils devaient donner au roi mille sous d'or, mais le roi n'y consentit point.

(1) Ou Évodius. Voy. ch. XIII.
(2) Ce sont les Franks que Grégoire appelle ainsi, comme dans l'histoire d'Attale et plus loin, c. XLIX. Ailleurs il les nomme : « les ennemis. »
(3) Malédiction prononcée par saint Quintien contre Hortensius et sa maison, parce qu'il n'avait pas voulu lui accorder la grâce d'un de ses parents. (*Vies des Pères*, ch. IV.)

Ainsi, l'on réunit en assemblée tous les citoyens arvernes, et le bienheureux Avitus, alors archidiacre, comme nous l'avons dit, fut élu par le clergé et le peuple pour prendre la chaire pontificale ; et le roi se plut à lui faire tant d'honneur que, passant un peu par-dessus la rigueur canonique, il voulut qu'on le sacrât en sa présence, et dit : « Je veux mériter de « recevoir de sa main les eulogies (1) ; » et il lui accorda la faveur d'être sacré dans la ville de Metz. Avitus, après avoir reçu l'épiscopat, se montra grand aux yeux des hommes, en dispensant aux peuples la justice, aux indigents les bienfaits, aux veuves la consolation, aux orphelins le plus ferme appui. Un étranger arrive-t-il à lui, il est tellement choyé qu'il retrouve son père et sa patrie auprès d'Avitus qui, florissant en brillantes vertus et gardant du fond du cœur toutes les choses agréables à Dieu, arrache chez les autres le goût des plaisirs criminels, et leur inspire la pure chasteté que Dieu commande (2).

XXXVI. Sacerdos, évêque de Lyon, étant mort à Paris après ce synode qui chassa Saffaracus (3), saint Nicétius (4), qu'il avait choisi, comme nous l'avons écrit dans le livre de sa vie (5), reçut l'épiscopat : homme de toute sainteté, distingué et de mœurs pures. Quant à la charité que l'Apôtre ordonne (6) d'observer envers tous, s'il est possible, il

---

(1) *Eulogies* ou bénédictions. On appelait ainsi : 1° le sacrement de l'Eucharistie ; 2° les pains dont on prenait une portion pour la consécration ; 3° le pain bénit que les évêques et les prêtres se donnaient réciproquement, ou distribuaient au peuple ; 4° les présents quelconques, surtout ceux que faisaient les ecclésiastiques ; 5° les rétributions et prestations exigées de l'Église.

(2) Avitus mourut en 594. Grégoire était étroitement lié avec lui. Voy. *Vies des Pères*, ch. II.

(3) Deuxième concile de Paris, tenu en 551, suivant d'autres en 555.

(4) Vulgairement, saint Nizier. Il était oncle de la mère de Grégoire.

(5) *Vies des Pères*, ch. VIII.

(6) *Épît. aux Rom.*, 12, 18.

l'exerça si bien selon son pouvoir à l'égard de tous, que l'on voyait dans son cœur le Seigneur lui-même, qui est la vraie charité. S'il était fâché contre quelqu'un pour une faute, aussitôt la faute réparée, il le recevait comme s'il n'y avait pas eu d'offense ; car s'il punissait les délinquants, il pardonnait les repentants. Il était généreux en aumônes, vaillant au travail ; il s'occupait avec ardeur à ériger des églises, à construire des maisons, à ensemencer des champs, à planter des vignes ; mais toutes ces choses ne le détournaient pas de la prière. Après vingt-deux ans d'exercice dans le sacerdoce, il retourna au Seigneur : et maintenant il opère de grands miracles pour ceux qui prient sur son tombeau ; car un peu d'huile de la lampe qu'on allume chaque jour auprès de son sépulcre rend aux aveugles la clarté des yeux, chasse les démons du corps des possédés, rend la vigueur aux membres des paralytiques, et fournit, de nos jours, un grand secours à tous les malades.

Or l'évêque Priscus, qui lui avait succédé, d'accord avec Susanne son épouse (1), se mit à persécuter et à faire périr un grand nombre de ceux qui avaient été dans la familiarité du saint homme ; non qu'ils eussent été convaincus de quelque faute, saisis en flagrant délit ou surpris commettant un larcin, mais uniquement par la méchanceté haineuse qui l'enflammait de ce qu'ils avaient été fidèles à son prédécesseur. Lui et sa femme déclamaient en blasphémant beaucoup contre le saint de Dieu ; et quoique les précédents évêques eussent depuis longtemps eu soin qu'aucune femme n'entrât dans la maison épiscopale, celle-ci, avec ses filles, entrait jusque dans la chambre où les bienheureux évêques avaient dormi. La majesté divine, courroucée de telles choses, punit enfin la maison de l'évêque Priscus ; car son épouse, saisie du démon, les cheveux épars et tourmentée comme une folle,

---

(1) Certains évêques, comme on le voit ici, gardaient leurs femmes : les plus pieux s'en séparaient. (Voy. ch. XII, p. 157 et *passim*.)

appelait par toute la ville, pour qu'il lui fît grâce, le saint de Dieu qu'elle avait nié dans son bon sens et que dans sa folie elle confessait l'ami du Christ. Quant à l'évêque, frappé d'une fièvre quarte, il fut saisi d'un tremblement, et lorsque la fièvre se retirait, il restait toujours tremblant et comme stupide. Son fils aussi et toute sa famille, avaient le visage altéré et l'air idiot afin que personne ne pût douter que la vertu du saint homme les avait frappés. Priscus et ses gens continuaient en effet d'aboyer contre le saint de Dieu, et déclaraient leur ami quiconque voulait vomir des invectives contre lui. Priscus avait ordonné, au commencement de son épiscopat, que l'on exhaussât le bâtiment de la maison épiscopale; et un diacre que le saint homme, de son vivant, avait souvent, non-seulement privé de la communion pour crime d'adultère, mais qu'il avait même souvent aussi fait frapper de verges, sans avoir jamais pu l'amener à se corriger, monta sur le toit de cette maison, comme on commençait à le découvrir et dit : « Je te rends grâce, ô Jésus-« Christ, de ce qu'après la mort de cet infâme Nicétius j'ai « obtenu de pouvoir fouler ce toit sous mes pieds. » Les paroles sortaient encore de sa bouche, quand la poutre sur laquelle il se tenait manqua sous ses pieds; il tomba à terre, s'y brisa et mourut. Tandis que l'évêque et sa femme faisaient ainsi une foule de choses déraisonnables, le saint apparut en songe à quelqu'un, et lui dit : « Va dire à Priscus qu'il « amende sa mauvaise conduite, et que ses œuvres devien-« nent bonnes. Tu diras aussi au prêtre Martianus (1) : « Puisque tu approuves de telles actions, tu seras châtié ; et « si tu ne veux corriger ta perversité, tu mourras. » Cet homme, en s'éveillant, fut parler à un certain diacre et lui dit : « Va, je t'en prie, puisque tu es familier dans la maison « de l'évêque, et dis cela soit à l'évêque, soit au prêtre Mar-« tianus. » Le diacre promit de le dire, mais il changea

---

(1) *Martianus* ou *Martinus*.

d'avis, et ne voulut plus parler. Pendant la nuit, comme il était endormi, le saint lui apparut, disant : « Pourquoi n'as-« tu pas été dire ce dont l'abbé t'avait parlé? » Et il se mit à le frapper à la gorge à coups de poing. Le matin venu, le diacre, la gorge très-douloureusement enflée, alla trouver ces deux hommes, et leur confia tout ce qu'il avait entendu. Mais ceux-ci, tenant peu de compte de ce qu'il leur apprit, lui dirent que c'était une illusion de ses rêves. Le prêtre Martianus, attaqué immédiatement de la fièvre, et tombé malade, recouvra la santé : mais comme il parlait toujours en flatteur à l'évêque, et applaudissait à ses mauvaises actions et aux blasphèmes qu'il proférait contre le saint, il retomba dans la fièvre, et rendit l'esprit.

XXXVII. Dans le même temps que saint Nicétius, mourut plein de jours saint Friard, éminent par la sainteté, grand dans ses actions, noble en sa conduite, et dont nous avons rappelé quelques miracles dans le livre que nous avons écrit sur sa vie (1). Au moment de sa mort, comme l'évêque Félix arrivait, toute sa cellule trembla, en sorte que je ne doute pas qu'il n'y eût quelque chose d'angélique dans ce tremblement qui se fit à sa mort. L'évêque le lava, l'enveloppa de vêtements convenables, et le fit ensevelir.

XXXVIII. Pour en revenir à notre histoire, le roi Athanagilde étant mort en Espagne (2), Leuva, avec son frère Leuvigilde, prit le pouvoir : et après la mort de Leuva, Leuvigilde fut seul possesseur de tout le royaume. Ayant perdu sa femme, il épousa Gunthsuenthe, mère de la reine Brunichilde. Il avait alors, de sa première épouse, deux fils, dont

(1) *Vies des Pères*, chap. x.
(2) En 567. Leuvigilde fut associé au trône, en 568 ou 69, par Leuva, qui lui céda alors l'Espagne, et ne se réserva que la Septimanie. Leuva mourut en 572. (Isidore de Sév.)

l'un fut fiancé avec la fille de Sigibert, l'autre avec celle de Chilpéric (1). Puis il partagea également son royaume entre eux, et tua tous ceux qui s'étaient habitués à tuer les rois, sans rien laisser de cette race qui fût capable de pisser au mur (2).

XXXIX. L'empereur Justinien étant mort (3) dans la ville de Constantinople, Justin obtint par brigue l'empire. C'était un homme fort adonné à l'avarice, contempteur des pauvres, spoliateur des familles sénatoriales. Telle fut sa cupidité, qu'il faisait construire des coffres en fer pour y entasser des quantités de monnaies d'or. On dit aussi qu'il tomba dans l'hérésie de Pélagius. En effet, peu de temps après, étant devenu insensé, il s'associa comme César à l'empire, pour défendre ses provinces, Tibérius, homme juste, charitable, sachant discerner le juste et remporter des victoires, et, ce qui est au-dessus de tous les biens, chrétien très-orthodoxe. Le roi Sigibert envoya à l'empereur Justin des députés pour demander la paix : c'était le Franc Warinaire et l'Arverne Firminus. Prenant leur chemin par mer, ils se rendirent à Constantinople, et, ayant parlé à l'empereur, ils obtinrent ce qu'ils demandaient. Cependant ils ne rentrèrent en Gaule que l'année suivante. Ensuite Antioche et Apamée, deux très-grandes villes d'Égypte et de Syrie (4), furent prises par les Perses, et leurs peuples emmenés captifs. Alors la basilique de saint Julien d'Antioche, martyr, fut consumée par

---

(1) L'un, Herménégilde, épousa Ingonde; l'autre, Recared, ne fut que fiancé avec Rigonthe, fille de Chilpéric. (Voy. liv. VI, chap. XVIII, XXXIV, XLV.)

(2) *Ex eis mingentem ad parietem.* Expression biblique (*Rois*, liv. Ier, chap. XXV, vers. 22 ; IV. 9. 8, etc.). Je ne comprends pas les traducteurs modernes qui tous suppriment ce trait et passent l'éponge de leur pruderie sur un mouvement énergique de l'auteur. — Cf. ci-dessus l. III, c. XXX.

(3) En 565.

(4) De Syrie toutes deux; prises par les Perses en 572.

un grand incendie. Cependant des Persarméniens (1) vinrent trouver l'empereur Justin, apportant une grande quantité de tissus de soie, lui demandant son amitié, et lui racontant leurs sujets de haine contre l'empereur des Perses. En effet des envoyés étaient venus vers eux de sa part leur dire : « La sollicitude impériale veut savoir si vous conserverez « intacte l'alliance contractée avec elle. » Eux ayant répondu qu'ils exécuteraient ponctuellement tout ce qu'ils avaient promis, les députés dirent : « Ce qui fera voir que vous gar- « dez son amitié, c'est que vous adoriez le feu, comme il « l'adore lui-même. » Le peuple répondit qu'il ne ferait jamais cela, et l'évêque, qui était présent, ajouta : « Quelle di- « vinité y a-t-il dans le feu, pour qu'il puisse être adoré ? « le feu que Dieu a créé pour l'usage des hommes ; qui s'en- « flamme par les aliments qu'on lui donne, qui s'éteint « par l'eau, brûle quand on l'approche, et s'amortit faute « d'entretien. » Tandis que l'évêque poursuivait ces discours et d'autres semblables, les députés furieux le frappent à coups de bâton après l'avoir accablé d'injures. Le peuple, à la vue de son évêque couvert de sang, se jette sur les députés, les saisit, les tue ; puis, comme nous l'avons dit, ils allèrent demander l'amitié de l'empereur Justin.

XL. Palladius, fils de Brittianus autrefois comte, et de Césaria, obtint du roi Sigibert le titre de comte dans la cité des Gabales (2) ; mais une dispute qui s'était élevée entre lui et l'évêque Parthénius causait de grands maux au peuple. Souvent le comte accablait l'évêque d'injures, de nombreux outrages, d'accusations infamantes, et il envahissait les biens de l'Église, dépouillant les hommes qui relevaient d'elle. Cette

---

(1) Les Persarméniens, mentionnés dans Procope (*Guerre des Goths*, liv. IV, chap. II), doivent être, d'après lui, placés au nord-est de l'Arménie, resserrés au nord par l'Ibérie, au sud par la Perse.

(2) Javouls. Voy. page 28, n. 2.

querelle grossissant, il arriva qu'ils allèrent trouver le roi, et que, se faisant mutuellement différents reproches en sa présence, Palladius traitait l'évêque d'homme mou et efféminé : « Où sont, disait-il, tes maris avec qui tu vis dans le désor-
« dre et l'infamie ? » Mais la vengeance divine effaça bientôt ces paroles proférées contre l'évêque. Car l'année suivante, Palladius, dépouillé de l'office de comte, retourna en Auvergne : et Romanus brigua sa place. Il arriva qu'un jour s'étant rencontrés tous deux dans Clermont, comme ils se disputaient pour la poursuite de ce titre de comte, Palladius entendit quelqu'un dire que le roi Sigibert devait le faire tuer : bruit qu'on reconnut faux et répandu surtout par Romanus. Cependant l'autre, effrayé, fut réduit à une telle angoisse, qu'il menaçait de se donner la mort de sa propre main. Comme sa mère et son frère consanguin (1) Firminus veillaient attentivement à ce qu'il n'exécutât pas le projet qu'il avait formé dans l'amertume de son cœur, il se déroba quelques instants hors de la présence de sa mère, entra dans sa chambre à coucher, et profitant de ce moment de solitude, il tira son épée, appuya les pieds sur les deux traverses de la poignée, en dressa la pointe contre sa poitrine, et ayant pesé dessus, le glaive entra par une mamelle et ressortit par l'omoplate ; il se releva de nouveau, se perça de même l'autre mamelle, et tomba ; il était mort. Étonnant forfait et qui ne peut s'être accompli sans la coopération du diable : car la première blessure était de nature à le tuer, si le diable ne l'eût soutenu pour qu'il poussât jusqu'au bout cette action détestable. Sa mère accourt demi-morte, et se jette sur le pauvre corps du fils qu'elle a perdu, et toute la maison fait entendre des cris de douleur. On le porta au monastère de Cournon (2), où il fut enseveli, mais non pas auprès des chrétiens, et sans obtenir les honneurs de la messe. Il est

---

(1) Césarie était la belle-mère de Firmin, ch. XIII.
(2) A 10 kilom. S.-E. de Clermont.

bien reconnu qne tout cela lui arriva à cause seulement de l'outrage fait à l'évêque.

XLI. Alboin, roi des Langobards, qui avait pour femme Chlothosinde, fille du roi Chlothachaire, abandonna son pays pour entrer en Italie avec toute la nation des Langobards (1). En effet, ils se levèrent en armes et partirent avec femmes et enfants, résolus à se fixer là. Entrés dans cette contrée, ils la parcoururent dans tous les sens pendant sept ans, et après en avoir pillé les églises et tué les évêques, ils la soumirent à leur domination. Chlothosinde, femme d'Alboin, étant morte, il épousa une autre femme dont il avait peu de temps auparavant fait périr le père. Aussi cette femme ayant toujours son mari en haine, n'attendait que l'occasion de venger les malheurs de son père. Il s'ensuivit que s'étant éprise d'un de ses serviteurs, elle empoisonna son mari (2) ; et lorsqu'il fut mort, elle s'en alla avec ce domestique ; mais on les saisit, et on les fit mourir tous deux. Les Langobards établirent ensuite un autre roi sur eux.

XLII. Eunius, surnommé Mummolus, reçut du roi Guntchramn le titre de patrice ; j'ai pensé qu'il serait bon de reprendre de plus haut quelques détails sur l'origine de sa fortune militaire. Fils de Péonius, il était habitant de la ville d'Auxerre. Or Péonius était le comte de cette cité municipale. Ayant envoyé son fils au roi avec des présens pour obtenir le renouvellement de son titre, Mummolus, au moyen des présents de son père, brigua le comté pour lui-même, et supplanta ainsi son père, qu'il aurait dû soutenir. De là, s'avançant par degrés, il s'éleva à la dignité la plus haute.

---

(1) En 568 ou 569. Ils venaient de la Pannonie.
(2) En 573. Il s'agit de Rosamonde, fille d'un roi des Gépides. Le serviteur qu'elle aimait était Helmigise, que plus tard elle voulut aussi empoisonner ; mais celui-ci, ayant bu à moitié le poison, la força de prendre le reste, et ils moururent ensemble. (Paul Diacre, I, 27 ; II, 28, 29.)

Les Langobards s'étant jetés sur les Gaules, le patrice Amatus, qui avait récemment succédé à Celsus, marcha contre eux; et ayant engagé le combat, il y prit la fuite et y périt. Et les Langobards firent alors, dit-on, un si grand carnage des Bourguignons, qu'on ne saurait compter le nombre des morts (1). Chargés de butin, ils retournèrent en Italie. Comme ils se retiraient, Eunius, c'est-à-dire Mummolus, fut appelé par le roi et reçut la dignité suprême du patriciat. Les Langobards envahirent de nouveau les Gaules, et s'étant avancés jusqu'à *Mustias-Calmes* (2), près de la cité d'Embrun, Mummolus mit son armée de Bourguignons en mouvement, et partit avec eux. Il cerna les Langobards avec ses troupes, et tombant sur eux par les détours des forêts au moyen d'abatis qu'il y pratiqua, il en tua beaucoup, et en prit quelques-uns qu'il envoya au roi. Celui-ci les dispersa en différents lieux, et les y fit garder. Il n'y en eut qu'un petit nombre qui, ayant échappé par la fuite, purent annoncer cette nouvelle dans leur patrie.

XLIII. A ce combat se trouvèrent deux frères, Salonius et Sagittarius, tous deux évêques, qui, au lieu d'être munis de la croix céleste, étaient armés du casque et de la cuirasse du siècle, et qui, chose pire encore, tuèrent, dit-on, plusieurs ennemis de leurs propres mains (3). Telle fut la première victoire de Mummolus en bataille rangée. Après ces événements, les Saxons, qui étaient venus en Italie avec les Langobards (4), font à leur tour irruption dans les Gaules; ils

---

(1) En 571 (Ruinart).

(2) Peut-être le lieu dit *Chamousse,* près d'Embrun, au nord (Guadet et Taranne.)

(3) Salonius était évêque d'Embrun en 560. Vers 573, il y eut un Salonius évêque de Geneve. Sagittaire fut évêque de Gap depuis 566 jusqu'à environ 580. (Voy. liv. V, ch. 21.)

(4) Voy. liv. V, ch. 15.

viennent camper au village d'Estoublon (1) et dans le territoire
de Riez. Parcourant les villages qui dépendaient des cités
voisines, ils enlèvent du butin, emmènent des captifs, et ravagent tout. Mummolus, l'ayant appris, fit marcher son armée, et, fondant sur eux, en tua plusieurs milliers, sans cesser
de les massacrer jusqu'au soir, où la nuit l'obligea de finir;
car il les avait pris à l'improviste et ne se doutant nullement
de ce qui leur arriva. Le matin venu, les Saxons rangent
leur armée, et se préparent à la bataille; mais après quelques
messages échangés de part et d'autre, ils conclurent la paix:
après avoir fait des présents à Mummolus et abandonné
tout ce qu'ils avaient butiné dans le pays et leurs prisonniers,
ils se retirèrent, jurant, avant de partir, qu'ils reviendraient
dans les Gaules pour vivre soumis aux rois du pays et comme
auxiliaires des Francs. Les Saxons, étant donc retournés en
Italie, prirent avec eux leurs femmes, leurs petits enfants et
tout le mobilier qu'ils possédaient; ils avaient dessein de rentrer
dans les Gaules, afin que Sigibert les reçût, et les établît de
nouveau dans le pays d'où ils étaient sortis. Ils se partagèrent, comme on dit, en deux coins : l'un vint par la ville de
Nice, l'autre par celle d'Embrun, en suivant la même route
qu'ils avaient tenue l'année précédente, et ils firent leur
jonction sur le territoire d'Avignon. C'était alors le temps
de la moisson, et il y avait en ce lieu surtout beaucoup de
grains en plein air, dont les habitants n'avaient encore rien
rentré chez eux. Bref, les Saxons approchent des aires où
étaient les meules, se partagent entre eux la moisson, la
mettent en gerbes pour la battre, et mangent le grain sans
rien laisser à ceux qui avaient cultivé. Quand, après avoir
tout consommé, ils arrivèrent sur les bords du Rhône, afin
de passer le torrent et de se rendre dans le royaume de Sigibert, Mummolus vint à leur rencontre, et leur dit : « Vous
« ne passerez pas ce torrent! Voilà que vous avez dévasté

---

(1) Basses-Alpes, arrondissement de Digne.

« les contrées du roi mon maître, enlevé les moissons, pillé
« les troupeaux, livré les maisons au feu, coupé les oliviers
« et les vignes! Vous ne monterez pas sur cette rive-ci que
« vous n'ayez d'abord fait satisfaction à ceux que vous avez
« laissés dans la misère : sinon vous n'échapperez pas de mes
« mains sans que j'aie fait passer mon glaive sur vous, vos
« épouses et vos petits enfants ; car je vengerai l'injure faite
« à mon maître, le roi Guntchramn. » Ceux-ci, très-effrayés,
donnèrent pour se racheter plusieurs milliers de pièces d'or :
on leur permit de passer, et ils arrivèrent ainsi en Auvergne.
On était alors en printemps. Là, ils répandirent des pièces de
cuivre gravées qu'ils donnaient pour de l'or ; et chacun, en
les voyant, ne doutait pas que ce ne fût de l'or essayé et contrôlé, tant elles étaient bien colorées par je ne sais quel art.
Il en résulta que plusieurs, trompés par cet artifice, donnant
de l'or et recevant du cuivre, tombèrent dans la pauvreté.
Quant aux Saxons, étant parvenus jusqu'au roi Sigibert, ils
furent établis dans le lieu d'où ils étaient sortis d'abord.

XLIV. Dans les États du roi Sigibert, Jovinus, gouverneur
de la Provence, ayant été dépouillé de son titre, Albinus est
installé à sa place : ce motif mit entre eux une grande inimitié. Des vaisseaux venus des pays d'outre-mer ayant abordé
au port de Marseille, les gens de l'archidiacre Vigilius dérobèrent à l'insu de leur maître soixante-dix vases vulgairement
nommés *orques*, remplis d'huile et de matières graisseuses.
Le négociant, s'étant aperçu qu'on lui avait soustrait son
bien, se mit à faire des recherches actives pour découvrir où
étaient cachés les objets volés. Comme il s'en informait, il
entendit quelqu'un dire que les hommes de l'archidiacre Vigilius avaient fait le coup. Le bruit en parvint à l'archidiacre,
qui rechercha et découvrit la vérité ; mais au lieu de la publier, il commença à justifier les siens en disant : « Jamais il
« n'est sorti de ma maison un homme qui osât faire une telle
« chose. » L'archidiacre niant donc ainsi, le négociant va

trouver Albinus, expose le fait, et accuse l'archidiacre de complicité dans le crime. Or le saint jour de la naissance du Seigneur, au moment où l'évêque entrait dans l'église, l'archidiacre se présente vêtu de l'aube, invitant l'évêque, selon la coutume, à s'approcher de l'autel, et à célébrer au moment requis la solennité de ce saint jour : à l'instant, Albinus s'élance de son siége, saisit et entraîne l'archidiacre, le frappe des poings et des pieds, et le fait étroitement garder en prison. Ni l'évêque, ni les citoyens, ni les plus grands par la naissance, ni la voix du peuple entier qui réclamait ne purent jamais obtenir de lui qu'en donnant des cautions l'archidiacre pût célébrer le saint jour avec les autres, et que son accusation fût débattue plus tard; mais, sans respect pour les saintes solennités elles-mêmes, il ne craignit pas de saisir en ce jour un ministre de l'autel du Seigneur. Que dirai-je de plus? Il condamna l'archidiacre à quatre mille sous d'or; mais celui-ci se présenta devant le roi Sigibert, et obtint, à la requête de Jovinus, d'en être quitte moyennant le payement du quadruple (1).

XLV. Ensuite trois ducs des Langobards, Amon, Zaban et Rhodan (2), firent irruption dans les Gaules. Amon, prenant la route d'Embrun, s'avança jusqu'à Macheville (3), dans le territoire d'Avignon, village que le roi avait donné en présent à Mummol, et y fixa ses tentes. Zaban, descendant par

---

(1) Telle était la peine du vol manifeste en droit romain. Le voleur payait le quadruple de la valeur des objets volés. Albin avait évalué les 70 tonneaux d'huile à mille sous d'or; mais c'était une estimation *ab irato*, que Sigebert réduisit à la valeur réelle des objets.

(2) C'étaient trois des trente-cinq ducs qui se partagèrent l'autorité après la mort de Cleph, en 575. (Paul Diacre.)

(3) *Maucoil*, lieu au nord d'Avignon, arr. d'Orange (Guadet et Tar.); ou *Ménerbe*, arr. d'Apt (Expilly); ou *Manosque*, Basses-Alpes (Giesebrecht). Il vaut mieux dire qu'on ignore la situation de ce village que Grégoire appelle Machovilla ou Machaovilla.

la cité de Die, vint jusqu'à Valence, et y plaça son camp ; Rhodan attaqua la ville de Grenoble, et y dressa ses pavillons. Amon subjugua la province d'Arles avec les villes situées aux environs, et s'avançant jusqu'au Champ-des-Pierres qui avoisine Marseille (1), il dépouilla tout le pays d'hommes et de troupeaux. Il menaça aussi d'un siége les habitants d'Aix ; mais il se retira après en avoir reçu vingt-deux livres d'argent. Quant à Rhodan et à Zaban, ils traitèrent de même les lieux où ils étaient. A ces nouvelles, Mummolus mit son armée en mouvement, et marcha à la rencontre de Rhodan, qui ravageait le territoire de Grenoble. Son armée traversait avec difficulté la rivière d'Isère, quand un animal, guidé par la volonté de Dieu, entre dans le fleuve et montre un gué ; ainsi la foule put déboucher sur l'autre rive. A cette vue, les Langobards, sans hésiter, tirent leurs glaives, attaquent ces gens et le combat s'engage. Ils furent si complétement battus, que Rhodan, blessé d'un coup de lance, s'enfuit sur la crête des montagnes. De là, s'échappant à travers les défilés des forêts avec cinq cents hommes qui lui étaient restés, il parvint jusqu'à Zaban, qui assiégeait en ce moment la ville de Valence, et lui raconta tout ce qui s'était passé. Alors ils livrèrent tout indistinctement au pillage et rétrogradèrent vers Embrun. Là ils se trouvèrent en face de Mummolus qui venait avec une armée innombrable. La bataille s'étant livrée, les phalanges des Langobards furent massacrées, et les chefs en ramenèrent peu en Italie. Leur fuite les porta jusqu'à la ville de Suze, dont les habitants les reçurent fort mal, d'autant plus que Sisinnius, maître de la milice pour l'empereur, résidait dans cette ville. Un soi-disant esclave de Mummolus remit, en présence de Zaban, des lettres à Sisinnius, en le saluant au nom de Mummolus, et lui dit : « Le voici lui-même qui ap-« proche. » En entendant cela, Zaban prit rapidement sa course, sortit de la ville et disparut. Quand Amon eut appris

---

(1) C'est le territoire appelé *la Crau*.

ces nouvelles, il partit, ramassant tout ce qu'il put trouver de butin en route; mais, arrêté par les neiges, il abandonna sa proie et put à peine s'échapper avec peu de monde. La valeur de Mummolus les avait épouvantés.

XLVI. Mummolus, en effet, conduisit beaucoup de guerres, dans lesquelles ils demeura vainqueur. Après la mort de Charibert (1), comme Chilpéric s'était emparé de Tours et de Poitiers, qui, par traité, étaient échus en partage à Sigibert, ce dernier roi, d'accord avec Guntchramn son frère, fit choix de Mummolus qui fut chargé de rendre ces villes à leur maître. Celui-ci vint à Tours, en chassa Chlodovech, fils de Chilpéric, et, après avoir exigé du peuple le serment de fidélité au roi Sigibert, il se rendit à Poitiers. Basilius et Sigharius, citoyens de Poitiers, ayant rassemblé la foule, voulurent résister : il les cerna de différents côtés, les attaqua, les écrasa, les détruisit, et arrivant alors à Poitiers, il exigea le serment. Que ceci suffise pour le moment en ce qui touche Mummolus; nous dirons le reste plus tard.

XLVII. Ayant à parler de la mort d'Andarchius, je crois bien de commencer par parler de son origine et de sa patrie. Je dirai donc qu'il fut, à ce qu'on assure, esclave du sénateur Félix. Destiné au service particulier du maître, il fut mis avec lui à l'étude des lettres, et élevé avec soin il devint un esprit au-dessus de l'ordinaire : il était en effet parfaitement instruit dans les œuvres de Virgile, les livres du code Théodosien et l'art du calcul. Fier de cette science, il commença à mépriser ses maîtres, et se recommanda au patronage du duc Lupus (2), lorsque celui-ci se dirigeait vers la ville de Marseille par ordre du roi Sigibert. Le duc, en quittant cette ville, lui ordonna de le suivre, s'appliqua à l'insinuer dans

(1) Voy. ch. 26.
(2) Duc de la Champagne. Voy. plus loin, l. VI, ch. 4.

les bonnes grâces du roi Sigibert, et le lui céda pour son service. Celui-ci l'envoya en divers lieux et lui donna l'occasion de combattre. Regardé dès lors comme un personnage en dignité, il vint à Clermont, et là s'attacha par des liens d'amitié Ursus, citoyen de cette ville ; et comme il était d'un caractère entreprenant, il désira épouser la fille de celui-ci. On dit qu'il cacha sa cuirasse dans un secrétaire, où l'on a coutume de serrer les papiers, en disant à la femme d'Ursus : « Je te recommande mes pièces d'or enfermées dans « ce secrétaire ; il y en a plus de seize mille, et elles pourront « t'appartenir, si tu me donnes ta fille en mariage. »

> A quoi ne contraindrais-tu les cœurs des mortels,
> Soif exécrable de l'or !
> (Virg. Æneid., l. III, 56.)

La femme, croyant avec simplicité ce qu'il disait, promit, en l'absence de son mari, de lui donner sa fille. Lui, de retour auprès du roi, obtint et montra au juge du lieu, pour être marié avec la jeune fille, un diplôme royal dans lequel lui, Andarchius, disait : « J'ai donné des arrhes lors des fian- « çailles. » Mais le père s'y opposit en disant dans l'acte : « ... Car je n'ai jamais su d'où tu es, ni je n'ai rien qui soit « à toi. » Le procès se prolongeant et s'échauffant davantage, Andarchius demanda qu'Ursus comparût devant le roi. Arrivé à Braine, il alla à la recherche d'un autre homme, également nommé Ursus, qu'il induisit secrètement à venir devant un autel, et à y dire : « Je jure par ce lieu saint et les reliques « des bienheureux martyrs, que, si je ne te livre pas ma « fille en mariage, je te ferai satisfaction immédiate, en te « comptant seize mille sous d'or. » Des témoins se tenaient dans la sacristie, d'où ils entendaient en cachette les paroles qu'il prononçait, mais sans nullement voir la personne qui parlait. Alors Andarchius apaisa Ursus par de douces paroles, et fit si bien que celui-ci retourna dans son pays sans avoir paru devant le roi. Puis, son adversaire une fois loin, il jura qu'il était parti, et, présentant au roi un écrit qui relatait les deux serments, il dit : « Ursus a écrit en ma « faveur telle et telle chose ; je demande donc à votre gloire un « ordre (1) pour qu'il me livre sa fille en mariage, ou qu'au- « trement je sois autorisé à prendre possession de ses biens, « jusqu'à ce que j'aie touché seize mille sous ; alors j'aban- « donnerai la possession. » Ayant obtenu ses titres ainsi conçus, il retourna à Clermont, et montra au juge l'ordre du roi. Ursus se retira dans le territoire du Velai ; mais comme ses biens étaient consignés entre les mains d'An- darchius, celui-ci s'y rendit également. Étant arrivé dans une maison d'Ursus, il ordonna qu'on lui préparât à souper, et qu'on lui fît chauffer de l'eau pour se laver. Mais comme les esclaves de la maison n'obéissaient point à ce maître inconnu, il frappa les uns à coups de bâton, les autres à coups de verges, et en atteignant quelques-uns à la tête il leur fit jaillir le sang. Toute la maison est bouleversée ; on lui prépare à souper, il se lave avec de l'eau chaude, s'enivre de vin et s'étend sur un lit. Il n'avait avec lui que sept de ses serviteurs. Tandis qu'ils dormaient profondément, appe- santis par le sommeil autant que par le vin, Ursus ayant réuni ses gens, ferme les portes de la maison, qui était cons- truite en planches, en prend les clés, défait les meules de grain qui se trouvaient là, et amoncelle autour et au-dessus de la maison les monceaux de blé alors en gerbes, de manière à la couvrir si complétement qu'on ne la voyait plus. Ensuite il y mit le feu. Déjà des débris embrasés de l'édifice tombent sur ces malheureux lorsqu'ils se réveillent ; ils poussent des cris, mais il n'y avait là personne pour les écouter, jusqu'à ce que la maison étant brûlée tout entière, le feu les eût con- sumés aussi. Ursus, concevant des craintes, gagna la basilique

(1) Il faudrait dire une *formule,* car ce passage est une véritable scène de jurisprudence romaine.

de Saint-Julien (1); puis ayant fait des présents au roi, il recouvra la totalité de ses biens.

XLVIII. Chlodovech, fils de Chilpéric (2), chassé de Touraine, se rendit à Bordeaux. Tandis qu'il résidait dans cette cité, sans que personne l'inquiétât le moins du monde, un certain Sigulf, du parti de Sigibert, se dressa contre lui, et l'ayant contraint de fuir, le poursuivit au son des cors et des trompettes comme un cerf aux abois. A peine put-il trouver le passage libre pour retourner auprès de son père; cependant, étant repassé par Angers, il le rejoignit. Comme un différend s'était élevé entre les rois Guntchramn et Sigibert, le roi Guntchramn réunit à Paris tous les évêques de son royaume, afin qu'ils décidassent entre les deux ce que voulait la justice; mais la discorde civile devait croître avec une grande rapidité, et en punition de leurs péchés, les rois ne voulurent pas accepter l'avis des évêques. Le roi Chilpéric, enflammé de colère, fit envahir par Théodobert, son fils aîné, qui, pris autrefois par Sigibert (3), avait juré de lui rester fidèle, les villes de celui-ci, c'est-à-dire Tours et Poitiers, et les autres villes situées en deçà de la Loire (4). Arrivé à Poitiers, il combattit contre le duc Gundebaud; et l'armée du parti de Gundebaud ayant pris la fuite, il fit un grand carnage du peuple de ce pays. Il incendia la plus grande partie du territoire de Tours; et si les habitants ne s'étaient soumis pour le moment, il l'eût entièrement dévasté. Puis, mettant son armée en mouvement, il entre dans le Limosin, le Caorcin, et les autres provinces voisines, les ravage et les ruine, incendie les églises, enlève les instruments du culte, tue les clercs, détruit

(1) A *Brioude*, en Auvergne, liv. IV, chap. v, 13.
(2) Voy. ch. XLVI.
(3) Chap. XXIII.
(4) En deçà, relativement à Tours, où écrit Grégoire : c'est-à-dire sur la rive gauche.

les monastères d'hommes, insulte ceux des filles, et saccage tout. Et l'on entendit alors dans les églises un plus profond gémissement qu'au temps de la persécution de Dioclétien.

XLIX. Et nous sommes encore stupéfaits, et nous nous étonnons des plaies qui sont fondues sur eux! Mais rappelons-nous et ce qu'on fait leurs pères et les actions qu'eux-mêmes ils commettent. Ceux-là, après la prédication des évêques, sont passés des temples aux églises ; c'est aux dépens des églises que ceux-ci butinent chaque jour. Ceux-là ont vénéré de tout leur cœur les prêtres du Seigneur et les ont écoutés ; ceux-ci, non-seulement ne les écoutent pas, mais les persécutent. Ceux-là ont enrichi les monastères et les églises ; ceux-ci les ruinent et les détruisent. Que dirai-je du monastère de la Latte(1), où il y a des reliques du bienheureux Martin? Comme une troupe d'ennemis arrivait auprès, et se disposait à traverser la rivière voisine pour piller le monastère, les moines s'écrièrent : « Gardez-vous, « ô Barbares ! gardez-vous de passer ici ; car ce monastère « est au bienheureux Martin. » A ces mots, un grand nombre, pénétrés de la crainte de Dieu, rétrogradèrent : mais vingt d'entre eux, qui ne craignaient point Dieu, ni ne respectaient le bienheureux confesseur, montent dans un navire, traversent en cet endroit, et, stimulés par l'ennemi du genre humain, frappent les moines, bouleversent le monastère, et en pillent les biens qu'ils mettent en paquets et portent sur leur bâtiment. Dès qu'ils furent sur le fleuve, la proue violemment secouée les porta çà et là ; et comme ils étaient privés du secours des rames, ils appuyaient le bois de leurs lances au fond de la rivière pour tâcher de regagner le bord, quand le navire s'entr'ouvrit sous leurs pieds, et le fer, que chacun d'eux tenait contre lui, leur

---

(1) Peut-être au village de *Ciran-la-Late* (Indre-et-Loire, arr. Loches), non loin de Sivré, Bellesme et Neuilli (Ruin.).

entra dans la poitrine : tous périrent ainsi, transpercés par leurs propres javelots. Un seul d'entre eux, qui les avait réprimandés pour les détourner d'une telle action, resta sans blessure. Si quelqu'un juge que ceci arriva par l'effet du hasard, qu'il songe qu'entre plusieurs coupables, un seul échappa : l'innocent. Après la mort de ces gens, les moines les retirèrent de l'eau ainsi que leurs propres effets, les ensevelirent, et remportèrent dans leur maison ce qui lui appartenait.

L. Tandis que ces choses se passent, le roi Sigibert met en mouvement ces nations qui sont au delà du Rhin, et, commençant la guerre civile, se décide à marcher contre son frère Chilpéric. A cette nouvelle, Chilpéric envoie des ambassadeurs à son frère Guntchramn, et tous deux s'accordent à faire alliance de manière à ce que l'un ne laissât pas périr l'autre. Sigibert arriva amenant avec lui ses peuplades, et Chilpéric était campé de l'autre côté, à la tête de son armée. Le roi Sigibert, n'ayant aucun moyen de passer la Seine pour aller à la rencontre de son frère, envoya à son frère Guntchramn un message portant : « Si tu ne me « permets de traverser ce fleuve dans la partie qui est ton lot, « j'irai de suite sur toi avec toute mon armée. » Ce que redoutant, celui-ci conclut un traité avec lui et le laissa traverser. Chilpéric, s'apercevant à la fin que Guntchramn l'avait abandonné pour passer à Sigibert, décampa, et se retira jusqu'au bourg d'Alluye, dans le territoire de Chartres. Sigibert, l'ayant poursuivi, lui demanda jour pour le combat ; mais Chilpéric, craignant que les deux armées venant à se détruire mutuellement, la royauté elle-même de Sigibert et de lui ne s'écroulât, demanda la paix, et rendit les cités envahies à tort par Théodobert, en priant que dans aucun cas les habitants n'en fussent traités comme coupables, puisque c'était par le fer et le feu qu'il les avait injustement contraints. Les villages situés autour de Paris (1) furent pour la plupart consumés par les flammes ; les maisons et tout le reste furent saccagés par l'ennemi, et même les habitants furent emmenés captifs. Le roi conjurait qu'on ne fît pas cela ; mais il ne pouvait contenir la fureur des peuples venus de l'autre côté du fleuve du Rhin. Il supportait donc tout avec patience, jusqu'à ce qu'il pût regagner sa patrie. Alors quelques-uns de ces païens murmurèrent contre lui de ce qu'il ne voulait pas combattre. Mais lui, intrépide qu'il était, monte à cheval, court à eux, et les apaise par de douces paroles, tout en ordonnant qu'un grand nombre d'entre eux fussent plus tard lapidés. Il n'est pas douteux que leur apaisement ne put pas non plus s'accomplir sans la puissance du bienheureux Martin ; car le jour même où ils consentirent à la paix, trois paralytiques furent redressés dans la basilique du saint, puissance qu'avec l'aide de Dieu, nous prouverons plus au long dans les livres suivants.

LI. La douleur envahit mon âme en racontant ces guerres civiles. Une année s'étant écoulée, Chilpéric envoie de nouveau des députés à son frère Guntchramn pour lui dire : « Que mon frère vienne auprès de moi, et voyons-nous ; et « après avoir fait la paix, poursuivons Sigibert notre en-

(1) On a une supplique écrite à cette époque par saint Germain, évêque de Paris, à Brunehaut. « A la très-clémente et très-excellente dame, notre très-pieuse dame à toujours, la fille de la sainte Église en Jésus-Christ, la reine Brunihilde. Comme la charité se réjouit en la vérité,... il ne nous est pas permis de nous taire. Nous répéterons les paroles de la foule, paroles qui nous remplissent de crainte, et nous soumettons à la connaissance de votre piété ce que répandent, toutes les bouches, même celles du vulgaire : c'est que, par votre volonté, votre conseil et votre instigation, le très-glorieux seigneur, le roi Sigibert veut détruire ce pays. Nous ne disons pas ces choses pour qu'on croie qu'elles viennent de nous, mais nous supplions qu'aucun prétexte ne soit donné de dire qu'un si grand et si funeste malheur vienne de vous, etc. »

« nemi. » La chose se fit ainsi : après qu'ils se furent vus et se furent honorés de présents, Chilpéric mit son armée en marche et s'avança jusqu'à Reims, brûlant et saccageant tout. A cette nouvelle, Sigibert appelle de nouveau ces peuples dont nous avons parlé plus haut, vient à Paris, et se dispose à marcher contre son frère. En même temps, il envoie l'ordre aux habitants du Dunois et de la Touraine d'aller contre Théodobert. Comme ils ne se pressaient pas d'obéir, le roi met à leur tête les ducs Godegisil et Guntchramn, qui lèvent une armée et se hâtent de marcher en avant. Théodobert, abandonné des siens, resta avec peu de monde ; mais il n'hésita pas à courir au combat. La bataille ayant été engagée, Théodobert vaincu fut tué sur le champ de bataille, et son corps inanimé fut, chose douloureuse à dire, dépouillé par les ennemis. Recueilli par un certain Arnulf, il fut lavé et couvert de vêtements dignes de lui, puis enseveli dans la ville d'Angoulême. Chilpéric, apprenant que Guntchramn s'était réconcilié de nouveau avec Sigibert, se fortifia derrière les remparts de Tournai avec sa femme et ses fils.

LII. Cette année, on aperçut une lueur brillante parcourant le ciel, comme nous avons vu qu'il s'était fait jadis, avant la mort de Chlothachaire. Sigibert, s'étant emparé des villes qui sont situées en deçà de Paris, s'avança jusqu'à la cité de Rouen, dans l'intention d'abandonner ces villes aux ennemis (1) ; il fut empêché de le faire par les siens. Revenant sur ses pas, il entra dans Paris, où Brunichilde vint le joindre avec ses fils. Alors ceux des Francs qui autrefois avaient obéi à Childebert l'ancien, envoyèrent une ambassade à Sigibert, pour qu'il vînt les trouver, et qu'abandonnant Chilpéric, ils le constituassent roi sur eux. Sigibert, à cette proposition, envoya des troupes assiéger son frère dans la

---

(1) C'est-à-dire aux barbares d'outre-Rhin qui le suivaient.

ville ci-dessus nommée, projetant de s'y rendre promptement lui-même. L'évêque saint Germain lui dit : « Si tu pars « sans avoir intention de tuer ton frère, tu reviendras « vivant et vainqueur; mais si tu as un autre dessein, tu « mourras. Car ainsi a dit le Seigneur par la bouche de « Salomon : *La fosse que tu prépares pour ton frère, tu y « tomberas* (1). » Mais celui-ci, par l'effet de ses péchés, ne l'écouta point. Arrivé à un domaine nommé Vitri (2), toute l'armée se rassembla autour de lui, et l'ayant placé sur un bouclier, ils l'établirent roi au-dessus d'eux. A ce moment deux esclaves armés de forts couteaux, vulgairement nommés *scramasaxes* (3), à lame empoisonnée, séduits par les maléfices de la reine Frédégunde, s'approchent du roi, en feignant quelque autre prétexte, et le frappent aux deux flancs à la fois. Sigibert pousse un cri, tombe; et peu après il rendit l'esprit (4). Là périt aussi Charégisil, son chambellan, et là fut de même grièvement blessé Sigila (5), venu jadis de Gothie. Plus tard, étant tombé entre les mains du roi Chilpéric, on lui brûla toutes les jointures avec des fers rouges, et privé de tous ses membres l'un après l'autre, il finit sa vie d'une manière cruelle. Quant à ce Charégisil, il était aussi léger dans sa conduite que pesant pour les autres par sa cupidité. Parti de très-bas, il était devenu puissant à force de flatteries pour le roi; avide du bien d'autrui, violateur de testaments, sa vie se termina de la manière qu'il fallait pour qu'aux approches de la mort, celui-là n'obtînt pas d'accomplir sa propre volonté, qui avait si souvent annulé la dernière volonté des autres.

Cependant Chilpéric, dans une situation périlleuse, était

(1) Prov. XXVI, 27.
(2) *Vitri*, sur la Scarpe (Pas-de-Calais, arr. Arras).
(3) *Schram*, *schräg*, oblique; *sahs*, couteau. (Giesebrecht.)
(4) En 575.
(5) Il y eut donc une lutte de partis et non un simple assassinat. Le récit de Grégoire laisse à désirer.

en suspens de savoir s'il échapperait ou s'il allait périr, lorsque des messagers vinrent lui annoncer la mort de son frère. Alors il sortit de Tournai avec sa femme et ses fils, et ensevelit Sigibert dans ses vêtements royaux au bourg de Lambres (1). D'où, transporté plus tard à Soissons, dans la basilique de saint Médard qu'il avait construite lui-même, il fut enterré près de Chlothachaire son père. Il mourut la quatorzième année de son règne, âgé de quarante ans. De la mort de Theudebert l'ancien jusqu'au temps de Sigibert, on compte vingt-neuf ans. Entre la mort de Sigibert et celle de son neveu Théodobert, il s'écoula dix-huit jours. Après Sigibert, son fils Childebert régna à sa place.

Depuis le commencement du monde jusqu'au déluge	2,242 ans.
Du déluge à Abraham	942
D'Abraham à la sortie d'Égypte.............	462
De la sortie d'Égypte à la construction du temple de Salomon...........................	480
De la construction du temple à sa désolation et à la transmigration du peuple à Babylone....	390
De la transmigration à la Passion du Seigneur.	668
De la Passion du Seigneur à la mort de saint Martin	412
De la mort de saint Martin à celle de Chlodovech...................................	112
De la mort de Clodovech à celle de Theudebert..	37
De la mort de Theudebert à celle de Sigibert	29
Cela fait en somme.............	5,774 ans.

(1) Sur la Scarpe, près de Douai (Nord).

LIVRE CINQUIÈME.

1. Sur le règne de Childebert le jeune et sur sa mère.— 2. Mérovech prend Brunichilde pour épouse. — 3. Guerre contre Chilpéric et méchanceté de Rauching. — 4. Roccolen vient à Tours. — 5. Des évêques de Langres et de celui de Nantes. — 6. De Leonastès, archidiacre de Bourges. — 7. Du reclus Sénoch. — 8. De saint Germain, évêque des Parisiens. — 9. Du reclus Caluppa. — 10. Du reclus Patroclus. — 11. Des Juifs convertis par l'évêque Avitus. — 12. De l'abbé Brachion. — 13. Que Mummolus ravage le Limosin. — 14. Que Mérovech tonsuré se réfugia dans la basilique de saint Martin. — 15. Guerre entre les Saxons et les Suèves. — 16. De la mort de Macliau. — 17. Que le roi Guntchramn tua les fils de Magnacaire, et perdit les siens; doute relatif à la Pâque. — 18. De l'église de Chinon; alliance du roi Guntchramn avec Childebert. — 19. De l'évêque Prétextat et de la mort de Mérovech. — — 20. Des aumônes de Tibérius. — 21. Des évêques Salonius et Sagittarius.— 22. De Winnoc le Breton.— 23. De la mort de Samson, fils de Chilpéric. — 24. De prodiges qui parurent.— 25. Que Guntchramn-Boso enleva ses filles de la basilique de Saint-Martin et Chilpéric envahit Poitiers. — 26. Mort de Dacon et de Dracolen. — 27. Que l'armée partit pour la Bretagne. — 28. De l'expulsion des évêques Salonius et Sagittarius. — 29. Des rôles d'impôts ordonnés par Chilpéric.— 30. Ravages des Bretons. — 31. Du règne de Tiberius. — 32. Des perfidies des Bretons. — 33. La basilique de saint Denys profanée à l'occasion d'une femme. — 34. Prodiges. — 35. De la dyssenterie; mort des fils de Chilpéric.— 36. De la reine Austrechilde.— 37. De l'évêque Héraclius et du comte Nantinus. — 38. Martin, évêque de Galice. — 39. De la persécution des chrétiens dans les Espagnes. — 40. De la mort de Chlodovech. — 41. Des évêques Elafius et Eunius. — 42. Des envoyés

Galiciens; prodiges.— 43. De Maurillon, évêque de Cahors.— 44. D'une discussion avec un hérétique. — 45. Des choses que Chilpéric écrivit. — 46. De la mort de l'évêque Agrécula. — 47. De la mort de l'évêque Dalmatius.— 48. Du comte Eunomius.— 49. Méchanceté de Leudastès.— 50. Des embûches qu'il nous tendit, et comment lui-même fut humilié. — 51. Ce que le bienheureux Salvius prédit de Chilpéric.

PROLOGUE.

Je suis las de raconter la multitude des guerres civiles qui pèsent lourdement sur le peuple et le royaume des Francs, dans lequel, chose pire encore, nous voyons déjà ce temps prédit par Dieu pour le commencement des douleurs : *Le père s'élève contre le fils, le fils contre le père ; le frère contre le frère, le prochain contre le prochain* (1). Ils devaient être effrayés pourtant par les exemples des rois précédents qui, une fois divisés, avaient été tués aussitôt par leurs ennemis. Combien de fois la ville des villes elle-même, la capitale du monde entier, se perdit en s'engageant dans les guerres civiles et, la guerre cessant, sembla se relever de terre! Plût à Dieu que vous aussi, ô rois ! vous ne vous exerciez qu'à des combats semblables à ceux où se sont fatigués vos pères, afin que les gentils, effrayés déjà de votre union, fussent accablés par votre puissance ! Rappelez-vous ce qu'a fait le premier auteur de toutes vos victoires, Chlodovech, qui mit à mort tous les rois opposés, écrasa les populations ennemies, subjugua celles qui appartiennent à la patrie, et vous a laissé sur ces dernières un empire intact et absolu. Et quand il exécutait tout cela, il n'avait ni or ni argent, comme il y en a maintenant dans vos trésors. Que faites-vous? que cher-

(1) Matth., xxiv, 8; x, 21.

chez-vous? que n'avez-vous pas en abondance? Dans vos maisons, les délices surabondent; dans vos celliers, il y a superfluité de vin, de froment et d'huile; dans vos trésors, sont des monceaux d'or et d'argent. Une seule chose vous manque, c'est que, n'ayant point la paix, vous n'avez pas la grâce de Dieu. Pourquoi l'un enlève-t-il à l'autre son bien? Pourquoi l'autre convoite-t-il ce qui n'est pas à lui? Prenez garde, je vous en prie, à ce que dit l'Apôtre : *Si vous vous mordez et vous dévorez les uns les autres, voyez à n'être point détruits les uns les autres* (1). Parcourez attentivement les écrits des anciens, et vous verrez ce que produisent les guerres civiles. Recherchez dans Orosius ce qu'il dit des Carthaginois (2). Après avoir raconté que leur ville et leur pays furent détruits au bout de sept cents ans d'existence, il ajoute : « Quelle cause les a maintenus si longtemps? la con-« corde. Quelle cause les a détruits après une si longue durée? « la discorde. » Gardez-vous donc de la discorde, gardez-vous des guerres civiles, qui vous minent, vous et votre peuple. A quoi s'attendre encore, si ce n'est à ce que, quand votre armée aura succombé, vous, restés sans appui et accablés par les nations ennemies, vous ne tombiez? Si la guerre civile, ô roi! te délecte, exerce-toi à celle qui se livre dans l'homme, selon l'Apôtre (3). Que *l'esprit s'élève contre la chair;* que les vices cèdent aux vertus! et libre alors, sers ton chef, qui est le Christ, toi qui jadis, enchaîné, servais l'auteur de tout mal.

I. Lorsque Sigibert fut tué au village de Vitri, la reine Brunichilde résidait à Paris avec ses fils. Quand on lui eut annoncé ce qui était arrivé, et que, troublée par la douleur

---

(1) Paul aux Galat., v, 15.
(2) Orose, liv. IV, surtout à partir du chap. 6, parle longuement des Carthaginois, mais point dans les termes que dit Grégoire.
(3) Paul aux Galat., v, 17.

LIV. V, CHAP. II. — MÉROVECH SE MARIE AVEC BRUNICHILDE. 211

et les larmes, elle ne savait que faire, le duc Gundebaud s'empara de Childebert, son fils, encore tout petit, et l'emporta secrètement, et, l'ayant ainsi arraché à une mort imminente (1), il réunit les peuples sur lesquels son père avait régné, et l'institua roi, à peine âgé de cinq ans. Il commença de régner le jour de la naissance du Seigneur (2). Or, lorsqu'il était encore dans la première année de son règne, le roi Chilpéric vint à Paris, y saisit Brunichilde, la jeta dans la cité de Rouen, en exil, et lui prit les trésors qu'elle avait apportés à Paris. Quant à ses filles, il ordonna qu'elles fussent retenues à Meaux. Dans ce temps, Roccolen vint à Tours avec les Manceaux, pilla et commit beaucoup de forfaits. Nous rappellerons plus bas (3) comment il périt, frappé par la vertu de saint Martin, pour les maux si profonds qu'il avait commis.

II. Chilpéric envoya son fils Mérovech, avec une armée, à Poitiers : mais celui-ci, sans tenir compte de l'ordre de son père, vint à Tours, et y passa même les saints jours de la Pâque ; son armée commit de grands ravages dans le pays. Pour lui, feignant de vouloir aller trouver sa mère (4), il gagna Rouen ; là, il se joignit à la reine Brunichilde, et se l'associa par les liens du mariage. Chilpéric appréciant cela, c'est-à-dire, qu'au mépris de l'honnêteté et de la loi canonique, il avait épousé la femme de son oncle, en fut amèrement affecté : plus prompt que la parole, il se dirige aussitôt vers ladite ville. Ceux-ci l'ayant su, et connaissant son intention de les séparer, se réfugient dans une basilique de saint Martin, construite en planches sur les murs de cette

(1) En le mettant dans un sac et en le jetant par la fenêtre à un domestique (Frédégaire).
(2) A Noël, 575. Ce fut le jour où il fut reconnu solennellement ; car il régnait depuis le 8 décembre. (dom. Bouquet.)
(3) Chap. IV.
(4) Audovère, qui avait été reléguée par Chilpéric dans un monastère, au Mans. L. IV, ch. XXVIII, et Aimoin, III, IV et XV.

ville. Le roi arrive, s'efforce par nombre d'artifices de les tirer de là; et comme ils ne le croyaient pas, pensant bien qu'il agissait par ruse, il jura, leur disant que puisque telle était la volonté de Dieu, il ne chercherait pas à les séparer. Alors se rendant aux serments qu'il faisait, ils sortirent de la basilique ; le roi les embrassa, les reçut avec honneur, et mangea avec eux. Peu de jours après, prenant Mérovech avec lui, il s'en revint à Soissons.

III. Tandis qu'ils étaient encore à Rouen, quelques hommes, rassemblés dans la Champagne, attaquent la ville de Soissons, et en ayant chassé la reine Frédégunde et Chlodovech, fils de Chilpéric, ils voulaient soumettre la ville. Chilpéric, à la première nouvelle qu'il en eut, se dirigea de ce côté avec son armée, et envoya des messagers pour leur dire de ne point lui faire offense, de peur que la ruine de l'une et de l'autre armée ne s'ensuivît. Ceux-ci n'en tinrent pas compte, et se préparèrent au combat. La bataille engagée, Chilpéric eut l'avantage, mit en déroute le parti contraire, leur tua beaucoup d'utiles et vaillants hommes, mit le reste en fuite, et entra dans Soissons. Après cet événement, le roi commença à tenir son fils Mérovech pour suspect à cause de son mariage avec Brunichilde : il lui reprochait d'avoir par sa perfidie suscité cette bataille. Après l'avoir dépouillé de ses armes, il lui donna des gardiens pour veiller sur lui, quoiqu'il le laissât libre, pendant qu'il songerait à ce qu'il devait en ordonner plus tard. Mais l'âme de cette guerre était Godin, qui appartenait au territoire de Sigibert, mais était passé à Chilpéric, et avait été enrichi de ses présents ; vaincu sur le champ de bataille, il fut le premier à disparaître par la fuite. Le roi lui ôta les villages qu'il lui avait donnés sur les biens du fisc dans le territoire de Soissons, et les conféra à la basilique de Saint-Médard. Ce même Godin périt peu après, surpris par une mort subite. Rauching prit sa femme : c'était un homme rempli de toutes les vanités, bouffi d'orgueil, insolent de ses titres, traitant ses subalternes comme s'il ignorait qu'il fût homme lui-même ; dépassant toutes les bornes de la méchanceté et de la folie humaines dans ses cruautés envers les siens, et commettant des maux horribles. Si un esclave tenait devant lui, pendant son repas, comme c'était l'usage, un cierge allumé, il lui faisait mettre les jambes nues, et le forçait d'y tenir le cierge serré, jusqu'à ce que la lumière s'éteignît. Quand on l'avait rallumé, il faisait recommencer jusqu'à ce que les jambes du serviteur qui le tenaient fussent toutes brûlées : si celui-ci voulait pousser un cri ou quitter cette place et aller ailleurs, une épée nue le menaçait à l'instant ; et quand il arrivait qu'il se mit à pleurer, son maître était dans des transports de joie. Quelques personnes ont raconté en effet qu'au temps dont nous parlons, deux de ses serviteurs, un homme et une jeune fille, se prirent d'amour l'un pour l'autre, comme il arrive souvent. Cette inclination s'étant prolongée pendant deux années ou davantage, ils s'unirent et se réfugièrent ensemble dans l'église. Rauching, l'ayant appris, va trouver le prêtre du lieu, et le prie de lui rendre sur-le-champ ses deux serviteurs, auxquels il pardonne. Alors le prêtre lui dit : « Tu sais quel respect on « doit avoir pour les églises de Dieu : tu ne pourras les « ravoir que si tu jures de maintenir leur union, et que si « tu t'obliges aussi à les exempter de toute peine corporelle. » Rauching, après avoir longtemps réfléchi, incertain et silencieux, se tourna enfin vers le prêtre, plaça ses mains sur l'autel, et dit en prononçant un serment : « Jamais ils ne « seront séparés par moi ; au contraire, je ferai en sorte « qu'ils restent toujours unis. Quoiqu'il m'ait été désagréable « que cela se soit fait sans mon consentement, je l'accepte « cependant volontiers à cause de ce qu'il n'a pas épousé la « servante d'un autre, ni celle-ci l'esclave d'un étranger. » Le prêtre crut sans défiance à la promesse de cet homme rusé, et lui rendit les serviteurs ainsi pardonnés. Il les reçut en remerciant, et retourna chez lui. Aussitôt il fait arracher un arbre, et après en avoir séparé le tronc des racines et de la tête à coups de coin, il le fait creuser ; puis ayant fait ouvrir la terre à la profondeur de trois ou quatre pieds, il ordonne qu'on dépose cette caisse dans la fosse. Il y fit arranger la jeune fille comme une morte, puis jeter l'esclave sur elle, et ayant mis un couvercle par-dessus, il remplit la fosse de terre, et les ensevelit tout vifs, en disant : « Je n'ai pas violé mon serment qu'ils ne seraient jamais « séparés. » Quand le prêtre apprit cela, il accourut en hâte, et, par ses reproches à cet homme, obtint, non sans peine, qu'on les déterrât. Il retira le jeune homme encore vivant, mais il trouva la fille étouffée. Pour de telles œuvres, Rauching était d'une méchanceté accomplie, n'ayant pas d'autre talent que de rire, de tromper et de faire toutes sortes de mauvaises choses. Aussi fut-ce avec justice qu'il mourut par une action du même genre, lui qui commit de telles actions lorsqu'il jouissait de la vie : c'est ce que nous raconterons dans la suite (1).

Siggo, le référendaire, qui avait tenu le sceau (2) du roi Sigibert, et que le roi Chilpéric avait appelé pour lui faire remplir le même office qu'il avait eu du temps de son frère, quitta Chilpéric, et passa auprès de Childebert, fils de Sigibert ; tous les biens qu'il avait reçus dans le Soissonnais furent donnés à Ansoald. D'autres aussi, en grand nombre, de ceux du royaume de Sigibert qui s'étaient donnés à Chilpéric, se retirèrent. La femme de Siggo mourut peu de temps après, mais il en prit une autre.

IV. Dans ces jours-là, Roccolen, envoyé par Chilpéric,

---

(1) Liv. IX, chap. IX.

(2) Littéralement l'anneau. Le référendaire était l'officier chargé d'appliquer le sceau royal sur les actes émanés du roi. Sous les rois de la troisième race, on l'appela *chancelier*.

vint à Tours plein de jactance, et ayant établi son camp au delà de la Loire (1), nous envoya des messagers afin que nous fissions sortir de la sainte basilique Guntchramn, que l'on accusait alors de la mort de Théodobert (2). Si nous refusions, il ferait livrer aux flammes et la ville et tout ce qui était à l'entour. Après avoir entendu cela, nous lui envoyâmes une députation pour lui dire que jamais, de toute ancienneté, on n'avait rien fait de semblable à ce qu'il demandait, et qu'on ne pouvait pas à présent permettre que la sainte basilique fût violée ; que si une telle chose arrivait, cela ne tournerait à bien ni pour lui ni pour le roi qui aurait donné de pareils ordres ; qu'il devait bien plutôt redouter la sainteté de l'évêque, dont la puissance avait, la veille encore, redressé une paralytique. Mais lui, sans avoir peur de rien, étant logé dans un bâtiment de l'église situé au delà de la Loire, détruisit ce bâtiment même, qui était formé de planches jointes avec des clous ; les clous eux-mêmes furent emportés dans des sacs de cuir par les Manceaux venus avec lui, et qui abattirent les blés et ravagèrent tout. Mais tandis qu'il agit ainsi, Roccolen est frappé par Dieu et atteint de la jaunisse. Néanmoins il renvoya des ordres encore plus durs en disant : « Si aujourd'hui vous n'avez pas jeté le duc « Guntchramn hors de votre basilique, je détruirai si com- « plétement tout ce qu'il y a de jardins aux environs de la « ville, qu'on pourra y passer la charrue. » Cependant arriva le saint jour de l'Épiphanie, et cet homme commença à se sentir de plus en plus malade. Alors, ayant pris conseil des siens, il passa le fleuve et vint à la ville. Comme on sortait en procession de l'église cathédrale pour se rendre à la sainte basilique, il suivit à cheval la croix précédée des bannières ; mais, peu de temps après qu'il fut entré dans la sainte basilique, sa fureur menaçante se refroidit. Au retour

(1) Au delà, par rapport à Tours.
(2) Il s'agit du duc Gontran-Boson, voy. l. IV, ch. LI.

de l'église, il ne put ce jour-là prendre aucune nourriture, sa respiration devint très-gênée ; puis il partit pour Poitiers. On était alors aux saints jour de carême, pendant lesquels il mangea souvent du lapereau. Il avait préparé pour les calendes de mars des actes (1) destinés à tourmenter et à faire condamner par jugement les citoyens de Poitiers ; mais la veille il rendit l'âme. Ainsi s'apaisa son orgueil et son insolence.

V. En ce temps, Félix, évêque de la cité de Nantes, m'adressa des lettres pleines d'injures, m'écrivant même que mon frère avait été tué parce qu'il avait fait périr un évêque en convoitant l'épiscopat (2). Son motif pour m'écrire de pareilles choses, c'est qu'il a eu envie d'une terre appartenant à mon église, et comme je ne voulais pas la donner, il vomit contre moi, dans sa fureur, mille outrages, comme je viens de le dire. Je lui répondis un jour : « Souviens-toi de « la parole du prophète (3) : *Malheur à ceux qui ajoutent* « *maison à maison, et joignent un champ à un champ !* « *Seront-ils les seuls habitants de la terre ?* Oh ! si Marseille « t'avait eu pour évêque ! ses vaisseaux ne t'eussent jamais « apporté ni de l'huile ni d'autres épices, mais seulement « du papier (4) afin que tu pusses écrire plus à l'aise pour « diffamer les gens de bien ; mais le manque de papier met « fin à ton bavardage. » Il était d'une cupidité et d'une jactance inouïes. Mais je passerai sur tout cela pour ne pas lui ressembler, et j'expliquerai seulement comment mon frère perdit le jour, et quelle prompte vengeance Dieu tira de son

---

(1) *Actiones*; c'est-à-dire, probablement, des rôles pour la poursuite des impôts, lesquels étaient exigibles six mois après, au 1ᵉʳ septembre.
(2) Il s'agit de saint Félix, patron révéré des Nantais.
(3) Isaïe, V, viii.
(4) *Charta*. Il s'agit du *papyrus*, qu'on tirait d'Égypte et dont Marseille faisait un grand commerce.

meurtrier. Le bienheureux Tétricus (1), évêque de l'église de Langres, devenant vieux, chassa le diacre Lampadius, qui avait été son homme de confiance, et mon frère, désirant venir au secours des pauvres que cet homme avait injustement dépouillés, avait concouru à son humiliation : par là il encourut sa haine. Sur ces entrefaites, Tétricus est frappé d'un coup de sang. Comme aucun remède des médecins n'y pouvait rien, les clercs tout troublés et se trouvant presque sans pasteur, demandent Mondéric ; le roi l'accorde : il est tonsuré et ordonné évêque, sous cette condition pourtant que, tant que le bienheureux Tétricus vivrait, Mondéric régirait la ville forte de Tonnerre en qualité d'archiprêtre (2), qu'il y ferait sa résidence, et que, son prédécesseur mourant, il lui succéderait. Tandis qu'il habitait ce château, il encourut le mécontentement du roi. On disait en effet contre lui qu'il avait offert des vivres et des présents au roi Sigibert, lorsque celui-ci était venu attaquer son frère Guntchramn (3). Il fut donc tiré de Tonnerre, exilé sur le bord du Rhône, et renfermé dans une tour étroite et sans toiture, où il passa près de deux ans dans de grandes souffrances. A la demande du bienheureux évêque Nicetius, il obtint de revenir à Lyon, et il resta pendant deux mois avec lui. Mais ne pouvant obtenir du roi d'être rétabli dans le lieu d'où il avait été chassé, il s'échappa la nuit et passa au roi Sigibert(4), qui l'institua évêque dans un bourg du Larsat(4), ayant la direction d'environ quinze paroisses, occupées auparavant par certains Goths, et que revendiquait alors Dalmatius, évêque de Rhodez. A son départ, ceux de Langres, encore une fois sans pasteur, demandent pour évêque Sil-

(1) Évêque de Langres de 539 à 572. Voy. liv. IV, chap. XVI, p. 164.
(2) Voy. un cas semblable, liv. IV, ch. XVIII.
(3) Voy. liv. IV, ch. XXX ou ch. XLVIII.
(4) *Apud Arisitensem vicum.* On connaît très-bien la vallée de Larsat, entre Lodève et Milhau, mais on ignore quel est le bourg, *vicus*, auquel appartenait en propre le nom d'*Arisitensis*.

vestre, mon parent et celui du bienheureux Tétricus. Pour qu'ils en vinssent à le demander, ils avaient agi sous l'inspiration de mon frère. Pendant ce temps-là le bienheureux Tétricus meurt, Silvestre est tonsuré, ordonné prêtre et investi de tout pouvoir relativement aux biens de l'Église ; puis il se prépare à partir pour aller recevoir à Lyon la bénédiction épiscopale. Comme ces choses se passaient, ce Silvestre, qui était épileptique depuis longtemps, fut saisi d'une attaque plus cruelle encore que d'habitude, perdit connaissance, et après avoir poussé pendant deux jours un mugissement continuel, le troisième jour il rendit l'esprit. Après cet événement, Lampadius, dépouillé, comme je l'ai dit, de sa dignité et de ses biens, se joignit, en haine du diacre Pierre (1), au fils de Silvestre qu'il avait confirmé par ses intrigues dans l'idée que son père avait été tué par le diacre au moyen de maléfices. Jeune et léger de sens, celui-ci s'élève contre Pierre, et l'accuse publiquement de ce parricide. A cette nouvelle, mon frère porte la cause devant l'évêque saint Nicetius, oncle de ma mère (2), se rend à Lyon, et là, en présence de l'évêque Siagrius (3), de beaucoup d'autres prêtres, et des principaux d'entre les séculiers, il se justifia par serment d'avoir jamais trempé dans la mort de Silvestre. Mais deux ans après, le fils de Silvestre, excité de nouveau par Lampadius, atteignit le diacre Pierre sur une route, et le tua d'un coup de lance. Après quoi le corps fut relevé de terre, transporté au château fort de Dijon, et enseveli auprès de saint Grégoire, notre bisaïeul. Quant à l'homicide, il prit la fuite, et passa au roi Chilpéric, abandonnant ses biens au fisc du roi Guntchramn. Et comme il errait en divers lieux par suite de son crime, sans trouver nulle part un asile sûr où rester, à la fin le sang innocent criant, je crois, vengeance

---

(1) Le frère de Grégoire.
(2) Armentaria, sa mère, était fille d'une sœur de S. Nizier.
(3) Évêque d'Autun, depuis l'an 560.

contre lui auprès de la puissance divine, un jour qu'il traversait un village, il tira son épée et tua un homme inoffensif. Les parents, pleins de douleur de la mort de leur proche, soulevèrent une émeute ; on tira les épées, et ces gens ayant coupé le meurtrier en morceaux, en jetèrent les membres de côté et d'autre. Telle fut, par un juste jugement de Dieu, la fin de ce misérable : car, après avoir fait périr un innocent, son parent, il ne pouvait, lui qui était coupable, vivre plus longtemps : et en effet, sa mort arriva la troisième année après le crime.

Enfin ceux de Langres, après la mort de Silvestre, demandant encore un évêque, on leur donna Pappolus, qui avait été autrefois archidiacre d'Autun. Celui-ci, beaucoup de gens l'assurent, commit des iniquités ; mais nous les passons sous silence, afin de ne pas nous montrer détracteurs de nos frères : seulement je n'omettrai pas de dire quelle fut sa mort. La huitième année de son épiscopat, tandis qu'il parcourait les paroisses et les domaines de son église, le bienheureux Tétricus lui apparut une nuit, pendant qu'il dormait, et lui dit d'un air menaçant : « Que fais-tu ici, Pappolus ? « pourquoi souilles-tu mon siége ? pourquoi envahis-tu les « biens de mon église ? pourquoi disperses-tu, comme tu le « fais, les brebis qui m'ont été confiées ? Retire-toi de là ; « abandonne ce siége ; va-t'en loin de ce pays. » Et disant ces mots, il le frappe violemment à la poitrine d'une baguette qu'il avait à la main ; sur quoi celui-ci s'éveille, et tout en réfléchissant à ce que ce pouvait être, il sent un point fixé là où il avait été touché, et souffre d'une vive douleur. Cette souffrance se prolongeant, il prend en dégoût le boire et le manger, et il voit approcher le moment de sa mort. Que dire de plus ? Le troisième jour il expira, en rendant le sang par la bouche. De là il fut porté à Langres et enseveli. L'abbé Mummolus, qu'on surnomme le Bon, le remplace comme évêque. Beaucoup de personnes lui accordent de grands éloges, car on le dit chaste, sobre, modéré, toujours empressé à toute bonne action, ami de la justice, affectionné de tout cœur à la charité. Quand il fut investi de l'épiscopat, apprenant que Lampadius avait dérobé beaucoup des choses de l'église, et qu'avec les dépouilles des pauvres il avait amassé des terres, des vignes et des esclaves, il le dépouilla de tout et le fit chasser de sa présence. Réduit maintenant à une extrême pauvreté, celui-ci travaille de ses mains pour vivre. C'est assez sur ceux-là.

VI. Pendant l'année dont il vient d'être parlé, c'est-à-dire celle où, Sigibert étant mort, son fils Childebert commença de régner à sa place, il se fit beaucoup de prodiges au tombeau de saint Martin, lesquels sont décrits dans les livres que j'ai tâché de composer sur ses miracles (1). Bien qu'en un rustique langage, je n'ai pu me résigner à taire des choses que j'ai vues moi-même, ou que j'ai sues par le rapport des fidèles. J'exposerai seulement ici ce qui est arrivé à des hommes de peu de foi, qui, après avoir éprouvé la céleste puissance, ont eu recours aux remèdes terrestres : car sa puissance se montre par le châtiment des sots comme par la faveur des guérisons. Léonastès, archidiacre de Bourges, par suite de cataractes tombées sur ses yeux, perdit la vue ; après s'être promené de médecin en médecin, sans pouvoir la recouvrer, il vint à la basilique du bienheureux Martin, y resta deux ou trois mois, dans un jeûne assidu, suppliant pour que la lumière lui fût rendue. Le jour de la fête arrivé (2), ses yeux s'éclaircirent, et il commença à voir. De retour chez lui, il appela un certain juif et se fit poser aux épaules des ventouses, pour que leur effet augmentât l'éclaircissement de ses yeux : mais dès que le sang coula, il retomba dans sa cécité. Alors il retourna au saint temple, et il y resta de nouveau un long temps,

(1) On a de lui, en effet, une sorte de journal, divisé en quatre livres, des miracles qu'il crut voir s'opérer, de son temps, au tombeau de S. Martin.
(2) La fête de saint Martin.

mais il ne put recouvrer la vue. Cela ne lui fut pas accordé, je pense, à cause de son péché, conformément à cet oracle du Seigneur : *Celui qui a recevra et sera dans l'abondance ; celui qui n'a pas sera privé même de ce qu'il a.* Et à cet autre : *Voici, tu es revenu à la santé, ne pèche plus, de peur qu'il ne t'arrive encore pis* (1). La guérison de cet homme eût été durable s'il n'eût pas fait venir un juif pour augmenter l'effet de la vertu divine. Ce sont de tels hommes que l'Apôtre avertit et blâme lorsqu'il dit : *Ne vous attachez pas à un même joug avec les infidèles ; quelle union peut exister en effet entre la justice et l'iniquité ? quel commerce entre la lumière et les ténèbres ? quel accord entre le Christ et Bélial? quel rapport entre le fidèle et l'infidèle ? quel pacte entre le temple de Dieu et les idoles? Or vous êtes le temple du Dieu vivant. Sortez donc du milieu de ces gens-là, et séparez-vous d'eux, a dit le Seigneur* (2). Que tout chrétien donc apprenne par ce fait à ne point se mettre en quête de la science mondaine lorsqu'il a obtenu le remède céleste.

VII. Je veux aussi mentionner qui le Seigneur appela à lui cette année, et quels hommes ce furent ; je regarde en effet comme grand et digne de Dieu celui qui est tel, au sortir de notre terre, qu'il le place dans son paradis. Ainsi sortit de ce monde le bienheureux prêtre Sénoch, qui demeurait à Tours. Il était Theifale (3) d'origine, et devenu clerc dans le pays de Tours, il se retira dans une cellule qu'il s'était construite parmi de vieilles murailles, réunit quelques moines, et répara un oratoire détruit depuis longtemps. Il opéra sur les malades un grand nombre de miracles, que nous avons décrits dans le livre de sa vie (4).

(1) Matth., XIII, 12, et Jean V, 14.
(2) Paul, 2 Cor., VI, 14-17.
(3) Voy. liv. IV, ch. XVIII.
(4) *Vies des Pères*, chap. XVI.

VIII. Cette année (1), décéda aussi le bienheureux Germain, évêque des Parisiens. A ses funérailles, un nouveau prodige confirma les nombreux miracles qu'il avait opérés pendant sa vie mortelle. Des prisonniers l'ayant invoqué par des cris, le corps s'appesantit et fut retenu sur la place : quand ils eurent été délivrés, on le leva sans peine ; ceux mêmes qui avaient été délivrés, concourant aux honneurs de ses funérailles, se rendirent, décorés de leur liberté, jusqu'à la basilique (2) où il fut enseveli. A son tombeau, les croyants éprouvent, avec l'aide de Dieu, de nombreux effets de sa puissance, tellement que toute personne qui lui demande des choses justes remporte ses souhaits promptement exaucés. Si quelque homme zélé veut s'informer avec soin des miracles qu'il fit de son vivant, il trouvera tout dans le livre de sa vie qui a été composé par le prêtre Fortunat (3).

IX. La même année, mourut aussi le reclus Caluppa. Dès son enfance, il avait toujours été religieux ; et, retiré dans le monastère de Méallet (4), sur le territoire arverne, il montra toujours, à l'égard de ses frères, une grande humilité, comme nous l'avons écrit dans le livre de sa vie (5).

X. Il y eut aussi, dans le territoire de Bourges, un reclus nommé Patroclus, revêtu de la dignité de la prêtrise, admirable par sa sainteté et sa piété, et homme de grande abstinence ; par suite de ses jeûnes, il éprouvait souvent diverses incommodités : il ne buvait ni vin, ni bière, ni rien de ce

---

(1) Toujours l'année 576.
(2) Saint Germain fut enseveli dans la chapelle de Saint-Symphorien, attenante à l'abbaye Saint-Vincent, qui devint depuis Saint-Germain-des-Prés.
(3) Cette Vie a été publiée par Surius, par les Bollandistes, au 28 mai, et par dom Mabillon, *Act. SS. Bened.*, sæc. I.
(4) *Melitense mon.*; monastère depuis longtemps détruit ; aujourd'hui village. (Cantal, arr. de Mauriac.)
(5) *Vies des Pères*, chap. II.

qui peut enivrer, mais seulement de l'eau un peu adoucie de miel. Il n'usait non plus d'aucun ragoût, mais sa nourriture était du pain trempé dans l'eau et saupoudré de sel. Jamais le sommeil ne ferma ses yeux (1). Il s'adonnait assidûment à la prière, et s'il la suspendait un moment, c'était pour lire quelque chose ou pour écrire. Souvent, par la prière, il apportait du soulagement à ceux qui souffraient de boutons, de fièvre, ou aux autres malades. Il fit encore d'autres miracles qu'il serait trop long de raconter chacun en détail. Il portait toujours un cilice à nu sur sa peau. A l'âge de quatre-vingts ans, il sortit de ce monde pour aller au Christ. Nous avons écrit aussi un petit livre de sa vie (2).

XI. Et comme toujours notre Dieu daigne glorifier ses ministres, je raconterai ce qui arriva cette année à Clermont, relativement aux juifs (3). Le bienheureux évêque Avitus (4) les engageait à écarter le voile de la loi mosaïque, afin de pénétrer le sens spirituel de ce qu'ils lisaient, et de contempler d'un cœur pur dans les saintes Écritures le Christ, fils du Dieu vivant, promis par l'autorité prophétique et souveraine; cependant, il restait dans leurs âmes, je ne dirai pas ce voile qui cachait à Moïse la face du Seigneur (5), mais une muraille. Comme l'évêque priait toujours pour qu'ils se convertissent au Seigneur, et que le voile de la lettre se déchirât à leurs yeux (6), un d'entre eux, au saint jour de Pâques, demanda d'être baptisé; et, régénéré en Dieu par le sacrement du baptême, il s'avança avec les autres catéchumènes en robes blanches, vêtu de blanc lui-même. Au moment où le peuple franchis-

---

(1) *Oculi nunq. caligaverunt.* Cette absurdité semble n'être que l'écho d'une légende populaire fondée sur le nom du saint, *patere, pator, oculus.*
(2) *Vies des Pères*, chap. IX. — (3). Voy. Fortunat, liv. V, chap. V.
(4) Voy. liv. IV, chap. XXV. — (5) Allusion à l'Exod., XXXIII, 19.
(6) Allusion à la prière qui se fait le vendredi saint pour les juifs : *Ut Deus auferat velamen de cordibus eorum.*

sait la porte de la ville, un des juifs, à l'instigation du diable, répandit sur la tête du juif converti une huile puante ; et comme tout le peuple saisi d'horreur voulait le poursuivre à coups de pierres, l'évêque ne le permit pas. Mais le jour bienheureux où le Seigneur, après la rédemption de l'homme, est remonté glorieux au ciel, l'évêque se rendait, en chantant des Psaumes, de l'église à la basilique, lorsque la multitude qui le suivait se jeta tout entière sur la synagogue des juifs, la détruisit jusqu'aux fondements, et fit du terrain une place nette. Le lendemain, l'évêque leur adressa des émissaires pour leur dire : « Je ne vous contrains pas par la force à confesser le Fils de Dieu, je vous le prêche, et je confie à vos cœurs le sel de la science : car je suis le pasteur établi sur les brebis du Seigneur ; et ce vrai pasteur qui a souffert pour nous a dit, en parlant de vous, *qu'il a d'autres brebis qui ne sont pas de sa bergerie ; qu'il doit aussi les amener, afin qu'il n'y ait qu'un troupeau et qu'un pasteur* (1). Si donc vous voulez croire comme moi, soyez un seul troupeau placé sous ma garde ; s'il en est autrement, retirez-vous de ces lieux. » Ceux-ci hésitèrent longtemps indécis : enfin, le troisième jour, grâce, comme je crois, à l'intercession du pontife, ils lui envoyèrent, d'un accord unanime, une réponse conçue en ces termes : « Nous croyons que Jésus est le Fils « du Dieu vivant, qui nous a été si souvent promis par la « voix des prophètes ; et nous te demandons, en conséquence, « d'être lavés par le baptême, pour que nous ne persévérions « pas dans notre péché. » Joyeux de cette nouvelle, le pontife, pendant la sainte nuit de la Pentecôte, après la célébration des vigiles, se rendit au baptistère situé hors des murs de la ville (2) ; et là, toute une multitude, prosternée devant lui, demanda le baptême avec instance. Et lui, pleu-

---

(1) S. Jean Évang., x, 16.
(2) Ce qui explique comment, plus haut, à l'occasion du baptême d'un juif, le peuple se pressait aux portes de la ville.

rant de joie, les lava tous dans l'eau sainte, les oignit avec le chrême, et les réunit dans le sein de l'Église notre mère. Les cierges brûlaient, les lampes étincelaient; la cité entière resplendissait de l'éclat de ce blanc troupeau; et elle n'éprouva pas moins de joie qu'autrefois Jérusalem quand il lui fut donné de voir le Saint-Esprit descendre sur les apôtres. Or, il y en eut de baptisés plus de cinq cents. Quant à ceux qui ne voulurent pas recevoir le baptême, ils quittèrent la ville et se rendirent à Marseille (1).

XII. Ensuite trépassa Brachion, abbé du monastère de Ménat (2). Il était Thuringien d'origine, et autrefois garde-chasse au service du duc Sigivald (3), comme nous l'avons écrit ailleurs (4).

XIII. Pour revenir à notre propos, le roi Chilpéric envoya son fils Chlodovech à Tours. Celui-ci, ayant réuni une armée et traversant le territoire de Tours et d'Angers, vint jusqu'à Saintes, dont il s'empara. Cependant Mummolus, patrice du roi Guntchramn, passa avec une grande armée dans le Limosin, et opéra contre Desiderius, duc qui commandait au nom du roi Chilpéric. Dans le combat, il périt, de son armée, cinq mille hommes, et de celle de Desiderius, vingt-quatre mille. Desiderius lui-même put à peine échapper par la fuite. Le patrice Mummolus s'en retourna par l'Auvergne, que son armée dévasta en plusieurs endroits, et il rentra ainsi en Bourgogne.

XIV. Ensuite Mérovech, que son père faisait toujours gar-

---

(1) Ces juifs furent, plus tard, baptisés de force. Voy. une lettre de Grégoire le Grand (t. I, lett. 45), à Virgile, évêque d'Arles, et à Théodore, évêque de Marseille. (Dom Ruinart.)
(2) *Manatense mon.*; Puy-de-Dôme, arr. Riom.
(3) Voy. liv. III, chap. VIII, XVI, XXIII.
(4) *Vies des Pères*, chap. XII.

der, fut tonsuré, changea d'habits, et ayant pris ceux dont les clercs ont coutume de se servir, fut ordonné prêtre, puis envoyé dans un monastère du Maine, nommé Anisole (1), pour y être instruit des devoirs sacerdotaux. A cette nouvelle, Guntchramn Boson, qui résidait alors, comme nous l'avons dit (2), dans la basilique de saint Martin, envoya le sous-diacre Riculf lui donner secrètement le conseil de se réfugier dans cette même basilique. Mérovech partit, et comme il était en chemin, il rencontra Gaïlenus, son serviteur, arrivant d'un autre côté; ceux qui le conduisaient n'ayant qu'une faible escorte, Gaïlenus le dégagea pendant le trajet; alors, s'étant voilé la tête et revêtu d'un habit séculier, il gagna le temple du bienheureux Martin. Nous célébrions la messe: trouvant les portes ouvertes, il entra dans la sainte basilique. Les messes dites, il prétendit que nous devions lui donner les eulogies (3). Alors se trouvait avec nous Ragnemod, évêque du siége de Paris, qui avait succédé à saint Germain. Comme nous le refusions, il se mit à crier et à dire que nous n'avions pas le droit de le suspendre de la communion, sans l'avis de nos confrères. Sur ces paroles, ayant débattu canoniquement la cause avec l'avis du confrère qui était présent, nous lui donnâmes les eulogies. Je craignais d'ailleurs en suspendant un seul homme de la communion, de me rendre homicide pour beaucoup d'autres; car il menaçait de tuer plusieurs de nos gens, s'il n'obtenait de nous la communion. La contrée de Touraine eut cependant pour cette cause de grands désastres à supporter.

En ces jours-là, Nicetius, mari de ma nièce (4), se rendit, pour une affaire qui lui était particulière, auprès du roi Chil-

(1) Depuis, *Saint-Calais*, du nom de son fondateur *Carilefus* (Sarthe).
(2) Chap. IV.
(3) Voyez liv. IV, chap. XXXV, la note sur le mot *eulogie;* il semble signifier ici la communion.
(4) Eusthénie, fille de Justin et de la sœur unique de Grégoire, dont le nom est inconnu.

péric, avec notre diacre que nous chargeâmes de raconter au roi l'évasion de Mérovech. En les voyant, la reine Frédegunde dit : « Ce sont des espions ; ils sont venus pour s'in« former de ce que fait le roi, afin d'apprendre ce qu'ils doi« vent rapporter à Mérovech. » Et à l'instant, elle les fit dépouiller et leur fit rebrousser chemin dans un lieu d'exil, d'où ils furent relâchés au bout de sept mois. En conséquence, Chilpéric nous envoya dire par des messagers : « Chassez cet apostat de la basilique ; sinon je brûlerai par « le feu toute cette contrée. » Et quand nous lui eûmes répondu que ce qui ne s'était jamais fait au temps des hérétiques, il était impossible de le faire maintenant, en des temps chrétiens, il mit lui-même son armée en marche et la dirigea vers notre pays.

C'était la seconde année du règne de Childebert (1). Mérovech, voyant son père arrêté à ce dessein, songea, après avoir conféré avec le duc Guntchramn, à se rendre auprès de Brunichilde : « Puisse-t-il ne pas arriver, disait-il, qu'à cause « de ma personne, la basilique du seigneur Martin supporte « aucune violence, ou que son pays soit livré pour moi à la « captivité ! » Et étant entré dans la basilique, il offrit en célébrant les vigiles, tout ce qu'il avait sur lui au tombeau du bienheureux Martin, priant le saint de le secourir et de lui accorder sa faveur, afin qu'il pût prendre le pouvoir. Leudastès, alors comte (de Tours), qui ne cessait de lui tendre des piéges pour l'amour de Frédegunde, finit par massacrer par le glaive, après les avoir entourés d'embûches, plusieurs de ses serviteurs, qui étaient sortis dans la campagne. Il désirait le tuer lui-même, s'il eût pu le trouver dans un lieu commode. Mérovech, d'après le conseil de Guntchramn, et par désir de vengeance, fit saisir Marileif, premier médecin du roi qui revenait d'auprès de lui ; le fit battre très-gravement, lui enleva son or, son argent, et toutes les autres choses qu'il

1) An 577.

avait sur lui, le laissa tout nu, et même il l'eût tué, si Marileif, s'échappant des mains de ceux qui le frappaient, n'eût pu gagner l'église (1). Nous lui donnâmes plus tard des vêtements ; et, après avoir obtenu grâce pour sa vie, nous le renvoyâmes à Poitiers.

Mérovech racontait beaucoup de crimes de son père et de sa marâtre ; et quoiqu'ils fussent vrais en partie, Dieu, je crois, n'approuva pas qu'ils fussent divulgués par un fils, comme je l'ai reconnu par ce qui arriva dans la suite. En effet, un jour qu'il m'avait invité à sa table, tandis que nous étions assis l'un près de l'autre, il me demanda instamment de lui lire quelque chose pour l'instruction de son âme. Ayant donc ouvert le livre de Salomon, je pris le premier verset qui s'offrit à ma vue ; il contenait ces paroles : *L'œil qui regarde son père en face, qu'il soit crevé par les corbeaux des vallées* (2). Il ne comprit pas ; mais je considérai ce verset comme mis sous nos yeux par le Seigneur.

A la même époque, Guntchramn envoya un serviteur vers une femme qui avait un esprit de pythonisse, et qu'il connaissait dès le temps du roi Charibert, afin qu'elle lui découvrît ce qui devait lui arriver. Il affirmait, d'ailleurs, qu'elle lui avait annoncé, avant l'événement, non-seulement l'année, mais le jour et l'heure où mourrait Charibert. Par ses serviteurs, elle lui renvoya ces paroles : « Il doit arriver que « le roi Chilpéric mourra cette année, et que le roi Mérovech, » à l'exclusion de ses frères, sera maître de tout le royaume. « Pour toi, tu seras cinq ans duc de tous ses États ; mais la « sixième année, dans une cité des Gaules située sur le bord « de la Loire, à la droite de ce fleuve, tu obtiendras, par « la faveur du peuple, la grâce de l'épiscopat (3) ; puis tu

---

(1) Voy. l. VII, ch. xxv, où ce médecin est de nouveau battu et dépouillé.

(2) Prov., xxx, 17.

(3) Ces paroles font allusion, comme on le voit par la phrase suivante,

« sortiras de ce monde vieillard et plein de jours. » Quand les serviteurs, de retour, eurent rapporté cela à leur maître, aussitôt celui-ci, gonflé de vanité, comme s'il eût été déjà installé dans la chaire de l'église de Tours, vint me dire cette prédiction. Je me moquai de sa folie en lui disant : « C'est à « Dieu qu'il faut demander ces choses : on ne doit point « croire aux promesses du diable ; car il fut menteur dès le « commencement, et il n'a jamais été dans la vérité (1). » Pendant qu'il se retirait tout confus, je riais beaucoup de cet homme qui pensait devoir croire à de pareilles choses. Une nuit, après la célébration des matines dans la basilique du saint évêque, je dormais, couché sur mon lit, lorsque je vis un ange volant par les airs, qui, en passant au-dessus de la sainte basilique, dit d'une voix puissante : « Hélas, hélas ! « Dieu a frappé Chilpéric et tous ses fils ; et de tous ceux « qui sont sortis de ses reins, il n'en restera pas un seul qui « jamais gouverne son royaume. » Ce prince avait alors, de différentes femmes, quatre fils, sans compter les filles (2). Et quand plus tard ces paroles furent accomplies, je reconnus clairement que les promesses des devins étaient fausses.

Comme ces gens donc demeuraient dans la basilique de Saint-Martin, la reine Frédegunde envoya vers Guntchramn Boson, qu'elle favorisait secrètement à cause de la mort de Théodobert (3), un message conçu en ces termes : « Si tu « peux mettre Mérovech hors de la basilique, afin qu'il soit « tué, tu recevras de moi un grand présent. » Celui-ci, croyant les assassins déjà apostés, dit à Mérovech : « Pourquoi rester « ici comme des paresseux et des lâches, et nous cacher dans

à l'évêché de Tours. Cependant Tours est sur la gauche et non sur la droite du fleuve.

(1) Jean Évang., VIII, 44.
(2) A sa mort, arrivée en 584, Chilpéric laissa un fils âgé seulement de quelques mois, et qui fut Clotaire II ; les quatre fils dont il est ici question n'existaient plus alors.
(3) Voy. ci-dessus, chap. IV.

« les bâtiments de cette basilique comme des imbéciles? Fai-
« sons venir nos chevaux; prenons nos éperviers, nos chiens,
« occupons-nous de la chasse, et récréons-nous par la vue de
« la pleine campagne. » Il agissait ainsi par ruse, afin de l'entraîner hors de la sainte basilique. Guntchramn était sans
doute bon d'ailleurs, mais trop bien disposé à se parjurer ;
il ne fit jamais de serment à un ami qu'il ne l'oubliât
sur-le-champ. Étant donc sortis de la basilique, de la manière
que nous venons de dire, ils s'avancèrent jusqu'à Jouai (1),
maison proche de la ville. Mais personne ne fit de mal à Mérovech. Comme Guntchramn était alors, ainsi que nous l'avons
dit, accusé de la mort de Théodobert, le roi Chilpéric envoya au
tombeau de saint Martin des messagers avec une lettre dans
laquelle il était écrit que le roi demandait au saint de lui répondre s'il lui était permis ou non d'arracher Guntchramn
de sa basilique. Le diacre Baudegisile, qui présenta cette
lettre, la déposa sur le saint tombeau avec une feuille
blanche, qu'il avait apportée en même temps. Après trois
jours d'attente, ne recevant aucune réponse, il retourna auprès de Chilpéric (2). Celui-ci envoya d'autres personnes pour
exiger de Guntchramn le serment de ne pas quitter la basilique sans qu'il le sût. Celui-ci s'empressa de jurer, en prenant à témoin la nappe de l'autel, qu'il ne sortirait jamais de
là sans la permission du roi.

Cependant Mérovech, ne s'en rapportant pas à la pythonisse, plaça trois livres sur le tombeau du saint, savoir: le
Psautier, les Rois, les Évangiles, et passa toute la nuit en
prières, demandant que le saint confesseur lui montrât ce
qui arriverait, et que le Seigneur lui fît connaître s'il pour-

---

(1) *Jouay*, près Tours, au sud, sur la rive gauche du Cher.
(2) Les réflexions sur cette démarche de Chilpéric sont inutiles ; mais
on peut remarquer que les prêtres qui veillaient au tombeau du saint
ne profitèrent pas de la simplicité du roi, pour lui faire une réponse au
nom de saint Martin. (Guadet et Tar.)

rait, ou non, arriver au trône (1). Ensuite, ayant continué pendant trois jours ses jeûnes, ses veilles et ses prières, il s'approcha de nouveau du bienheureux tombeau, et ouvrit un des livres, qui était celui des Rois. Or, le premier verset de la page à laquelle il ouvrit était celui-ci : *Parce que vous avez abandonné le Seigneur votre Dieu pour courir après des dieux étrangers, et n'avez point marché droit devant lui, le Seigneur votre Dieu vous a livrés entre les mains de vos ennemis* (2). Dans le Psautier, le verset qu'on trouva fut : *C'est en punition de leur perfidie que vous leur avez envoyé ces maux : vous les avez renversés dans le temps qu'ils s'élevaient. Comment sont-ils tombés dans la désolation? ils ont manqué tout à coup ; ils ont péri à cause de leurs iniquités* (3). On trouva ceci dans les Évangiles : *Vous savez que la Pâque se fera dans deux jours, et que le Fils de l'homme sera livré pour être crucifié* (4). Confondu par ces réponses, il pleura longtemps sur le tombeau du bienheureux pontife ; puis, ayant pris avec lui le duc Guntchramn, il partit, accompagné de cinq cents hommes ou un peu plus. Ayant donc quitté la sainte basilique, comme

(1) On a déjà vu quelque chose de semblable l. II, chap. XXXVII, et liv. IV, chap. XVI. Cette coutume de consulter l'Écriture sainte, pour connaître l'avenir, avait été blâmée par saint Augustin, lettre XIX. Elle fut condamnée par le concile d'Adge (506), can. XCII, et le premier d'Orléans (511), can. XXX, etc. ; enfin, abolie définitivement par le troisième capitulaire de l'an 789, dont le 4ᵉ article est ainsi conçu : « Ut nullus « in Psalterio, vel in Evangelio, vel in aliis rebus sortire præsumat, nec « divinationes aliquas observare. » Voyez la note de Baluze sur ce passage. Cette pratique superstitieuse était empruntée des païens. L'empereur Adrien, suivant Spartien, consultait de même Virgile, et réglait sa conduite ou augurait de l'avenir d'après le premier vers qui s'offrait à sa vue. (Dom Ruinart.)

(2) 3 Reg., IX, 9. Le texte de la Vulgate dans ce passage, comme dans le précédent et dans ceux qui suivent, est très-différent de la citation faite par Grégoire.

(3) Ps. LXXII, 18, 19.

(4) Matth., XXVI, 2.

il traversait le territoire d'Auxerre, il fut pris par Erpon, l'un des ducs du roi Guntchramn, et après avoir été retenu par lui, il s'échappa, je ne sais comment, et s'enfuit dans la basilique de Saint-Germain (1). A cette nouvelle, le roi Guntchramn, ému de colère, condamne Erpon à une amende de sept cents sous d'or, et lui retire son office, en lui disant : « Mon frère m'a dit que tu avais arrêté son ennemi : si telle « était ton intention, il fallait d'abord me l'amener ; sinon, « tu ne devais pas même toucher celui que tu ne voulais pas « retenir. » Cependant, l'armée du roi Chilpéric vint jusqu'à Tours, pillant, brûlant, dévastant toute la contrée : elle n'épargna pas même les biens de saint Martin ; mais elle enlevait tout ce qui tombait sous sa main, sans respect ni crainte de Dieu. Mérovech, après être resté près de deux mois dans la susdite basilique, s'enfuit et parvint jusqu'à la reine Brunichilde ; mais il ne fut pas accueilli par les Austrasiens (2). Son père fit marcher une armée contre les Champenois, croyant qu'il était caché parmi eux ; mais il ne put lui faire aucun mal, ni même le trouver.

XV. Comme à l'époque où Alboin était venu en Italie (3), Sigibert (et avant lui Chlothachaire) avait établi des Suèves et d'autres peuples dans le lieu qu'Alboin venait de quitter, ceux qui revinrent du temps de Sigibert, c'est-à-dire ceux qui avaient pris part à l'expédition d'Alboin (4), s'élevèrent contre ces nouveaux habitants, voulant les chasser du pays et les détruire. Les Suèves leur offrirent le tiers des terres en leur disant : « Nous pouvons vivre ensemble sans nous combat-

---

(1) Alors en dehors de la ville d'Auxerre ; depuis, au dedans. C'était un monastère de l'ordre de Saint-Benoît. (Dom Ruinart.)

(2) Grégoire prononce ici pour la première fois le nom des Francs d'Austrasie.

(3) En 568.

(4) Les Saxons, dont il a été question liv. IV, ch. XLIII. Sigebert avait donné leur pays aux Suèves.

tre. » Mais les Saxons, irrités parce qu'ils les avaient occupées avant eux, ne voulurent pas d'accord pacifique. Les Suèves leur offrirent alors la moitié des terres, puis les deux tiers, ne se réservant que la troisième partie. Comme ceux-ci refusaient encore, ils leur offrirent avec la terre tous les troupeaux, ne demandant que la paix. Mais les Saxons, ne consentant même pas à cela, exigèrent le combat. Avant d'en venir aux mains, ils discutèrent de quelle manière ils partageraient entre eux les femmes des Suèves, et qui les aurait quand leurs maris seraient morts, car ils les regardaient comme déjà tués. Mais la miséricorde du Seigneur qui fait justice, retourna du côté de l'ennemi le pouvoir d'exécuter le dessein qu'ils avaient. On se battit, et sur vingt-six mille Saxons, vingt mille tombèrent. Du côté des Suèves, qui étaient six mille, il périt quatre cent quatre-vingts hommes seulement ; et les autres remportèrent la victoire. Ceux des Saxons qui avaient survécu jurèrent avec serment qu'aucun d'eux ne se couperait la barbe ni les cheveux, avant de s'être vengés de leurs ennemis. Ils se battirent donc de nouveau ; mais ils éprouvèrent une défaite plus ruineuse encore ; et ainsi cessa la guerre.

XVI. Dans les Bretagnes, voici ce qui se passa. Macliau (1) et Bodic, dans leur temps comtes des Bretons, s'étaient mutuellement juré que celui des deux qui survivrait défendrait les enfants de l'autre comme les siens. Or, Bodic mourut, laissant un fils nommé Théoderic ; mais, oubliant son serment, Macliau le chassa de sa patrie, et s'empara du royaume de son père. Celui-ci fut longtemps errant et fugitif. Enfin, Dieu l'ayant pris en pitié, il réunit autour de lui plusieurs hommes de la Bretagne, attaqua Macliau, le fit périr par l'épée avec son fils Jacob, et remit sous sa

---

(1) *Macliavus*, dont il a été parlé ci-dessus, l. IV, ch. IV. C'est le même nom qui, dans la bouche populaire, est devenu *Saint-Malo*.

puissance la partie du royaume qu'avait autrefois possédée son père Bodic. Waroch, fils de Macliau (1), conserva l'autre part.

XVII. Le roi Guntchramn fit tuer par l'épée deux fils de Magnachaire (2), parce qu'ils proféraient contre la reine Austrechilde et ses enfants beaucoup d'imprécations et d'exécrations, puis il confisqua leurs biens pour son trésor. Lui-même perdit ses deux fils, que lui enleva une maladie subite ; et il fut profondément contristé de leur mort, qui le laissait sans enfants.

Cette année, il y eut doute sur la Pâque. Dans les Gaules, nous, avec beaucoup de cités, nous célébrâmes (3) la sainte Pâque le quatorzième jour des calendes de mai (18 avril) ; d'autres, avec les Espagnols, tinrent cette solennité le douzième des calendes d'avril (21 mars). Cependant ces fontaines qui en Espagne se remplissent par la volonté de Dieu, se trouvèrent remplies, dit-on, le jour de notre Pâque (4).

XVIII. A Chinon, bourg de Touraine, pendant que, le jour de la glorieuse résurrection du Seigneur, on célébrait les messes, l'église trembla, et le peuple frappé de terreur s'écria

---

(1) Voyez plus bas, chap. xxvii.

(2) Dont il avait épousé la fille Marcatrude ; mais l'ayant répudiée, parce qu'elle avait empoisonné Gondebaud, et ayant pris Austrechilde (IV, 25, et V, 21), Guntio et Wiolic, fils de Magnachaire, ne purent supporter cet outrage fait à leur sœur (Frédégaire). Marius d'Avenches, qui appelle Magnachaire *duc des Francs*, place sa mort à l'année 565.

(3) Grégoire fêtait la Pâque d'après le calcul de Victorius d'Aquitaine (Voy. ci-dessus, p. 7), qui avait été introduit dans l'usage de la Gaule par le concile d'Orléans, en 541 ; mais en quelques lieux de la Gaule on suivait encore, comme en Espagne, l'ancien calcul romain.

(4) Grégoire parle souvent de ces fontaines intermittentes d'Osser près Séville, qui avaient selon lui le don merveilleux de s'emplir le jour de Pâques. (Voy. *Hist.*, l. VI, ch. xliii; l. X, ch. xxii, et *Gloire des mart.*, ch. xxiv.)

tout d'une voix que l'église tombait ; et tous s'enfuirent en se hâtant au point de briser les portes. A la suite de cela, une grande mortalité sévit parmi ce peuple.

Ensuite le roi Guntchramn dépêcha des envoyés à Childebert, son neveu, pour lui demander avec instance de faire la paix et de le voir. Celui-ci vint vers lui avec ses grands; et tous deux s'étant joints près du pont appelé le Pont-de-Pierre (1), ils se saluèrent et s'embrassèrent réciproquement. Le roi Guntchramn dit : « Il m'est arrivé, par l'influence de « mes péchés, de rester sans enfants ; aussi je demande que « mon neveu, que voici, soit pour moi un fils. » Et le plaçant sur son siége, il lui fit la tradition de tout son royaume en disant : « Qu'un même bouclier nous protége et qu'une même « lance nous défende! Si un jour j'ai des fils, je ne te regar- « derai pas moins comme un d'eux, de manière à ce que « vous partagiez ensemble l'amour que je te promets aujour- « d'hui devant Dieu. » Les grands de Childebert firent la même promesse en son nom. Tous mangèrent et burent ensemble, s'honorèrent mutuellement de présents dignes de tels personnages, et se séparèrent en paix. Puis ils adressèrent une ambassade au roi Chilpéric, pour qu'il rendît ce qu'il avait usurpé de leurs royaumes ; ou, s'il tardait de le faire, qu'il se préparât à combattre. Mais lui, méprisant ce message, fit construire, à Soissons et à Paris, des cirques, et il donnait des spectacles au peuple.

XIX. Les choses s'étant ainsi passées, Chilpéric apprit que Prétextatus, évêque de Rouen, agissait contre lui par des présents qu'il donnait au peuple. Il le fit mander auprès de sa personne. Sa conduite ayant été l'objet d'une enquête, on trouva en sa possession des effets que la reine Brunichilde lui avait confiés. On les lui prit, et le roi ordonna qu'il fût retenu

---

(1) Aujourd'hui *Pont-Pierre* ou *Pompierre*, village sur le Mouzon, près la Meuse (Vosges, arr. Neufchâteau).

en exil jusqu'à ce qu'il eût été entendu par les évêques. Quand le concile fut réuni, on l'amena. Les évêques étaient assemblés à Paris (1) dans la basilique de l'apôtre Saint-Pierre (2). Le roi lui dit : « A quoi pensais-tu, ô évêque! quand tu ma-
« riais Mérovech, qui est mon ennemi, quoiqu'il eût dû être
« mon fils, avec sa tante, avec l'épouse de son oncle ? igno-
« rais-tu les règles sanctionnées par les saints canons à cet
« égard? Non-seulement il est prouvé que tu as excédé tes
« pouvoirs en cela, mais de plus, tu as agi de concert avec
« lui, au moyen de présents, pour me faire tuer. Tu as rendu
« un fils l'ennemi de son père, tu as séduit le peuple avec
« de l'argent pour que personne ne me gardât la foi jurée ;
« tu as voulu livrer mon royaume entre les mains d'un au-
« tre. »

Comme il parlait ainsi, la multitude furieuse des Francs essaya de briser les portes de la basilique, comme si elle eût voulu en arracher l'évêque et le lapider ; mais le roi défendit de le faire. L'évêque Prétextatus ayant nié les faits que le roi avait avancés, il vint de faux témoins qui, montrant quelques objets précieux, lui dirent : « Tu nous a donné
« telle et telle chose, à condition d'engager notre foi à Mé-
« rovech. » Il leur répondit : « Vous dites vrai, en ce sens
« que je vous ai souvent fait des présents, mais non pour
« renverser le roi du trône. Comme vous-mêmes m'offriez
« d'excellents chevaux et d'autres choses, pouvais-je faire
« autrement que de le reconnaître par des libéralités sem-
« blables ? » Pendant que le roi rentrait chez lui, nous étions assemblés dans la sacristie de la basilique de Saint-Pierre. Nous causions ensemble, quand tout d'un coup survint Aëtius, archidiacre de l'église de Paris, qui, après avoir salué, nous dit : « Écoutez-moi, prêtres du Seigneur qui êtes ici
« assemblés : ou voici l'occasion pour vous d'honorer votre

---

(1) Au nombre de quarante-cinq.
(2) Probablement Sainte-Geneviève.

« nom, de briller de l'avantage d'une renommée sans tache ;
« ou dès ce moment, personne ne vous regardera certaine-
« ment plus comme prêtres de Dieu, si vous n'avez l'esprit
« de relever votre caractère, et si vous laissez votre frère
« périr. » Ainsi parla-t-il, mais aucun évêque ne lui répondit rien, car ils craignaient la fureur de la reine, à l'instigation de laquelle tout ceci se faisait. Comme ils demeuraient immobiles et le doigt sur la bouche, je leur dis : « Soyez at-
« tentifs à mes discours, je vous prie, ô très-saints prêtres
« de Dieu, et vous, surtout, qui semblez être plus familiers
« avec le roi. Donnez-lui le conseil pieux et sacerdotal de ne
« pas s'enflammer contre un ministre de Dieu, de peur que
« Dieu ne le fasse périr par sa colère et ne lui fasse perdre
« son royaume et sa gloire. » Je parlais, mais tous gardaient le silence. Comme ils se taisaient, j'ajoutai : « Souvenez-
« vous, mes seigneurs les évêques, de cette parole du pro-
« phète : *Si la sentinelle, voyant les mauvais desseins d'un*
« *homme, ne les découvre pas, elle sera complice de la perte*
« *de son âme* (1). Ne vous taisez donc pas, mais prêchez
« tout haut, et mettez devant les yeux du roi ses péchés, de
« peur qu'il ne lui arrive quelque mal, et que vous ne soyez
« responsables pour son âme. Ignorez-vous ce qui s'est passé
« à une époque récente : comment Chlodomer fit jeter dans
« un cachot Sigimund qu'il avait pris ; et ce que lui dit Avi-
« tus, prêtre de Dieu : Ne porte pas la main sur lui, et quand
« tu seras en Bourgogne, tu auras la victoire ? Mais lui, re-
« poussant les avis du prêtre, partit aussitôt, fit périr Sigi-
« mund, avec sa femme et ses fils, et marcha en Bourgo-
« gne, où il fut accablé et tué par les soldats. Et l'empereur
« Maxime, que ne lui arriva-t-il pas, quand il eut forcé saint
« Martin de donner la communion à un évêque homicide (2),

(1) Ézéchiel, XXXIII, 6.
(2) Voyez Sulpice Sévère, *Dialog.* III, sur les vertus de saint Martin. Cet évêque était Ithacius, un des plus ardents persécuteurs de Priscillien et de ses disciples mis à mort par Maxime comme hérétiques.

« et que Martin, pour sauver plus sûrement des malheureux
« destinés à la mort, eut consenti à cette demande d'un roi
« impie? Maxime, condamné lui-même par le jugement du
« roi éternel, ne fut-il pas dépouillé de l'empire et frappé du
« dernier supplice? » Après que j'eus parlé ainsi, personne ne
répondit quoi que ce fût ; tous restaient pensifs et immobiles.

Mais parmi eux se trouvaient deux adulateurs, chose triste
à dire en parlant d'évêques, qui allèrent assurer au roi qu'il
n'avait pas de plus grand ennemi que moi dans ses affaires.
Aussitôt un des hommes de la cour m'est promptement expédié avec l'ordre de m'amener. Lorsque j'arrivai, le roi était
debout, près d'une cabane formée de branches d'arbre. A sa
droite était l'évêque Bertchramn ; à sa gauche, Ragnemod (1);
devant eux une table chargée de pain et de mets divers.
Dès que le roi me vit : « O évêque ! dit-il, tu dois distribuer
« à tous la justice, et cependant je ne reçois pas justice de
« toi ; mais, à ce que je vois, tu soutiens l'iniquité, et tu jus-
« tifies le proverbe, que le corbeau ne crève pas l'œil du cor-
« beau. » A cela je répondis : « O roi ! si quelqu'un de nous
« veut s'écarter du sentier de la justice, tu peux le corriger :
« mais si tu t'en écartes, qui te reprendra ? Nous te parlons,
« il est vrai ; mais tu nous écoutes, si tu le veux : si tu ne le
« veux pas, qui te condamnera, à moins que ce ne soit celui
« qui s'est proclamé la Justice ? » Comme il avait été animé
contre moi par ses deux adulateurs, le roi me répondit :
« Avec tous j'ai trouvé la justice et je ne puis la trouver avec
« toi. Mais je sais ce que je ferai pour te signaler aux peu-
« ples, et que tout le monde voie ton iniquité. Je convoque-
« rai le peuple de Tours, et je leur dirai : Criez contre Gré-
« gorius ; dites qu'il est injuste, et ne rend la justice à per-

---

(1) Bertrand, de Bordeaux ; Ragnemod, de Paris : sans doute les deux
évêques qui avaient dénoncé Grégoire.

« sonne ; et à leurs cris je répondrai : Moi qui suis le roi je
« ne puis obtenir justice de lui ; or vous autres, qui êtes
« plus petits que moi, comment l'obtiendrez-vous ? » Je lui
répliquai : « Si je suis injuste, tu n'en sais rien. Celui-là con-
« naît seul ma conscience, qui pénètre les secrets des cœurs.
« Quant au peuple, qu'il crie faussement contre moi quand
« tu m'attaques, peu importe ; car on saura bien que tu en es
« l'instigateur, et ce n'est pas moi, mais toi plutôt qui seras
« noté par ces vociférations. Enfin ces paroles sont inutiles.
« Tu as la loi et les canons. Il te faut les consulter avec soin,
« et si tu n'observes pas ce qu'ils t'auront ordonné, sache
« que le jugement de Dieu te menace de près. » Alors le roi,
comme pour me calmer, mais agissant par ruse, dans la
pensée que je ne m'en apercevrais pas, se tourna vers un
bouillon placé devant lui, et me dit : « J'ai fait préparer
« pour toi ce bouillon dans lequel il n'est entré que de la
« volaille et un peu de pois. » A ces mots, je devinai le but
de ses caresses, et je lui répondis : « Notre nourriture
« doit être de faire la volonté de Dieu, et non de nous plaire
« à ces sortes de délices, afin que dans aucun cas nous ne
« transgressions jamais ses commandements. Pour toi, qui
« inculpes la justice des autres, promets avant tout d'obser-
« ver la loi et les canons, et nous croirons aussitôt que tu
« cherches la justice. » Le roi, étendant la main droite,
jura par le Dieu tout-puissant qu'il ne transgresserait en
aucune manière ce qu'enseignaient la loi et les canons.
Alors j'acceptai du pain, je bus même du vin et je me reti-
rai. Cette même nuit, après qu'on eut chanté les hymnes
nocturnes, j'entendis frapper à grands coups à la porte
de notre demeure : j'envoie un serviteur, et j'apprends que
ce sont des envoyés de Frédegunde. On les introduit, et je
reçois par eux le salut de la reine ; puis ces serviteurs de
Frédegunde me prient de ne pas être contraire à ses intérêts,
et me promettent en même temps deux cents livres d'argent,
si, en me déclarant contre Prétextatus, je faisais qu'il fût

accablé. Ils disaient en effet : « Nous avons déjà la pro-
« messe de tous les évêques; seulement ne va pas à l'en-
« contre. » Je leur répondis : « Quand vous me donneriez
« mille livres d'or et d'argent, puis-je faire autre chose que
« ce que le Seigneur ordonne de faire? Je vous promets
« seulement une chose, c'est de me réunir à l'opinion des
« autres autant qu'elle sera conforme à ce que décident les
« canons. » Eux, ne comprenant ce que je disais, se retirèrent en me remerciant. Lorsque arriva le matin, quelques-
uns des évêques vinrent me trouver, porteurs de propositions
semblables; je leur répondis la même chose.

Pendant que nous nous réunissions dans la basilique de
Saint-Pierre, le roi se présenta dès le matin, et dit : « Un
« évêque convaincu de larcin doit être dépouillé des fonc-
« tions épiscopales; ainsi l'ordonne l'autorité des canons. »
Nous répondîmes en demandant quel était cet évêque à qui
l'on imputait le crime de vol. Le roi reprit : « Vous avez vu
« les effets précieux qu'il nous a dérobés. » Or, le roi nous
avait montré, trois jours auparavant, deux valises remplies
d'objets précieux et de bijoux divers, qu'on pouvait estimer
plus de trois mille sous ; plus un sac rempli de pièces d'or et
pouvant en contenir environ deux mille. C'était là ce que le
roi disait lui avoir été volé par l'évêque. Prétextatus lui répondit : « Vous vous rappelez, je pense, que, lorsque la reine
« Brunichilde quitta Rouen, je vins à vous, et vous dis
« que ses effets, consistant en cinq valises, m'avaient été
« confiés. Souvent ses serviteurs vinrent me prier de les
« rendre, et j'ai refusé de le faire sans votre avis. Tu m'as
« dit toi-même, ô roi : « Renvoie ces objets loin de toi, et
« que ce qui appartient à cette femme retourne à elle, de
« peur qu'ils n'engendrent un sujet d'inimitié entre moi et
« mon neveu Childebert. » De retour à la ville, je remis aux
« serviteurs une des valises, car ils n'en pouvaient porter da-
« vantage. Ils revinrent me demander les autres. Je consultai
« de nouveau votre magnificence. Tu me donnas encore un

« ordre positif, en disant : « Rejette tous ces objets, ô évê-
« que, pour qu'il n'en résulte pas de querelle. » Je leur en
« livrai donc deux autres, et deux encore restèrent chez
« moi. Toi, maintenant, pourquoi m'accuser et me reprocher
« un vol, quand il s'agit dans cette affaire, non pas d'un vol,
« mais d'un dépôt? » — A cela le roi dit : « Si c'était un dépôt
« que tu avais entre les mains pour le garder, pourquoi as-
« tu ouvert une de ces valises, et en as-tu retiré une frange
« tissue de fils d'or, que tu as mise en pièces, et partagée à
« des hommes qui devaient me précipiter du trône ? » L'évêque Prétextatus répondit : « Je t'ai déjà dit précédemment
« que j'avais reçu des présents de ces guerriers, et, comme
« je n'avais pour le moment rien à leur donner, j'ai puisé
« dans ce dépôt pour leur faire des présents à mon tour, re-
« gardant comme à moi ce qui appartenait à mon fils Méro-
« vech, que j'ai tenu sur les fonts baptismaux (1). » Le roi
Chilpéric, voyant qu'il ne pouvait le vaincre par ces accusations, resta tout interdit, et nous quitta troublé dans sa
conscience. Alors il appela quelques uns de ses flatteurs, et
dit : « L'évêque m'a battu par ses paroles, je l'avoue ; et je
« sais qu'il dit la vérité. Que faire maintenant pour accom-
« plir à son égard la volonté de la reine ? » Puis il ajouta :
« Allez le trouver, et dites-lui, comme pour lui donner de
« vous-mêmes un conseil : Tu sais que le roi Chilpéric est
« pieux, facile, et prompt à se laisser aller à la miséricorde ;
« humilie-toi devant lui, et déclare que tu as fait tout ce
« qu'il te reproche. Alors, nous prosternant tous à ses pieds,
« nous obtiendrons qu'il te pardonne. » Séduit par ces paroles, l'évêque Prétextatus promit de faire en effet comme

---

(1) Le texte dit : « que j'ai retiré du bain de régénération ». On baptisait
alors en plongeant entièrement le néophyte dans la cuve baptismale. Son
parrain était pour lui un second père, et cette parenté spirituelle produisait
un lien si étroit qu'elle formait des empêchements au mariage, comme la
parenté véritable.

cela. Le lendemain matin nous nous rassemblons au lieu accoutumé, et le roi, en arrivant, dit à l'évêque: « Si tu as « libéralement donné à ces hommes présents pour présents, « pourquoi as-tu exigé d'eux le serment de rester fidèles à « Mérovech? » L'évêque répondit: « J'ai désiré, je l'avoue, lui « gagner leur amitié, et j'eusse évoqué, non-seulement un « homme, mais, s'il eût été possible, un ange du ciel pour « venir à son secours; car il était, je le répète encore, mon « fils spirituel par le baptême. » Et comme cette altercation s'échauffait, l'évêque Prétextatus, se prosternant à terre, dit : « J'ai péché contre le ciel et devant toi, ô roi très-misé- « ricordieux; je suis un homicide impie: j'ai voulu te tuer, « et placer ton fils sur ton trône. » A ces mots, le roi se pros- terne aux pieds des évêques, en disant : « Écoutez, très- « pieux évêques : l'accusé avoue son crime exécrable. » Et quand nous eûmes, en pleurant, relevé le roi, il donna l'ordre à Prétextatus de sortir de la basilique. Pour lui, il se retira dans sa demeure, et nous envoya un livre des canons, auquel on avait ajouté un nouveau cahier renfermant de prétendus canons apostoliques (1), où l'on trouvait ces pa- roles : « Que l'évêque surpris en homicide, adultère ou par- « jure, soit dépouillé du sacerdoce. » Lorsqu'on en eut fait lecture, Prétextatus demeura stupéfait ; et l'évêque Bert- chramn lui dit : « Reconnais, frère et collègue dans l'épisco- « pat, que tu n'as pas les bonnes grâces du roi; ainsi tu ne « peux plus compter sur notre amitié jusqu'à ce que tu aies « mérité que le roi te pardonne. » Après cela le roi demanda, ou que l'on déchirât sa tunique, ou qu'on récitât sur sa tête le psaume cent huitième, qui contient les malédictions

(1) Les canons appelés encore aujourd'hui *canons apostoliques* n'é- taient point alors reconnus dans l'Église gallicane. Ainsi la collection de Denys-le-Petit n'était pas encore admise en Gaule, puisqu'il place en tête les canons que Grégoire traite ici d'apocryphes. Voyez Le Cointe, *Annales ecclésiastiques*, ann. 577, et l'article *Canons apostoliques*, dans Moréri, édit. de Goujet. (Guadet et Tar.)

Iscariotiques (1), ou du moins qu'on rédigeât contre lui un jugement qui le privât à jamais de la communion. Je me refusai à toutes ces conditions, d'après la promesse du roi qu'il ne se ferait rien contre les canons. Alors Prétextatus fut enlevé de devant nos yeux, et mis dans une prison d'où ayant tenté de s'enfuir pendant la nuit, il fut cruellement frappé, et jeté en exil dans une île de la mer (2) qui avoisine la cité de Coutances.

Le bruit courut ensuite que Mérovech cherchait à regagner la basilique de saint Martin. Aussitôt Chilpéric plaça des gardes auprès de la basilique, et en fit fermer toutes les issues. Les gardes ne laissant ouverte qu'une seule porte par où un petit nombre de clercs pussent se rendre à l'office, tenaient toutes les autres fermées, ce qui était bien gênant pour le peuple. Pendant que nous étions à Paris, des signes apparurent dans le ciel : c'étaient vingt rayons lumineux qui se dressaient du côté du nord ; ils s'étaient levés du côté de l'orient et couraient vers l'occident. Un d'eux, plus long et plus élevé que les autres, s'éteignit peu après avoir atteint son plus haut point d'élévation; tous les autres le suivirent et s'évanouirent de même (3). Je crois qu'ils annoncèrent la mort de Mérovech.

Mérovech, tandis qu'il était caché dans la Champagne Rémoise et n'osait se confier publiquement aux Austrasiens, fut circonvenu par les habitants de Térouanne, qui lui dirent qu'ils abandonneraient son père Chilpéric et se soumettraient à lui s'il voulait venir. Il arriva promptement chez eux, accompagné de ses hommes les plus braves. Ceux de Térouanne, démasquant alors l'artifice qu'ils avaient préparé,

---

(1) Ce sont ces mots : *et episcopatum ejus accipiat alter*, Ps. cviii, 8, cités par saint Pierre, à propos de Judas Iscariote, *Act. des Apôtres*, i, 20.

(2) Probablement *Jersey*, l'île la plus proche de la côte (Ruin.). La suite de l'histoire de Prétextat se trouve ci-après, liv. VII, ch. xvi ; et VIII, ch. xxxi.

(3) Cela paraît être une aurore boréale.

l'enferment dans une villa, l'entourent d'hommes armés, et envoient un message à son père. Celui-ci, à cette nouvelle, se dispose à se rendre en ce lieu. Mérovech, emprisonné dans une petite maison et craignant de satisfaire par bien des supplices à la vengeance de ses ennemis, appelle à lui Gailenus son serviteur fidèle, et lui dit : « Jusqu'ici nous n'avons eu « tous deux qu'une âme et qu'une pensée : je te demande de « ne pas souffrir que je sois livré aux mains de mes enne- « mis, mais de prendre ton glaive et de tomber sur moi. » Celui-ci n'hésite pas et le perce de son couteau. Quand le roi arriva, on le trouva mort. Il se trouva des gens qui soutinrent à ce moment-là que les paroles de Mérovech, celles que nous venons de rapporter, furent une invention de la reine, et que Mérovech avait été tué secrètement par son ordre. Quant à Gailenus, il fut pris ; on lui coupa les mains et les pieds, les oreilles et l'extrémité des narines, et, après lui avoir fait souffrir beaucoup d'autres tourments, on le tua misérablement. Grindion fut exposé en l'air, attaché à une roue. Gucilion, qui avait été autrefois comte du palais du roi Sigibert, périt par la décapitation ; et de même beaucoup d'autres qui étaient venus avec Mérovech périrent de mort cruelle par différents supplices. Les gens disaient alors que l'évêque Égidius (1) et le duc Guntchramn Boson avaient été les principaux auteurs de cette trahison: Guntchramn, pour s'assurer la secrète amitié de la reine Frédégunde à cause de ce qu'il avait tué Théodobert; Égidius, parce qu'elle avait depuis longtemps de l'affection pour lui.

XX. L'empereur Justin ayant perdu le sens et étant tombé tout à fait en démence, l'impératrice Sophie gouver-

---

(1) Evêque de Reims, très-saint prélat suivant Fortunat, mais non suivant Grégoire de Tours, qui paraît reporter sur Égidius une partie de l'aversion qu'il éprouvait pour Chilpéric et Frédégonde, protecteurs de ce prélat ; voy. l. X, ch xix.

nait seule l'empire; et les peuples, comme nous l'avons dit au livre précédent (1), élurent, pour César, Tibérius, homme capable, brave, prudent, aumônier et zélé défenseur des faibles. Comme il distribuait aux pauvres une grande partie des trésors amassés par Justin, et que l'impératrice lui reprochait souvent d'appauvrir la république et lui disait : « Ce « que j'ai amassé en bien des années, toi, comme un prodigue, « tu le dissipes en peu de temps; » il répondait : « Notre tré- « sor ne se videra pas; ayons soin seulement de faire l'au- « mône et de racheter les captifs. Car c'est là le grand tré- « sor, selon la parole du Seigneur : *Faites-vous dans le ciel* « *des trésors que ne rongent ni la rouille, ni les vers; que* « *des voleurs ne puissent ni déterrer ni enlever* (2). Ainsi, « avec ce que Dieu nous a donné, amassons-nous, par le moyen « des pauvres quelque chose dans le ciel, afin que le Sei- « gneur daigne nous favoriser sur la terre. » Et comme c'était, ainsi que nous l'avons dit, un grand et vrai chrétien, à mesure qu'il enrichissait les pauvres avec une joyeuse libéralité, le Seigneur augmentait de plus en plus ses biens. En se promenant dans son palais, il vit sur le pavé d'un appartement une dalle de marbre où était sculptée la croix du Seigneur, et il dit : « Ta croix, Seigneur, sert à fortifier nos « fronts et nos poitrines; et voilà que nous foulons cette « croix à nos pieds ! » Et à l'instant même il ordonna qu'elle fût enlevée. Quand on eut creusé et enlevé la pierre, on en trouva dessous une autre ayant le même signe. On l'en instruisit et il donna l'ordre de l'enlever aussi. Après celle-ci, on en trouva une troisième, qui fut enlevée encore par son ordre. Celle-ci ôtée, on trouva un grand trésor contenant plus de cent mille livres d'or (3). Il prit cet or, et fit des

---

(1) Liv. IV, chap. xxxix.
(2) Matth. vi, 20.
(3) *Mille auri centenaria.* Ce chiffre énorme ne doit pas être pris au sérieux. Le *centenarium* était originairement un poids de cent livres.

14.

largesses aux pauvres selon sa coutume, mais plus abondamment encore. Le Seigneur, en récompense de sa bonne volonté, ne le laissa jamais manquer de rien. Je ne passerai pas sous silence le don que le Seigneur lui fit plus tard. Narsès, ce fameux duc d'Italie, avait dans une ville une grande maison. Ayant quitté l'Italie avec de grands trésors, il se rendit dans la ville dont nous parlons (1), fit creuser secrètement dans sa maison une grande citerne, où il entassa par milliers des centaines de livres d'or et d'argent : puis il fit tuer tous ceux qui en avaient connaissance, et ne confia qu'à un vieillard, sous la foi du serment, la garde de ces richesses. Narsès étant mort (2) elles restaient cachées sous terre. Le vieillard, témoin des aumônes continuelles de l'empereur, alla le trouver et lui dit : « S'il doit m'en revenir « quelque profit, je te découvrirai, César, une chose impor- « tante. — Dis ce que tu demandes, répondit-il; tu y trouve- « ras en effet ton profit, si tu nous apprends quelque chose « d'utile. — J'ai, dit le vieillard, le trésor de Narsès caché « sous terre; parvenu à la fin de ma carrière, je ne pourrai « bientôt plus le cacher. » Tibérius César, plein de joie, envoie sur les lieux ses serviteurs; le vieillard les précède, ils le suivent étonnés, parviennent à la citerne, la découvrent, y entrent, et y trouvent une si grande quantité d'or et d'argent qu'un grand nombre de jours suffirent à peine pour transporter dehors tout ce qu'elle contenait. Et depuis lors Tibérius fit plus largement encore aux pauvres ses joyeuses distributions.

XXI. Un tumulte s'éleva contre les évêques Salonius et Sagittarius (3). Élevés tous deux par saint Nicétius, évêque

---

(1) Cf. liv. III, ch. xxxii ; et liv. IV, ch. ix ; voy. aussi Paul Diacre.
(2) En 568.
(3) Voy. liv. IV, ch. xliii.

de Lyon, ils ’obtinrent le diaconat, et furent établis de son temps, Salonius évêque de la ville d’Embrun, et Sagittarius de l’église de Gap. Mais une fois en possession de l’épiscopat, devenus leurs propres arbitres, ils commencèrent à s’abandonner avec une fureur insensée aux usurpations, aux meurtres, aux homicides, aux adultères et à toutes sortes de crimes; si bien qu’un jour Victor, évêque des Trois-Châteaux (1), étant occupé à célébrer la fête solennelle de sa naissance, ils envoyèrent une bande avec laquelle ils fondirent sur lui à coups de flèches et d’épées. Ils vinrent eux-mêmes déchirer ses habits, tuer ses serviteurs, enlever les vases et tous les apprêts du festin ; enfin ils laissèrent cet évêque couvert d’outrages. Le roi Guntchramn, informé de ce fait, fit rassembler un synode dans la ville de Lyon (2). Les évêques de la province, réunis avec leur patriarche (3) le bienheureux Nicétius, discutèrent l’affaire et reconnurent ces deux hommes parfaitement coupables des crimes dont ils étaient accusés; ils ordonnèrent que ceux qui avaient commis de telles choses fussent privés de l’honneur de l’épiscopat. Ceux-ci, sachant que le roi était encore bien disposé pour eux, vinrent à lui l’implorant comme s’ils eussent été chassés injustement, et lui demandant la permission d’aller trouver le pape de la ville de Rome. Le roi consentit à leurs demandes, les accrédita par lettres pour ce voyage et leur permit de partir. Ils se présentent donc devant le pape Jean (4), et lui exposent qu’ils ont été exclus sans qu’il existât aucune cause raisonnable pour cela. Le pape envoie alors au roi des

---

(1) *Saint-Paul-Trois-Châteaux*, en Dauphiné (Drôme).

(2) Deuxième concile de Lyon, tenu en 567. Mais dans les actes de ce concile (V. Sirmond et D. Labat) on n’a pas fait mention de Salonius ni de Sagittarius.

(3) Ce titre, rare en Occident, est donné encore à Priscus, successeur de Nisier, au deuxième concile de Mâcon, et à Sulpice, évêque de Bourges, dans une lettre de Didier, évêque de Cahors (dom Ruinart).

(4) Jean III, pape de 559 à 572.

lettres portant l'ordre de les rétablir sur leurs siéges (1); ce que le roi exécuta sans retard, toutefois après les avoir longuement châtiés en paroles. Mais, ce qu'il y a de pis, c'est qu'il ne s'ensuivit aucune amélioration. Cependant ils demandèrent à faire la paix avec l'évêque Victor en lui abandonnant les hommes dont ils avaient dirigé la révolte; et celui-ci, se rappelant le précepte du Seigneur, de ne pas rendre à ses ennemis le mal pour le mal, ne leur fit subir aucun mauvais traitement et les renvoya libres. Pour cette cause, il fut plus tard suspendu de la communion, parce que, après avoir accusé publiquement, il avait épargné en secret, sans prendre conseil de ses confrères, des ennemis qu'il avait accusés. Mais, par la faveur du roi, il fut de nouveau reçu à la communion. Cependant les deux autres se livraient chaque jour à de plus grands crimes; et dans ces combats, rapportés ci-dessus, que Mummolus eut avec les Langobards, ceints de leurs armes comme eût pu l'être tout laïque, ils tuèrent beaucoup d'hommes de leurs propres mains. Animés aussi de colère contre quelques-uns de leurs concitoyens, ils sévissaient en les frappant à coups de bâton jusqu'à effusion de sang. Il s'ensuivit que la clameur du peuple arriva de nouveau jusqu'au roi, et que celui-ci ordonna qu'on les fît venir. Quand ils arrivèrent, il ne voulut pas qu'ils parussent devant lui, afin qu'étant entendus d'abord, ils n'obtinssent d'être admis en présence du roi que s'ils en étaient trouvés dignes. Sagittarius, plein de colère et supportant avec peine ce procédé, homme vain d'ailleurs, léger et prodigue de paroles peu raisonnables, se mit à déclamer toutes sortes de choses sur le roi, et à dire que ses fils ne pourraient posséder son royaume, parce que leur mère avait été appelée d'entre les domestiques de Magna-

---

(1) C'est le seul exemple, dans Grégoire de Tours, du droit que s'arrogèrent les papes de confirmer ou de casser les décisions royales ou celles d'un synode.

chaire (1) pour entrer dans le lit du roi ; ignorant que, sans avoir égard à la naissance des femmes, on appelle maintenant fils de rois tous ceux que des rois ont engendrés. Le roi l'ayant appris fut très-irrité et leur enleva chevaux, serviteurs, et tout ce qu'ils pouvaient avoir; puis il ordonna de les enfermer dans de lointains monastères situés à une grande distance de lui pour qu'ils y fissent pénitence, ne leur laissant qu'un seul clerc à chacun ; et il recommanda, avec des paroles terribles, aux juges de chaque endroit, de les garder avec des hommes armés, et de ne laisser personne entrer pour les visiter. En ce temps-là, les deux fils du roi vivaient encore. Le plus âgé tomba malade. Alors les familiers du roi s'approchèrent de lui et dirent : « Si le roi dai« gnait écouter favorablement les paroles de ses serviteurs, « ils se feraient entendre à tes oreilles. — Il leur dit : « Dites « ce que vous voudrez. — Ils reprirent : « Si ces évêques « par hasard avaient été condamnés à l'exil étant innocents, « et que le péché du roi retombât sur quelqu'un, et que par « suite le fils de notre seigneur vînt à périr ? — Il dit : « Allez bien vite et relâchez-les en les suppliant de prier « pour nos chers petits. » Ceux-ci partirent, et les autres furent relâchés. Donc, sortis de leurs monastères, ils se rejoignirent et s'embrassèrent, parce qu'ils ne s'étaient pas vus depuis longtemps. Ils retournèrent à leurs cités épiscopales, tellement touchés de componction qu'on ne les voyait plus décesser de chanter les psaumes, de célébrer les jeûnes, de pratiquer les aumônes, de lire pendant le jour le poëme de David, de passer enfin les nuits à chanter des hymnes et à méditer des leçons. Mais cette sainteté ne demeura pas longtemps parfaite, et ils recommencèrent à se convertir à rebours. Ainsi ils passaient la plupart des nuits à festiner et à boire, tellement que, quand les clercs chantaient les matines dans l'église, ils demandaient des coupes, et faisaient des

---

(1) C'était Austrechilde. Voy. IV, 25, et V, 17, 36.

libations de vin. Il n'était plus question de Dieu; de dire ses heures il n'y avait plus la moindre mémoire. Au retour de l'aurore, ils se levaient de table, ils se couvraient de vêtemens moelleux, et dormaient, ensevelis dans le vin et le sommeil, jusqu'à la troisième heure du jour. Ils ne se faisaient pas faute non plus de femmes pour se souiller avec elles. Puis ils se levaient, se purifiaient aux bains, se mettaient à table, et n'en sortaient plus que le soir pour commencer leur souper, qui se prolongeait, comme nous l'avons dit, jusqu'au lendemain. Ainsi faisaient-ils tous les jours, jusqu'à ce que la colère de Dieu vint fondre sur eux: c'est ce que nous raconterons dans la suite (1).

XXII. En ce temps, le Breton Winnoch, homme d'une extrême abstinence, vint des Bretagnes à Tours avec le désir de se rendre à Jérusalem. Il n'avait pas d'autre vêtement que des peaux de brebis dépouillées de leur laine. Pour mieux le retenir, car il nous paraissait très-religieux, nous lui accordâmes la dignité de la prêtrise.

Ingitrude avait la pieuse habitude de recueillir de l'eau du sépulcre de saint Martin (2). Cette eau venant à lui manquer, elle fit porter au tombeau du bienheureux un vase rempli de vin. Après qu'il y fut resté pendant la nuit, elle l'envoya prendre en présence du prêtre; et quand on le lui eut apporté, elle dit au prêtre: « Otes-en du vin, et verses-y « une seule goutte de cette eau bénite dont il me reste « un peu. » Et lorsqu'il l'eut fait, chose merveilleuse à dire, le vase, qui n'était qu'à demi plein, se trouva rempli par l'addition d'une seule goutte. On le vida deux ou trois fois, et toujours une seule goutte le remplit. On ne peut douter qu'il n'y ait eu là un miracle de saint Martin.

(1) Liv. VII, chap. xxxix.
(2) L'eau avec laquelle on le lavait, ou plutôt peut-être celle qui suintait de la pierre par les temps humides.

XXIII. Après ces choses, Samson, le plus jeune des fils du roi Chilpéric, pris de dyssenterie et de fièvre, sortit de ce monde. Il était né au moment où Chilpéric était assiégé dans Tournai par son frère (1); sa mère, craignant une mort prochaine, l'avait rejeté loin d'elle, et voulait le faire périr. Mais n'ayant pu réussir, et réprimandée par le roi, elle le fit baptiser; et l'évêque lui-même (2) le tint sur les fonts du baptême : mais l'enfant mourut avant d'avoir accompli un lustre entier. Sa mère aussi, Frédégunde, fut gravement malade en ce temps-là ; mais elle recouvra la santé.

XXIV. Ensuite, dans la nuit du troisième jour des ides de novembre (3), comme nous célébrions les vigiles de saint Martin, nous fûmes témoins d'un grand prodige. On vit une étoile brillante luire au milieu de la lune, et près de celle-ci d'autres étoiles apparurent au-dessus et au-dessous d'elle. A l'entour se dessina ce cercle qui annonce ordinairement la pluie. Mais que signifiaient tous ces prodiges? nous l'ignorons. Cette année-là nous vîmes souvent la lune s'obscurcir; et, avant le jour de la nativité du Seigneur (4), on entendit de grands coups de tonnerre. On vit autour du soleil ces mêmes lueurs dont nous avons parlé comme ayant été aperçues avant la peste d'Auvergne (5), et que les paysans appellent des soleils. On assure que la mer envahit ses rivages plus que de coutume, et beaucoup d'autres signes apparurent.

XXV. Guntchramn-Boson, étant venu à Tours avec un petit nombre d'hommes armés, enleva de force ses filles, qu'il avait laissées dans la sainte basilique, et les conduisit jusqu'à la

---

(1) Liv. IV, chap. LII.
(2) L'évêque de Tournai, nommé Chrasmar.
(3) La nuit du 10 au 11 novembre. Le 11 novembre est le jour de la fête de saint Martin.
(4) C'est-à-dire vers Noël.
(5) Liv. IV, chap. XXXI.

ville de Poitiers, qui était au roi Childebert. Le roi Chilpéric envahit le Poitou, et ses hommes mirent en fuite les hommes de son neveu. Ils amenèrent en sa présence Ennodius l'ancien comte (de cette cité), lequel fut condamné à l'exil, et l'on réunit ses biens au fisc; mais au bout d'un an il recouvra ses biens et sa patrie (1). Guntchramn-Boson ayant laissé ses filles dans la basilique du bienheureux Hilarius, se rendit auprès du roi Childebert (2).

XXVI. La troisième année du roi Childebert, qui était la dix-septième de Chilpéric et de Guntchramn (3), Daccon, fils de défunt Dagaric, ayant quitté le roi Chilpéric, errait çà et là quand il fut pris en trahison par le duc Dracolen, dit l'Industrieux. Celui-ci le conduisit enchaîné vers Chilpéric, à Braine, après lui avoir fait serment de lui obtenir du roi la vie sauve. Mais, au mépris de son serment, il agit auprès du prince en l'accusant de crimes odieux, de manière à ce qu'il fût mis à mort. Daccon, retenu dans les fers, et voyant qu'il n'échapperait certainement pas, demanda, à l'insu du roi, l'absolution à un prêtre; on le fit mourir après qu'il l'eut reçue (4). Dracolen étant promptement retourné dans son pays, Guntchramn-Boson s'efforça pendant ce temps d'enlever ses filles de Poitiers. Dracolen, à cette nouvelle, marche à sa rencontre; mais les autres, qui étaient sur leurs gardes, résistèrent et tâchèrent de se défendre. Cependant Guntchramn lui envoya un de ses amis, en disant : « Va, et dis-lui: « Tu sais que nous avons un traité fait entre nous; je t'en « prie, abstiens-toi de me tendre des piéges : je ne t'empêche pas

(1) Liv. VIII, chap. XXVI.
(2) Voy. sur Gontran-Boson, IV, 51 et V, 4.
(3) Année 578.
(4) Anciennement les condamnés à mort étaient privés des secours de la religion. Ce n'est qu'en 1397 (ordonnance du roi en date du 12 février 1396) qu'ils purent être confessés avant d'être conduits au supplice. (Guadet et Taranne.)

« de prendre tout ce que tu voudras de mes biens; seulement
« qu'il me soit permis, nu s'il le faut, de m'en aller avec mes
« filles où je voudrai. » Mais lui, qui était insolent et léger :
« Voilà, dit-il, la corde avec laquelle d'autres coupables ont
« été liés et conduits au roi par moi-même; c'est avec elle
« que celui-là sera lié aujourd'hui et conduit garrotté au même
« lieu. » En prononçant ces mots, il presse son cheval à
coups d'éperons, et se dirige au galop sur Guntchramn; mais
ayant porté un coup à faux, sa lance se brisa et le fer tomba à
terre. Guntchramn, voyant la mort suspendue sur sa tête,
invoqua le nom du Seigneur et la redoutable puissance du
bienheureux Martin; puis, levant sa lance, il frappe Dracolen
à la gorge. Celui-ci restait suspendu à moitié tombé de cheval; un des amis de Guntchramn l'acheva d'un coup de lance
dans le côté. Après avoir mis ses compagnons en fuite et l'avoir
dépouillé, Guntchramn se retira librement avec ses filles.
Ensuite Sévérus, son beau-père, fut gravement accusé auprès
du roi par ses propres fils. A cette nouvelle, il se dirige vers
le roi avec de grands présents; mais, arrêté en route et dépouillé, il fut conduit en exil et y termina sa vie dans le dernier supplice. Ses deux fils, Bursolen et Dodon, ayant été
aussi condamnés à mort pour crime de lèse-majesté, l'un fut
accablé par un corps de troupes, l'autre, arrêté dans sa fuite,
eut les pieds et les mains coupés, et mourut ainsi. Tous les
biens, tant d'eux que de leur père, furent réunis au fisc. Or
ils possédaient de grands trésors.

XXVII. A la suite de cela, les hommes de la Touraine,
du Poitou, du Bessin, du Maine, de l'Anjou, et beaucoup
d'autres peuples, se rendirent en Bretagne, d'après l'ordre du
roi Chilpéric, contre Waroch, fils de feu Macliau (1), et s'arrêtèrent en sa présence sur les bords du fleuve de la Vilaine.

(1) Voy. IV, 4 et V, 16. La Vilaine semble ici la limite de la Bretagne
indépendante. (Guad. et Tar.)

Mais celui-ci, tombant par ruse pendant la nuit, sur les Saxons du Bessin (1), en tua la plus grande partie. Trois jours après, il fit la paix avec les généraux du roi Chilpéric, et, donnant son fils en otage, il s'engagea par serment à rester fidèle au roi Chilpéric. Il lui rendit aussi la cité de Vannes, à condition que si le roi daignait ordonner qu'il en eût le gouvernement, il lui payerait chaque année, sans qu'on les lui demandât, tous les tributs que devait cette ville. Ce qui ayant été ainsi fait, l'armée quitta ces lieux. Le roi Chilpéric condamna ensuite à l'amende plusieurs des pauvres et des jeunes serviteurs de l'église et de la basilique (2), parce qu'ils n'avaient pas marché avec l'armée: ce n'était cependant pas l'usage qu'ils acquittassent aucun service public. Peu après, Waroch, oubliant sa promesse, envoya au roi Chilpéric Eunius, évêque de Vannes, pour rompre ce qu'il avait conclu. Mais le roi, plein de colère, tança Eunius et ordonna qu'il fût condamné à l'exil.

XXVIII. La quatrième année de Childebert, qui fut la dix-huitième des rois Guntchramn et Chilpéric (3), un concile se rassembla dans la cité de Chalon-sur-Saône, par l'ordre de Guntchramn, prince de cette contrée. Après avoir discuté différentes affaires, on renouvela l'ancien procès contre les évêques Salonius et Sagittarius (4). On leur reprocha leurs crimes, et on les accusa, non-seulement d'adultères, mais même d'homicides. Les évêques étaient d'avis qu'ils pouvaient les expier par la pénitence, mais on ajouta

(1) C'étaient des Saxons établis, dès les IVe et Ve siècles, dans le Bessin et sur les frontières de la cité de Nantes. Fortunat, III, 8, loue Félix, évêque de Nantes, d'avoir soumis les Saxons à la loi du Christ. (Dom Ruinart.)

(2) Il ne s'agit ici probablement que de l'église de Tours et du monastère de Saint-Martin.

(3) Année 579.

(4) Voy. chap. xxi.

qu'ils étaient coupables de lèse-majesté et traîtres à la patrie. Pour ce motif, ils furent dévêtus de l'épiscopat et emprisonnés dans la basilique de Saint-Marcel (1) : mais ils s'en échappèrent et errèrent en divers lieux. D'autres évêques les remplacèrent dans leurs cités (2).

XXIX. Cependant le roi Chilpéric fit dresser par tout son royaume des rôles pour des impositions nouvelles et très-pesantes. Pour ce motif beaucoup de gens, abandonnant les villes de ce pays et les biens qu'ils possédaient, se réfugièrent dans d'autres royaumes, aimant mieux aller ailleurs en étrangers que de rester exposés à un tel péril; car il avait été statué que chaque propriétaire payerait pour sa terre une amphore (3) de vin par arpent (4). On avait aussi imposé, pour les autres terres et pour les esclaves, d'autres redevances nombreuses: c'était inexécutable. Le peuple du Limosin, se voyant accablé d'un tel fardeau, se rassembla aux calendes de mars, et voulut tuer le référendaire Marcus qui avait été chargé du recouvrement (5); et il l'eût certainement fait, si l'évêque Ferréolus (6) ne l'eût délivré de ce péril imminent. La multitude ameutée saisit aussi les registres de recensement et les livra aux flammes. Aussi le roi, extrêmement mécontent, envoya des officiers attachés à sa personne,

(1) Probablement l'église du prieuré de Saint-Marcel, fondée à Chalon par le roi Gontran lui-même.
(2) Aridius fut mis à la place de Sagittarius à Gap : Éméritus remplaça Salonius à Embrun. Tous deux assistèrent au deuxième concile de Mâcon, an 585.
(3) L'amphore contenait environ vingt-six litres.
(4) Il s'agit ici de l'arpent gaulois, ou *aripennis*, moitié du *jugerum*. Or le *jugerum* valait (*Mém. de l'Academ. des Inscript.*, t. XII, p. 318), 25,28 ares, ce qui donne 12,64 pour l'*aripennis*. L'arpent de Paris, contenant cent perches carrées, de dix-huit pieds chacune, a été trouvé équivalent à 34,1887 ares. (Guadet et Tar.)
(5) Voy. liv. VI, c. XXVIII.
(6) Évêque de Limoges, de 575 à 595.

avec ordre d'infliger à ce peuple des maux immenses, de l'effrayer par des supplices, et de lui faire subir des exécutions à mort. On rapporte qu'il y eut alors jusqu'à des abbés et des prêtres, qui, attachés à des poteaux, souffrirent divers tourments, parce que les envoyés royaux les accusaient d'avoir été complices de la sédition dans laquelle le peuple avait brûlé les registres. Ils infligèrent ensuite des impôts plus durs qu'auparavant.

XXX. Les Bretons, de leur côté, infestèrent cruellement le pays de Rennes, en y portant l'incendie, le pillage et la captivité. Ils s'avancèrent en vainqueurs jusqu'au bourg de Cornuz (1). L'évêque Eunius fut alors rappelé de l'exil, et envoyé à Angers pour obtenir un accommodement (2); mais on ne lui permit pas de rentrer dans sa ville de Vannes. Le duc Beppolen marcha ensuite contre les Bretons, et ravagea par le fer et le feu quelques cantons de la Bretagne : cela excita encore plus la fureur des populations.

XXXI. Tandis que cela se passait dans les Gaules, Justin, après avoir accompli la dix-huitième année de son règne (3), termina avec sa vie l'état de démence où il était tombé. Quand il fut enseveli, Tibérius César se mit en possession de l'empire, auquel il était associé depuis long-temps. Le peuple attendait qu'il se rendît au spectacle du cirque, selon la coutume de ce pays, et lui préparait des embûches pour favoriser le parti de Justinien, neveu de Justin: mais il se rendit aux saints lieux. Là, il accomplit ses prières, et appelant à lui le pape de la ville, il entra dans son palais

(1) *Cornutius vicus*, lieu situé sur la rive gauche de la Vilaine entre la Seiche et le Bruc (A. Jacobs).

(2) Le texte porte *ad pascendum;* nous croyons devoir lire *ad paciscendum*, quoiqu'il y ait bien *pascendum* ci-après, ch. XLI.

(3) Erreur. Justin ne régna que 13 ans, de 565 au 5 octobre 578.

avec les consuls et les préfets. Puis, revêtu de la pourpre, couronné du diadème, élevé sur le trône impérial, il confirma son pouvoir au milieu d'innombrables acclamations. Les gens de la faction contraire qui l'attendaient au cirque, apprenant ce qui s'était passé, se retirèrent couverts de honte, sans avoir rien fait, incapables de rien pouvoir contre l'homme qui avait mis en Dieu son espérance. Peu de jours après, Justinien vint se jeter aux pieds de l'empereur, lui apportant quinze cents livres d'or en reconnaissance de son pardon; et celui-ci, l'accueillant avec ses habitudes de clémence, le fit loger dans le palais. Mais l'impératrice Sophie, oubliant la promesse qu'elle avait faite à Tibérius, tenta de lui tendre des piéges. Tandis qu'il allait à la campagne pour y goûter, pendant trente jours, selon l'usage des empereurs, le plaisir de la vendange, Sophie, ayant appelé en secret Justinien, voulut l'élever à l'empire. A cette nouvelle, Tibérius rentra rapidement à la ville, à Constantinople, fit saisir l'impératrice, la dépouilla de tous ses trésors, et ne lui laissa que sa nourriture de chaque jour. Il sépara d'elle tous les serviteurs qu'elle avait, lui en donna d'autres choisis parmi ses propres fidèles, en leur défendant qu'aucun des anciens eût accès auprès d'elle. Quand à Justinien, après l'avoir réprimandé, il le chérit d'un si grand amour dans la suite, qu'il promit sa propre fille pour épouse à son fils, et en retour demanda pour son propre fils la fille de Justinien. Mais la chose n'eut pas son effet. Son armée vainquit les Perses, et, revenu victorieux, il rapporta une masse de butin qui semblait capable d'assouvir la cupidité humaine. Vingt éléphans furent pris et amenés à l'empereur (1).

XXXII. Cette année les Bretons furent très-mauvais dans les environs de Nantes et de Rennes. Ils enlevèrent un immense butin, ravagèrent les champs, dépouillèrent les vignes

(1) Cette expédition eut lieu du temps de Justin et non sous Tibère.

de leurs fruits et emmenèrent des captifs. L'évêque Félix leur ayant envoyé une députation, ils avaient promis de réparer le mal, mais ils ne voulurent rien accomplir de leurs promesses.

XXXIII. A Paris, une femme fut accusée, sur le dire de beaucoup de gens qui affirmaient qu'elle abandonnait son mari pour se donner à un autre. Les parents du mari allèrent donc trouver le père et lui dirent : « Ou justifie ta fille, ou cer-
« tainement elle mourra, afin que sa débauche n'imprime
« point une tache à notre famille. — Je sais, dit le père, que
« ma fille est sans reproche ; et ceci est un mensonge que
« répètent les méchants. Cependant, pour que l'accusation
« ne se renouvelle pas, je justifierai de son innocence par un
« serment. — Si elle est innocente, dirent-ils, affirme-le par
« des serments prononcés sur le tombeau du bienheureux
« martyr Denys. — Je le ferai, » répondit le père. Au jour fixé pour cet acte judiciaire, ils se réunissent dans la basilique du saint martyr ; et le père, élevant ses mains sur l'autel, jure que sa fille n'est pas coupable. Mais les autres, du côté du mari, proclament qu'il a fait un faux serment. Au milieu de la dispute, ils tirent les épées, se précipitent les uns sur les autres et se tuent jusque devant l'autel. Or c'étaient des hommes de la plus haute naissance, et les premiers auprès du roi Chilpéric. Un grand nombre sont blessés par le glaive ; la sainte basilique est arrosée de sang humain ; les portes sont percées de javelots et de coups d'épées, et les traits impies frappent jusqu'au tombeau lui-même. A grand'peine apaisa-t-on la querelle ; mais pendant ce temps-là l'église resta privée de la célébration du culte (1), jusqu'à ce que le roi eût été instruit de tout. Ces gens ne tardèrent pas à se rendre en présence du prince, et ne furent pas reçus

---

(1) L'église où avait été répandu le sang humain était interdite jusqu'à ce qu'elle eût été purifiée.

en grâce; on ordonna qu'ils seraient renvoyés à l'évêque du lieu, et que, s'ils étaient trouvés coupables, il ne convenait pas qu'ils fussent admis à la communion. Ceux donc qui avaient eu tort composèrent (1) avec l'évêque Ragnemod qui gouvernait alors l'église de Paris, moyennant quoi ils furent reçus à la communion. Quant à la femme, appelée en jugement peu de jours après, elle finit ses jours étranglée.

XXXIV. La cinquième année du roi Childebert (2), d'énormes pluies tombèrent sur le pays des Arvernes, au point qu'on vit pleuvoir sans relâche pendant douze jours; et la Limagne fut tellement inondée, que beaucoup de gens ne purent ensemencer les terres. Les fleuves, même la Loire, le Flavaris qu'on appelle l'Allier (3), et les autres torrents qui s'y jettent, se gonflèrent au point de dépasser les bornes qu'ils n'avaient jamais franchies: ce qui fit un grand ravage de troupeaux, gâta beaucoup de terres cultivées et détruisit beaucoup d'édifices. De même le Rhône, uni à la Saône, sortit de ses rives, causa de grands dommages aux habitants, et renversa en partie les murs de la cité de Lyon. Quand les pluies se furent calmées, les arbres fleurirent de nouveau: on était alors au mois de septembre (4). En Touraine, cette même année, on vit un matin, avant la naissance du jour, un feu brillant courir à travers le ciel et s'abaisser vers la plaine à l'orient. On entendit aussi dans cette contrée comme le son d'un arbre qui se brise; mais on ne peut croire que ce bruit vînt d'un arbre, car il se fit entendre sur un espace de cinquante milles et plus. La même année, la ville

---

(1) C'est-à-dire payèrent, conformément à la loi salique, une somme d'argent pour chaque meurtre et chaque blessure.

(2) An 580.

(3) *Flavaris, quem Elacrem vocitant.* Ce n'est ni l'un ni l'autre, mais *Elaver.* Le manuscrit de Grégoire portait probablement *Elavaris.*

(4) D'octobre, selon Marius d'Avenches, qui écrivait sous une latitude moins douce.

de Bordeaux fut ébranlée par un tremblement de terre, et les murs de la ville furent en danger de s'écrouler: et tout le peuple fut tellement frappé de la crainte de la mort, qu'il se croyait englouti avec la ville s'il ne prenait la fuite; en sorte que beaucoup passèrent en d'autres cités. La commotion s'étendit aux villes voisines et atteignit jusqu'en Espagne, mais non pas aussi fortement. Cependant des monts Pyrénées furent arrachés d'immenses quartiers de roches qui écrasèrent les troupeaux et les hommes. Un incendie, allumé par la main divine, brûla les villages bordelais si rapidement que, saisies tout-à-coup par le feu, maisons et granges, et les moissons avec, périrent consumées, sans que le feu eût aucune cause étrangère, si ce n'est peut-être la volonté de Dieu. La cité d'Orléans fut aussi la proie d'un grand incendie qui fut tel qu'il ne resta rien du tout, même aux plus riches; et si quelqu'un sauva du feu quelque chose, des voleurs attachés à sa poursuite le lui enlevaient. Dans le pays chartrain, de véritable sang coula du pain rompu à l'autel et la cité de Bourges fut battue cruellement de la grêle.

XXXV. Ces prodiges furent suivis d'une contagion terrible: pendant les discordes des rois et leurs préparatifs pour une nouvelle guerre civile, une maladie dyssentérique envahit presque toutes les Gaules (1). Ceux qui en souffraient avaient une forte fièvre avec vomissement, une grande douleur de reins, de la pesanteur dans la tête et dans le cou. Les matières qu'ils rendaient par la bouche étaient jaunes ou même vertes. Il y en avait beaucoup qui assuraient que c'était un poison secret. Au dire des paysans, c'étaient des pustules au cœur (2), ce qui n'est pas invraisemblable; car,

---

(1) Il est encore question de ce fléau dans les chapitres suivants et au liv. IV, chap. xiv.

(2) Ou des boutons intérieurs, *corales pusulæ*.

lorsque les ventouses étaient appliquées aux épaules ou aux jambes, et que les cloches soulevées par elles venaient à s'ouvrir, le pus en découlait, et beaucoup en furent guéris : les herbes qui servent à combattre les poisons, prises en breuvages, soulagèrent aussi beaucoup de monde. Cette maladie, qui avait commencé au mois d'août, attaqua d'abord les jeunes enfants et les fit périr. Nous perdîmes alors de doux petits enfants qui nous étaient chers, que nous avions réchauffés dans notre sein ou portés dans nos bras, ou que nous avions nourris en leur présentant de notre propre main ces aliments qu'apprête un zèle plus éclairé. Mais, après avoir essuyé nos larmes, nous avons dit avec le bienheureux Job : *Le Seigneur a donné, le Seigneur a retiré; tout s'est fait comme il a plu à Dieu : que son nom soit béni dans les siècles* (1).

En ces jours-là le roi Chilpéric fut gravement malade, et, quand il entra en convalescence, son plus jeune fils, qui n'était pas encore régénéré par l'eau et le Saint-Esprit, tomba malade à son tour. Le voyant à l'extrémité, ils le lavèrent dans les eaux du baptême. Il était un peu mieux, quand son frère aîné, nommé Chlodobert, fut pris de cette maladie (2). Sa mère Frédégunde, le voyant en danger de mort, saisie d'un repentir tardif, dit au roi : « Depuis long-temps la mi« séricorde divine nous supporte dans nos mauvaises actions: « elle nous a souvent avertis par des fièvres et d'autres maux, « et nous ne nous sommes point amendés. Voilà que nous « perdons nos fils; voilà que les larmes des pauvres, les la« mentations des veuves, les soupirs des orphelins, les tuent, « et il ne nous reste plus l'espoir d'amasser pour personne. « Nous thésaurisons, sans savoir pour qui nous amassons. « Les voilà sans possesseurs, ces trésors pleins de rapines et « de malédictions. Nos celliers ne regorgeaient-ils pas de

---

(1) Job. I, 21.
(2) Il avait quinze ans (Fortunat).

« vin ? nos greniers n'étaient-ils pas remplis de froment ?
« nos coffres n'étaient-ils pas comblés d'or, d'argent, de
« pierres précieuses, de colliers et d'autres ornements impé-
« riaux ? Et voilà que nous perdons ce que nous avions de
« plus beau ! Maintenant, si tu veux, viens et brûlons tous
« nos iniques registres d'impositions : qu'il nous suffise d'a-
« voir pour revenus ce qui suffisait à ton père le roi Chlo-
« thachaire. » Ayant ainsi parlé, la reine se frappe la poitrine
de ses poings, fait apporter les rôles que Marcus avait apportés des cités qui lui appartenaient, les jette dans le feu,
et se retournant vers le roi : « Qu'as-tu, dit-elle, à hésiter ?
« fais comme tu me vois faire, afin que, si nous perdons nos
« chers fils, du moins nous échappions à la peine éternelle. »
Alors le roi, pénétré de componction, livra au feu tous les registres descriptifs de propriétés ; et, après qu'ils furent brûlés,
il envoya des gens pour empêcher la levée des impôts. Ensuite leur petit enfant le plus jeune, dépérissant par la violence de la maladie, s'éteignit. Ils le menèrent avec une
douleur profonde de leur maison de Braine à Paris, et le
firent ensevelir dans la basilique de saint Denys (1). Quant à
Chlodobert, après l'avoir arrangé sur un brancard, ils le
conduisirent à Soissons dans la basilique de Saint-Médard,
et, l'exposant devant le saint tombeau, ils s'engagèrent pour
lui par des vœux ; mais, au milieu de la nuit, épuisé et manquant d'haleine, il rendit l'âme. Ils l'ensevelirent dans la basilique des saints martyrs Crispinus et Crispinianus. Ce grand
deuil fut partagé de tout le peuple ; et des hommes en pleurs,
des femmes couvertes de vêtements lugubres, comme elles
ont coutume de les porter aux funérailles de leurs époux,
suivirent le convoi. Le roi Chilpéric fit après cela de grandes
largesses aux églises ou basiliques et aux pauvres.

---

(1) Fortunat le nomme Dagobert, dans l'épitaphe qu'il composa pour
lui : liv. IX, n°° 1 à 5. Voyez le dernier chap. du présent livre.

XXXVI. En ces jours-là, la reine Austrechilde(1), femme du roi Guntchramn, fut emportée par la même maladie; mais, avant d'exhaler son âme méchante, voyant qu'elle ne pouvait échapper, et tout en poussant de profonds soupirs, elle voulut avoir des compagnons de sa mort, afin qu'il y en eût d'autres aussi qu'on pleurât à ses obsèques. On dit, en effet, qu'à la manière d'Hérode (2), elle adressa au roi cette demande : « J'avais l'espoir de vivre encore, si je ne fusse « tombée entre les mains de mauvais médecins. Les potions « que j'ai prises d'eux sont ce qui m'a enlevé la vie et m'a « ravi si tôt la lumière. Aussi, pour que ma mort ne passe « point sans vengeance, je demande avec prière et j'exige le « serment, qu'aussitôt après mon trépas, ils périssent eux-« mêmes par le glaive : puisque je ne peux plus vivre, que « ceux-là du moins ne restent pas après mon trépas pour « s'en glorifier, mais qu'une seule douleur unisse ensemble « leurs amis et les nôtres. » Ayant ainsi parlé, elle rendit son âme misérable. Après avoir célébré ses obsèques conformément à l'usage, le roi, sous le joug du serment qu'avait exigé son injuste épouse, accomplit l'ordre d'iniquité : il fit frapper par le glaive deux médecins qui lui avaient donné leurs soins (3) : ce qui ne put se faire sans péché, à ce que croient, dans leur sagesse, bien des gens.

XXXVII. Nantinus, comte d'Angoulême, mourut épuisé par la même maladie : mais il faut reprendre de plus haut ce qu'il fit contre les prêtres et les églises de Dieu. Marachaire, son oncle, avait exercé longtemps dans cette ville les fonctions de comte : après avoir rempli cet office, il entra dans

(1) Voy. liv. IV, ch. xxv; liv. V, ch. xvii et xxi, p. 249.
(2) Pour forcer les Juifs de pleurer à sa mort, il ordonna de massacrer plusieurs nobles citoyens, aussitôt qu'il aurait cessé de vivre. (Josèphe, *de Bello judaico*, I, 21.)
(3) Marius d'Avenches les nomme Nicolas et Donat, et place leur mort en septembre 581.

l'église, devint clerc et fut ordonné évêque. Tandis qu'avec une grande activité il élevait ou organisait des églises ou des presbytères, la septième année de son épiscopat, ses ennemis ayant introduit une substance vénéneuse dans une tête de poisson, il en mangea sans défiance et périt cruellement. Mais la clémence divine ne souffrit pas longtemps que sa mort demeurât impunie. Frontonius, par le fait de qui ce crime avait été commis, s'étant emparé aussitôt de l'épiscopat, mourut frappé par le jugement de Dieu, après y avoir passé une année. Celui-ci mort, on élut évêque Héraclius, prêtre de Bordeaux, qui avait été autrefois ambassadeur de Childebert l'ancien. De son côté, Nantinus, pour venger la mort de son oncle, demanda le titre de comte dans la même ville. Il l'obtint, et fit beaucoup de mal à l'évêque. Il lui disait : « Tu gardes auprès de toi ces homicides qui ont tué « mon oncle, et tu reçois à ta table des prêtres qui ont par- « ticipé à ce crime. » Leur inimitié s'accroissant ensuite chaque jour, il se mit à envahir de force les terres que Marachaire avait laissées à l'église par le testament qu'il avait rédigé, soutenant que ces biens ne pouvaient appartenir à une église dont les clercs avaient fait périr celui qui les avait légués (1). Ensuite, après avoir tué plusieurs laïques, il alla jusqu'à saisir un prêtre, le garrotta et le perça d'un coup de lance. Comme celui-ci vivait encore, il lui fit lier les mains par derrière et le fit suspendre par là à un poteau pour tâcher de lui faire dire s'il avait été mêlé au complot. Mais celui-ci, tout en niant, perdait son sang qui s'écoulait de sa blessure, et il rendit l'esprit.

L'évêque irrité ordonna qu'on interdît au comte l'entrée de l'église. Les évêques de la province s'étant réunis, dans la ville de Saintes, Nantinus supplia pour être ré-

---

(1) Trace d'une disposition du droit romain qui se trouve constatée au Digeste, fr. 3 : *De his quæ ut indign.*, XXXIV, 9.

concilié avec l'évêque (1) ; il promettait de rendre tous les biens de l'église dont il s'était emparé sans raison, et de s'humilier devant le pontife. Celui-ci, voulant obtempérer à l'injonction de ses frères, accorda tout ce qu'on demandait et, recommandant toutefois au Dieu tout-puissant la cause du prêtre mis à mort, il rendit au comte ses bonnes grâces. Nantinus, rentré dans la ville, dépouille, brise, détruit les maisons qu'il avait injustement envahies, en disant : « Si « l'église reprend cela, que du moins elle le trouve désert. » L'évêque, indigné de cette conduite, lui interdit de nouveau la communion. Cependant le bienheureux pontife, après avoir rempli sa carrière ici-bas, passa au Seigneur ; et Nantinus, au moyen de présents et de flatteries, fut admis à la communion par quelques évêques. Mais, peu de mois après, il fut attaqué de la maladie mentionnée ci-dessus ; et, brûlé par une fièvre violente, il s'écriait : « Hélas ! hélas ! c'est l'é-« vêque Héraclius qui me brûle, c'est lui qui me torture, « c'est lui qui m'appelle en jugement. Je reconnais mon « crime ; je me souviens du tort que j'ai fait injustement « à ce pontife : j'implore la mort, afin de ne pas souffrir « plus longtemps ces tourments. » Tandis qu'il s'écriait ainsi, dans la violence extrême de la fièvre, la force de son corps l'abandonnant, il exhala son âme misérable, laissant des marques certaines que tout cela lui était arrivé pour venger le bienheureux prélat : en effet, son corps inanimé devint tellement noir qu'on aurait cru qu'il avait été mis sur des charbons ardents. Que chacun donc soit frappé d'un tel événement ; que tous admirent, et qu'ils craignent de faire injure aux prêtres ! car le Seigneur venge ses serviteurs qui espèrent en lui.

XXXVIII. En ce temps mourut aussi le bienheureux Martin, évêque de Galice, au milieu des longs gémissements

---

(1) Ce synode eut lieu en 579, selon Sirmond.

du peuple. Il était originaire de la Pannonie ; et, de là, étant allé en Orient pour visiter les lieux saints, il s'instruisit si à fond dans les lettres que de son temps aucun ne l'égala. Ensuite il vint en Galice, où il fut sacré évêque (1), au moment où l'on y apportait des reliques de saint Martin (2). Il fut évêque pendant trente ans environ : et, plein de vertus, passa au Seigneur. C'est lui qui a composé les vers qui se trouvent à la partie méridionale de la basilique de Saint-Martin, au-dessus de la porte (3).

XXXIX. Il y eut cette année, dans les Espagnes, une grande persécution contre les chrétiens ; et beaucoup de gens furent envoyés en exil, dépouillés de leurs biens, consumés par la faim, livrés à la prison, battus de verges, ou mis à mort par différents supplices. Le principal auteur de ce forfait fut Goisvintha (4), que le roi Leuvichild avait épousée après la mort d'Athanachild (son premier mari). Mais celle qui avait imprimé une note d'infamie aux serviteurs de Dieu, poursuivie par la vengeance divine, fut notée à son tour aux yeux de tous les peuples : car un nuage blanc couvrit un de ses yeux, et chassa de ses paupières la lumière, qui manquait déjà à son esprit. Le roi Leuvichild avait, d'une autre femme (5), deux fils (6), dont l'aîné avait été fiancé avec la fille de Sigibert, le plus jeune avec la fille du roi Chilpéric. Ingunde, la fille du roi Sigibert, envoyée dans les Espagnes en

---

(1) D'abord à Mondonedo en Galice ; puis à Braga, *Bracara*, en Portugal.

(2) Voy. *Miracles de saint Martin*, par Grég., liv. I, ch. XI.

(3) On les a conservés ainsi qu'un grand nombre d'autres inscriptions en vers dont l'église de Saint-Martin était décorée. Voy. *Mss. grande Biblioth. de Paris*; lat. n° 797, f° 133.

(4) La mère de la reine Brunehaut. Voy. liv. IV, ch. XXXVIII.

(5) Théodosie, née à Carthage.

(6) Herménegild, fiancé à Ingonde ; Récared, à Rigohthe. Voyez sur cette dernière, liv. VI, ch. XVIII.

grand appareil, fut reçue avec une grande joie par Goisvintha son aïeule. Celle-ci ne souffrit pas longtemps de la voir rester dans la religion catholique, et commença de l'engager, par des paroles caressantes, à se faire baptiser de nouveau dans l'hérésie arienne : mais Ingunde résista énergiquement et se mit à dire : « Il me suffit d'avoir été lavée une fois du péché « originel par un salutaire baptême, et d'avoir confessé la « sainte Trinité comme une égalité parfaite : je confesse « croire ainsi de tout mon cœur ; et jamais je n'irai contre « cette foi. » A ces mots, Goisvintha, enflammée des fureurs de la colère, saisit la jeune fille par les cheveux, la jette à terre, la frappe longtemps à coups de pied ; puis elle la fait déshabiller et plonger tout ensanglantée dans la piscine. Mais, d'après ce que beaucoup de gens assurent, le cœur d'Ingunde ne s'écarta jamais de notre croyance. Leuvichild donna une ville (1) à son fils et à sa bru, pour qu'ils y vécussent en souverains. Dès qu'ils furent partis pour s'y rendre, Ingunde se mit à prêcher son mari, pour que, renonçant aux erreurs de l'hérésie, il reconnût la vérité de la loi catholique. Il résista longtemps ; enfin, touché par sa prédication, il se convertit à la loi catholique et reçut alors, avec l'onction, le nom de Jean. Quand Leuvichild en fut instruit, il chercha des motifs pour le perdre. Son fils, s'en étant aperçu, se joignit au parti de l'empereur, et forma des liaisons avec le préfet impérial, qui attaquait alors l'Espagne. Leuvichild lui envoya des messagers pour lui dire : « Viens vers moi, car il y a des « choses dont il faut que nous conférions ensemble ; » et lui, répondit : « Je n'irai point, parce que tu es mon ennemi, à « cause de ce que je suis catholique. » Leuvichild ayant donné au préfet trente mille sous d'or pour le détacher du parti de son fils, marcha contre celui-ci avec une armée. De son côté, Herménegild, ayant appelé les Grecs, laisse son épouse dans

(1) Vraisemblablement Séville, où plus tard Herménegild fut assiégé par son père,

la ville et s'avance contre son père. A la vue de Leuvichild qui venait à leur rencontre, ses alliés l'abandonnèrent ; et, se voyant alors privé de tout espoir de vaincre, il se réfugia dans une église voisine, en disant : « Que mon père ne vienne « pas sur moi ; car il est défendu qu'un père soit tué par son « fils, ou un fils par son père. » Leuvichild, apprenant ces paroles, lui envoya son frère (1), qui lui garantit par serment le maintien de sa dignité, et lui dit : « Viens toi-même te « prosterner aux pieds de notre père, et il te pardonnera tout. » Herménegild demanda qu'on appelât son père ; et, quand celui-ci entra dans l'église, il se prosterna à ses pieds. Leuvichild le prit, le baisa, et l'emmena dans son camp, séduit par ses douces paroles ; puis, au mépris de son serment, il fit un signe à ses gens, qui, l'ayant saisi, le dépouillèrent de ses vêtements et lui mirent un habit grossier. De retour dans sa ville de Tolède, il lui ôta ses serviteurs, et l'envoya en exil, n'ayant qu'un jeune enfant pour le servir (2).

XL. Après la mort des fils de Chilpéric, le roi, accablé de tristesse, se tenait avec son épouse, au mois d'octobre, dans la forêt de Cuise (3). Alors, par les insinuations de la reine, il envoya son fils Chlodovech à Braine, probablement pour qu'il pérît de la maladie, car celle qui avait tué ses frères y sévissait très-fort en ce moment ; mais il n'en fut nullement incommodé. Le roi se rendit à Chelles, villa du territoire de Paris ; et, peu de jours après, il fit venir auprès de lui son fils

---

(1) Récared.
(2) Plus tard, en 586, Herménegild fut mis à mort dans Tarragone par l'ordre de son père, parce qu'il avait refusé de recevoir la communion des mains d'un évêque arien (Paul Diacre, III, 21). Il fut honoré comme martyr. Ingonde s'enfuit, et, arrêtée dans sa course, fut conduite en Sicile, où elle mourut. Selon Grég., VIII, 28, elle mourut en Afrique, tandis que les Grecs la conduisaient à Constantinople. (Guadet et Tar.)
(3) Forêt de Compiègne.

Chlodovech, lequel mourut d'une manière que je ne crois pas inutile de rapporter. Tandis qu'il habitait dans ce domaine avec son père, il se mit à se vanter inconsidérément, et à dire : « Voilà que mes frères sont morts et que tout le « royaume est pour moi. Les Gaules tout entières me seront « soumises, et les destins m'ont accordé l'empire universel. « Maintenant que mes ennemis sont entre mes mains, je vais « en faire ce qu'il me plaira. » Il invectivait aussi en disant des choses peu convenables de Frédégunde sa belle-mère ; ce qu'apprenant, celle-ci fut saisie d'une grande frayeur. Quelques jours après, quelqu'un vint trouver la reine et lui dit : « Si tu demeures privée de tes fils, c'est l'effet des arti- « fices de Chlodovech. Amoureux de la fille d'une de tes « servantes, il a tué tes enfants par les maléfices de la mère : « sois donc avertie de n'espérer rien de bon de ton avenir, « depuis qu'on t'a enlevé l'espoir sur lequel tu comptais pour « régner un jour. » Alors la reine, frappée de terreur, enflammée de colère, aigrie par la perte récente de ses enfants, fit saisir la jeune fille sur laquelle Chlodovech avait jeté les yeux ; et, après qu'elle eut été cruellement battue, lui fit couper la chevelure qu'on attacha, par son ordre, à un pieu qui fut exposé devant la demeure de Chlodovech. La mère de la jeune fille ayant été en même temps liée et longuement torturée, la reine arracha d'elle une déclaration qui confirmait la vérité de ces propos. En conséquence, Frédégunde rapporta le fait au roi avec d'autres insinuations, et demanda vengeance de Chlodovech. Le roi partit alors pour la chasse et se le fit amener secrètement. A son arrivée, les ducs Désidérius (1) et Bobon le saisirent sur l'ordre du roi, lui attachèrent les mains, le dépouillèrent de ses armes et de ses vêtements, et, couvert d'un vil habit, il fut conduit enchaîné devant la reine. Celle-ci le fit retenir sous bonne garde, dési-

(1) Voyez encore sur Didier, IX, 33 ; X, 8. Bobon, fils de Mummolenus, VI, 45.

rant lui faire avouer si les choses étaient telles qu'on les lui avait dites, ou qui en était complice, ou à l'instigation de qui il avait agi, ou avec qui surtout il avait des liens d'amitié. Il nia tout le reste, mais il révéla ses liaisons avec plusieurs personnes.

Après trois jours enfin, la reine l'envoya enchaîné de l'autre côté de la Marne, et le fit garder dans une maison royale dont le nom est Noisi. Dans sa prison, il fut frappé d'un coup de couteau, expira, et fut enseveli en ce lieu. Cependant des messagers vinrent vers le roi, et lui dirent qu'il s'était percé lui-même; ils affirmaient de plus que le couteau dont il s'était frappé était encore dans la blessure. Le roi Chilpéric, trompé par ces paroles, ne pleura même pas ce fils qu'il avait, si je puis ainsi dire, livré lui-même à la mort à l'instigation de la reine. Ses domestiques furent dispersés en divers lieux. Sa mère fut tuée et périt d'une mort cruelle (1); sa sœur (2), après avoir servi de jouet aux serviteurs de la reine, fut envoyée dans un monastère, où elle prit l'habit religieux et où elle est encore aujourd'hui, et toutes leurs richesses furent portées à la reine. La femme qui avait parlé sur Chlodovech fut condamné à être brûlée. Comme on la conduisait au supplice, la malheureuse se mit à crier qu'elle avait proféré des mensonges; mais ses paroles furent inutiles; attachée au poteau, elle fut consumée vivante par les flammes.

Le trésorier de Chlodovech fut ramené malgré lui du Berri par Cuppa (3), comte de l'étable, enchaîné, et envoyé à la reine pour être livré à divers tourments; mais la reine le fit délivrer des supplices et des chaînes, et, sur notre intercession, lui permit de se retirer librement.

---

(1) Audovère. Voy. liv. IV, ch. XXVIII.
(2) Basine, qui plus tard porta le scandale dans le monastère de la Sainte-Croix à Poitiers, IX, 39; X, 16.
(3) Dont il sera question, liv. VII, ch. XXXIX et X, 5.

XLI. Ensuite Élafius, évêque de Châlons (1), envoyé comme ambassadeur dans les Espagnes pour les affaires de la reine Brunichilde, fut attaqué d'une très-forte fièvre et rendit l'esprit. De là on le rapporta mort, et il fut enseveli dans sa ville épiscopale. L'évêque Eunius, député des Bretons, comme nous l'avons dit plus haut (2), n'avait pas eu la permission de retourner dans sa ville épiscopale (3), et, par ordre du roi, il était nourri à Angers aux frais du public. Étant venu à Paris, un dimanche qu'il célébrait les saints mystères il poussa une sorte de hennissement et tomba à terre ; le sang jaillit de sa bouche et de ses narines ; on l'emporta sur les bras, mais il guérit. Or il s'adonnait outre mesure au vin, et souvent il s'enivrait d'une manière tellement ignoble qu'il ne pouvait plus faire un pas.

XLII. Mir, roi de Galice (4), envoya des députés au roi Guntchramn. Comme ils traversaient le territoire de Poitiers, qu'occupait alors Chilpéric, on le lui annonça. Il ordonna qu'on les lui amenât bien gardés, et les fit retenir à Paris.

En ce temps-là, un loup sortit des forêts et entra dans Poitiers par une porte de la ville ; les portes ayant été fermées, on se rendit maître de lui dans l'intérieur des murs et on le tua. Quelques-uns assuraient aussi avoir vu le ciel en feu. Le fleuve de la Loire grossit plus que l'année précédente, parce que le torrent du Cher vint s'y réunir (5). Un vent du midi souffla avec une telle violence qu'il abattit les bois, renversa les maisons, emporta les haies, et roula les hommes eux-mêmes jusqu'à les faire périr : le tourbillon s'étendait sur une largeur d'environ sept arpents ; quant à la longueur

(1) Châlons-sur-Marne.
(2) Chap. xxx.
(3) A Vannes ; voy. ch. xxvII.
(4) Roi des Suèves de Galice, de 570 à 583.
(5) A Tours, veut dire probablement l'auteur. Le Cher se serait réuni à la Loire en amont de la ville.

qu'il parcourut, on n'a pas pu l'estimer. Souvent les coqs célébrèrent par leur chant le commencement de la nuit. La lune s'obscurcit, et une comète apparut ; il s'ensuivit une contagion funeste parmi le peuple. Les députés des Suèves (1), renvoyés au bout d'un an, retournèrent dans leur pays.

XLIII. Maurilion, évêque de la cité de Cahors, était gravement tourmenté de la goutte aux pieds ; mais, outre les douleurs que l'humeur produisait en lui, il s'infligeait à lui-même de grandes souffrances, car il s'appliquait souvent un fer chaud sur les jambes et sur les pieds, comme moyen plus facile d'ajouter à ses tourments. Beaucoup ambitionnaient son épiscopat ; mais il choisit lui-même Ursicinus, autrefois référendaire de la reine Ultrogothe (2), et, pendant qu'il priait pour le faire sacrer de son vivant, il sortit de ce monde. Il fut très-large en aumônes, très-instruit dans les saintes Écritures, au point qu'il récitait souvent de mémoire la série des généalogies diverses que contiennent les livres de l'Ancien Testament, ce que beaucoup de personnes ne retiennent qu'avec peine. Il fut aussi un homme juste dans les jugements qu'il rendait, et défenseur zélé des pauvres de son église contre les attaques des mauvais juges, conformément à cette parole de Job : *J'ai sauvé le pauvre de la main du puissant, et j'ai été l'appui de l'indigent sans secours. La bouche de la veuve m'a béni, parce que j'étais l'œil des aveugles, le pied des boiteux et le père des infirmes* (3).

XLIV. Cependant le roi Leuvichild envoya comme ambassadeur auprès de Chilpéric Agila, homme dénué de toute habileté à trouver des idées ou à les disposer avec art, et

---

(1) C'est-à-dire les députés de Mir, roi des Suèves, en Galice.
(2) Femme de Childebert ; voy. liv. IV, ch. xx.
(3) Job, xxix, 12, 13, 15, 16. Mais ici, comme dans beaucoup d'autres endroits, la citation n'est faite que par à peu près.

qui était seulement un ennemi bien résolu de la loi catholique. Son chemin l'ayant amené à Tours, il se mit à nous harceler au sujet de la foi, et à attaquer les dogmes de l'Église. « C'était « disait-il, une sentence inique, portée par les anciens évêques, « qui avait déclaré le Fils égal au Père; car, ajoutait-il, « comment peut-il être égal au Père en puissance, celui qui « a dit : *Mon Père est plus grand que moi* (1) ? Il n'est donc « pas juste de le regarder comme semblable à celui dont il se « dit l'inférieur, auprès duquel il gémit dans la tristesse de « la mort, auquel enfin il recommande son âme en mourant « comme s'il n'avait aucun pouvoir ; d'où il est clair qu'il est « inférieur à son Père en âge et en puissance. » A cela, je lui demandai s'il croyait que Jésus-Christ fût le Fils de Dieu ; s'il reconnaissait qu'il fût aussi la sagesse, la lumière, la vérité, la vie, la justice de Dieu. Il dit : « Je crois que le Fils de « Dieu est tout cela. — Et je répondis : Dis-moi donc quand « le Père a été sans sagesse, sans lumière, sans vie, sans « vérité, sans justice? Car, si le Père n'a pu être sans ces « attributs, il n'a donc pu être sans le Fils. C'est cela prin- « cipalement qui explique le mystère qu'il y a dans le nom « du Seigneur. D'ailleurs on ne pourrait l'appeler Père s'il « n'avait pas de Fils. Quant à ces mots que tu m'objectes : « *mon Père est plus grand que moi*, sache que c'est l'humi- « lité du Dieu fait chair qui a parlé ainsi, pour t'apprendre « que ce n'est pas la puissance, mais l'humilité, qui t'a « racheté. Car, si tu cites ces mots : *mon Père est plus grand* « *que moi*, il faut te rappeler qu'il dit ailleurs : *moi et* « *mon Père ne sommes qu'un* (2). Sa crainte de la mort, la « recommandation de son âme, doivent être imputées à la « faiblesse du corps; car il faut qu'on le croie véritablement « homme, comme il est véritablement Dieu. — Il reprit : « Celui qui fait la volonté de quelqu'un lui est inférieur ; le

(1) Jean, XIV, 28.
(2) Jean, X, 30.

« Fils est donc toujours inférieur au Père, puisqu'il fait la
« volonté du Père ; et rien ne prouve que le Père fasse la
« volonté du Fils. — Je lui répondis : Comprends que le
« Père est toujours uni dans une même divinité avec le Fils,
« et le Fils avec le Père : et, afin que tu saches que le Père
« fait la volonté du Fils, si tu as encore foi à l'Évangile,
« écoute ce que dit Jésus lui-même, notre Dieu, lorsqu'il
« vint pour ressusciter Lazare : *Mon Père, je te rends
« grâces de ce que tu m'as entendu ; je savais bien que tou-
« jours tu m'entends, mais j'ai parlé ainsi à cause de la
« foule qui nous entoure, afin qu'ils voient que c'est toi qui
« m'as envoyé* (1). Et, quand il en vint au moment de sa
« passion, il dit : *Mon Père, éclaire-moi de la lumière dont
« je brillais auprès de toi avant que le monde fût* (2). Et
« son Père lui répondit du haut ciel : *Je l'ai fait briller
« d'une vive lumière, et je le ferai briller encore* (3). Le
« Fils est donc son égal comme Dieu, il n'est pas moindre ;
« il n'a rien de moins que le Père : car, si tu le confesses
« Dieu, il faut le reconnaître entier, ne manquant de rien ;
« mais, si tu prétends qu'il lui manque quelque chose, tu ne
« le crois pas Dieu. » — Il ajouta : C'est depuis qu'il s'est
« fait homme qu'on a commencé à l'appeler le Fils de Dieu ;
« car il fut un temps où il ne l'était pas. — Et moi :
« Écoute David parlant au nom du Père : *Je t'ai engendré
« avec l'étoile du matin* (4), et Jean l'Évangéliste : *Au com-
« mencement était le Verbe, et le Verbe était en Dieu, et
« le Verbe était Dieu.* Et, ce qui en est la conséquence, *le
« Verbe s'est fait chair, il a habité parmi nous, et toutes
« choses ont été faites par lui* (5). Mais vous, aveuglés par

---

(1) Jean, XI, 41, 42.
(2) Jean, XVII, 5.
(3) Jean, XII, 28.
(4) Psaum., CIX, 3.
(5) Jean, I, 1, 14.

« le poison d'une fausse doctrine, vous ne comprenez pas
« Dieu d'une manière digne de lui.— Il me dit ensuite :
« Dites-vous que le Saint-Esprit est Dieu, ou le déclarez-
« vous l'égal du Père et du Fils? Je répondis : — Il y a dans
« tous les trois une seule volonté, une seule puissance, une
« seule action. C'est Dieu un dans la trinité et triple dans
« l'unité. Ce sont trois personnes, mais il n'y a qu'un empire,
« une majesté, une puissance et une toute-puissance. — Le
« Saint-Esprit, dit-il, que vous déclarez l'égal du Père et du
« Fils, est regardé comme inférieur à tous les deux, puis-
« qu'on lit qu'il a été promis par le Fils et envoyé par le
« Père ; car personne ne promet que ce qui est soumis à son
« autorité, et personne n'envoie que son inférieur, comme
« lui-même le dit dans l'Évangile : *Si je ne m'en vais pas, ce*
« *Consolateur ne viendra pas ; mais si je m'en vais, je vous*
« *l'enverrai* (1). » A cela je répondis : — Le Fils a bien pu
« dire avant sa passion que, s'il ne remontait vainqueur
« vers son Père, et, après avoir racheté le monde au prix de
« son sang, ne préparait dans le cœur de l'homme une habi-
« tation digne de Dieu, l'Esprit-Saint qui est le Dieu lui-
« même, ne pourrait descendre dans un cœur païen, et
« souillé de la tache du péché originel. *Car l'Esprit-Saint,*
« dit Salomon, *fuira toute dissimulation* (2). Pour toi, si
« tu as quelque espoir de résurrection, crains de parler
« contre le Saint-Esprit ; car, d'après la sentence du Sei-
« gneur(3) : *Il ne sera point pardonné à celui qui blasphème*
« *contre le Saint-Esprit, ni dans cette vie ni dans l'autre.*
« Il reprit : Dieu est celui qui envoie, et il n'est pas Dieu
« celui qui est envoyé. » Alors je lui demandai s'il croyait
à la doctrine des apôtres Pierre et Paul. Comme il répondit :
« J'y crois, » j'ajoutai : « Quand l'apôtre Pierre reproche à

(1) Jean, XVI, 7
(2) Sap., I, 5.
(3) Matth., XII, 32.

« Ananias sa dissimulation à l'égard de son bien, vois ce qu'il
« dit : *As-tu bien pu mentir au Saint-Esprit? car ce n'est
« pas aux hommes que tu as menti, c'est à Dieu* (1). Et
« Paul, lorsqu'il distingue les degrés des grâces spirituelles :
« *C'est un seul et même esprit*, dit-il, *qui opère toutes ces
« choses, distribuant à chacun ses dons comme il veut* (2).
« Or celui qui fait ce qu'il veut n'est soumis au pouvoir de
« personne. Car vous, comme je viens de le dire, vous n'avez
« aucune idée juste de la sainte Trinité ; et l'injuste perver-
« sité de votre secte est démontrée par la mort de votre chef
« Arius.—Ne blasphème pas, répondit-il, contre une loi que tu
« ne suis pas : pour nous, quoique votre croyance ne soit pas
« la nôtre, nous ne blasphémons pas contre elle, parce qu'on
« ne peut faire un crime de croire telle ou telle chose. Nous
« disons même en proverbe que, si l'on passe entre les au-
« tels des gentils et l'Église de Dieu, ce n'est pas un mal de
« les honorer tous deux également. » Apercevant alors sa
stupidité, je lui dis : « A ce que je vois, tu te déclares le dé-
« fenseur des gentils en même temps que l'organe des héré-
« tiques, puisque tu corromps les dogmes de l'Église, et
« prêches en même temps l'adoration des turpitudes païennes.
« Tu ferais bien mieux de t'armer de cette foi qui pénétra
« Abraham auprès du chêne, Isaac à la vue du bélier, Jacob
« sur la pierre, Moïse devant le buisson ; que portait Aaron
« sur son rational, que David célébrait sur le tympanon, que
« Salomon annonçait par sa sagesse, que tous les patriarches,
« les prophètes et la loi elle-même ont chantée par des
« oracles, ou figurée par des sacrifices ; que notre interces-
« seur ici présent, notre Martin, a possédée dans son cœur
« ou montrée par ses œuvres : afin de te convertir, de croire
« à l'indivisible Trinité, et, après avoir reçu notre bénédic-
« tion, purgeant ton cœur du venin d'une incrédulité impie,

---

(1) Act.; v, 3, 4.
(2) I Cor., xii, ii.

« d'effacer tes iniquités. » Mais lui, furieux et frémissant, je ne sais pourquoi, comme un insensé, dit : « Mon âme « s'échappera des liens de ce corps avant que j'accepte la « bénédiction d'aucun prêtre de votre religion. » Et je répliquai : « Que Dieu veuille ne pas laisser refroidir notre « religion ni notre foi, au point que nous distribuions ses « saints mystères à des chiens, et que nous exposions la « sainteté des perles précieuses à d'immondes pourceaux ! » Alors, abandonnant la discussion, il se leva et partit. Plus tard, étant rentré dans les Espagnes, accablé par la maladie, il fut contraint de se convertir à notre religion.

XLV. A la même époque, le roi Chilpéric écrivit un petit traité pour faire appeler la sainte Trinité Dieu seulement, sans distinction de personnes. Il prétendait qu'il était inconvenant de donner à Dieu la qualification de *personne*, comme s'il était un homme fait de chair. Il affirmait aussi que le Père est le même que le Fils, et que le Saint-Esprit est le même que le Père et le Fils. « C'est ainsi, disait-il, qu'il a « paru être aux prophètes et aux patriarches; c'est ainsi que « l'a annoncé la loi elle-même. » Après qu'on m'eut fait lecture, sur son ordre, de ce qu'il avait écrit : « Je veux, dit-il, « que toi et tous les autres docteurs de l'Église vous croyiez « de cette manière. » Je lui répondis : « Abandonne cette « croyance, ô pieux roi; il te faut suivre ce qui nous a été « laissé, d'après les apôtres, par les autres docteurs de l'Eglise, « ce que nous ont enseigné Hilarius et Eusébius, ce que tu « as toi-même confessé au baptême. » Le roi irrité me dit : « Il « est évident que dans cette affaire Hilarius et Eusébius sont « mes ennemis déclarés (1). » Je lui répondis : « Il te convient

(1) Il prend Eusèbe et S. Hilaire pour des personnages vivants. *Manifestum est mihi in hac causa Hilarium Eusebiumq. validos inimicos haberi.* Aug. Thierry, dans ses *Récits Méroving.*, a suivi pour ce passage la traduction de M. Guizot, qui porte : « Il m'est évident

« d'observer que ni Dieu ni ses saints ne sont tes ennemis;
« mais sache que, quant à la personne, autre est le Père, autre
« le Fils, autre le Saint-Esprit. Ce n'est pas le Père qui s'est
« fait chair, ni le Saint-Esprit, c'est le Fils : afin que celui
« qui était le fils de Dieu fût aussi, pour la rédemption de
« l'homme, le Fils d'une vierge. Ce n'est pas le Père qui a
« souffert, ni le Saint-Esprit, c'est le Fils ; afin que celui qui
« s'était fait chair dans le monde fût offert pour le monde.
« Quant à ce que tu dis au sujet des personnes, ce n'est
« pas corporellement, mais spirituellement, qu'il faut les
« entendre ; car dans ces trois personnes est une seule
« gloire, une seule éternité, une seule puissance. » Mais
il me dit avec colère : « J'exposerai cela à de plus savants
« que toi, qui m'approuveront. » Et moi je lui dis : « Ce ne
« sera jamais un savant, mais un sot, qui voudra adopter ce
« que tu proposes. » Furieux, à ces mots, il garda le silence.
Peu de jours après, Salvius, évêque d'Albi, étant survenu, il
ordonna qu'on lui rendît compte de ce qui s'était passé, en
le priant d'être de son avis. Mais, à la lecture, celui-ci repoussa si vivement l'écrit du roi que, s'il eût pu tenir le papier qui le renfermait, il l'eût mis en pièces. En sorte que
le roi abandonna son projet. Ce même roi écrivit encore
d'autres livres en vers, où il avait semblé prendre Sédulius (1)
pour modèle ; mais ces vers ne s'accordent avec aucun
système métrique (2). Il ajouta aussi quelques lettres aux
nôtres ; savoir : ō long comme chez les Grecs, æ, the, uui,

qu'Hilaire et Eusèbe ont été en cela violemment opposés l'un à l'autre. »
Tel n'est pas le sens.

(1) C. Cœlius Sédullus, prêtre qui vivait à Rome au v⁰ siècle et composa plusieurs ouvrages, notamment un poème sur les miracles de Jésus-Christ, intitulé : *Paschale Carmen*.

(2) Le louangeur Fortunat fait au contraire l'éloge des essais poétiques de Chilpéric. Il paraît qu'ils étaient assez considérables en étendue. (Voy. plus loin, l. VI, ch. XLVI.) Aimoin, moine du x⁰ siècle, en rapporte un fragment composé en l'honneur de saint Germain.

représentés par les signes suivants : Ω Ψ Z Δ (1); et il adressa à toutes les cités de son royaume l'ordre d'enseigner d'après cette méthode aux enfants, et d'effacer avec la pierre ponce les anciens livres, pour les récrire (avec les nouveaux caractères).

XLVI. En ce temps mourut Agræcula, évêque de Chalon (sur Saône). Ce fut un homme très-distingué et sage, qui appartenait à une race sénatoriale. Il éleva dans cette ville beaucoup d'édifices, bâtit des maisons, et construisit une église soutenue de colonnes, qu'il orna de marbres divers et qu'il peignit en mosaïque. Il était d'une grande abstinence; car jamais il ne prit d'autre repas que le souper; et il y restait si peu de temps qu'il se levait de table avant le coucher du soleil. Petit de stature, il était grand par l'éloquence. Il mourut la quarante-huitième année de son épiscopat, la quatre-vingt-troisième de son âge. Flavius, référendaire du roi Guntheramn, lui succéda.

XLVII. En ce temps aussi sortit de ce monde Dalmatius, évêque de la cité de Rodhez, homme éminent en toute sainteté, réservé, soit dans sa nourriture, soit dans les désirs de la chair ; très-charitable, humain pour tous, assez assidu à la prière et aux veilles. Il bâtit une église; mais, l'ayant plusieurs fois détruite pour la rendre plus parfaite, il la laissa inachevée. Après sa mort, beaucoup de personnes, selon l'usage, briguèrent son évêché. Le prêtre Transobad, autrefois son archidiacre, y avait surtout des prétentions,

(1) Les manuscrits diffèrent beaucoup entre eux au sujet de la forme de ces quatre caractères ; cependant on y reconnaît généralement les quatre caractères grecs, ω, ψ ou χ, ζ et δ, que Chilpéric destinait à représenter, dans l'alphabet romain, les sons germaniques de l'*o* long, du *ch*, puis du *th* et du *w* anglo-saxons. L'empereur Claude avait fait une tentative analogue et non moins vaine. (Suétone, *Claud.* 41; Tacite, *Ann.* XI, 14.)

comptant sur ce qu'il avait soumis son fils par un acte de recommandation à Gogon, alors convive (1) du roi. Mais l'évêque avait fait un testament où il indiquait au roi celui qui devait après sa mort recevoir ce présent, l'adjurant, par des protestations terribles, de n'ordonner dans cette église ni un étranger, ni un homme cupide ou qui fût enchaîné par les nœuds du mariage, mais de lui substituer un homme libre de tous ces liens, qui passât sa vie à chanter les louanges du Seigneur. Cependant le prêtre Transobad prépare dans la ville un grand repas pour le clergé. Tandis qu'ils étaient à table, un des prêtres se mit à blasphémer contre l'évêque dont nous parlons, par d'effrontés discours, et se laissa aller jusqu'à l'appeler fou et imbécile. Comme il disait ces mots, l'échanson vint lui présenter à boire. Il prend la coupe ; mais, tandis qu'il l'approche de sa bouche, un tremblement le saisit, la coupe échappe de ses mains, et, inclinant la tête sur celui qui était son voisin, il expire. Emporté du festin au sépulcre, il fut mis en terre. Ce fut après cela que le testament de l'évêque ayant été lu, en présence du roi Childebert et de ses grands, Théodosius, qui exerçait alors l'office d'archidiacre de cette ville, fut ordonné évêque.

XLVIII. Chilpéric, apprenant les maux nombreux que Leudastès (2) faisait aux églises et à tout le peuple de Tours, y envoie Ansovald (3). Celui-ci, arrivant à l'époque de la fête de saint Martin, nous donne, ainsi qu'au peuple, la liberté du choix, et Eunomius est élevé à la dignité de comte. Leudastès, se voyant écarté, va trouver Chilpéric, et lui dit : « Jusqu'à présent, ô très-pieux roi, j'ai gardé la cité de

---

(1) *Nutritius.* Voy. la loi salique, tit. XLIII, § 6, au sujet des grands admis à la table du roi. Sur Gogon voy. liv. VI, chap. I, et liv. VII, chap. XXII
(2) Dont il a été question, V, XIV.
(3) Ou Ansoald ; voy. chap. III, p. 214.

« Tours : maintenant que cette fonction m'a été enlevée,
« avise aux moyens de la garder; car sache que l'évêque
« Grégorius se propose de la livrer au fils de Sigibert. » A
ces mots, le roi dit : « Pas du tout ; mais c'est parce qu'on
« t'a écarté que tu inventes cela. » Et lui, ajouta : « L'évêque
« dit de toi bien d'autres choses encore; car il prétend que
« la reine vit en adultère avec l'évêque Bertchramn (1). »
Alors le roi irrité le frappa des poings et des pieds, et le fit
enfermer en prison avec les fers.

XLIX. Comme ce livre demande à prendre une fin, je
veux raconter quelques-unes des actions de Leudastès; mais
je dois d'abord commencer par sa naissance, sa patrie, son
caractère. Cracina est le nom d'une île du Poitou (2), dans
laquelle il est né d'un esclave, nommé Léocadius, appartenant à un vigneron du fisc. Appelé par conséquent à servir,
il fut employé à la cuisine royale : mais, comme il avait, étant
jeune, des yeux chassieux qui s'accommodaient mal du piquant
de la fumée, il fut élevé du pilon au pétrin. Cependant, tout en
feignant d'être ravi au milieu des pâtes fermentées, il quitta
le service en prenant la fuite. Après avoir été ramené deux
ou trois fois, comme on ne pouvait le retenir, on le condamna
à avoir une oreille coupée. Alors, aucune puissance n'étant
capable de cacher la note d'infamie imprimée à son corps, il
s'enfuit auprès de la reine Marcoviève (3), que le roi Charibert, par un excès d'amour, avait appelée dans son lit à la
place de sa sœur. Elle le recueillit volontiers, l'avança et le
nomma à la garde de ses meilleurs chevaux. Dès ce moment,
déjà tourmenté par la vanité et l'orgueil, il ambitionna d'être
comte des étables (4), et, l'ayant obtenu, il n'eut plus que du

(1) De Bordeaux; voy. chap. XIX, p. 238, plus bas p. 286, et l. VII, XX LI
(2) C'est l'île de Ré.
(3) Fille de serf; voy. VI 26.
(4) Intendance sur toutes les écuries, qui devint plus tard un grand
office, celui de *connétable*.

dédain et du mépris pour tout le monde. Il se gonfle de vanité, se plonge dans la luxure, s'enflamme de cupidité, et s'entremet de côté et d'autre, en créature dévouée, dans les affaires de sa maîtresse. Après la mort de celle-ci, engraissé de butin, il obtint au moyen de présents de conserver la même place auprès du roi Charibert. Ensuite, pour les péchés du peuple, il fut nommé comte à Tours. Là il se targua plus encore de l'insolence d'une haute dignité; là il se montra âpre au pillage, arrogant dans les querelles, regorgeant d'adultères; et, en y semant les discordes, en y répandant les calomnies, il accumula des trésors considérables. Après la mort de Charibert, cette ville étant entrée dans le partage de Sigibert, Leudastès passa du côté de Chilpéric, et toutes ses richesses, injustement amassées, furent pillées par les fidèles de Sigibert. Quand le roi Chilpéric envahit la ville de Tours par les mains de Théodobert son fils (1) (j'étais déjà arrivé à Tours), Leudastès me fut vivement recommandé par Théodobert, pour recouvrer le comté qu'il avait eu auparavant. Il se faisait devant nous grandement humble et soumis, jurant souvent sur le tombeau du saint évêque que jamais il n'agirait contre les lois de la raison, et qu'il me serait fidèle en toutes choses, tant pour mes intérêts particuliers que pour les besoins de l'Église; car il craignait, ce qui arriva plus tard, que le roi Sigibert ne remît la ville sous son obéissance. A la mort de ce dernier, Chilpéric ayant de nouveau succédé à son pouvoir, Leudastès rentra dans l'office de comte; mais Mérovech, quand il vint à Tours, lui enleva complétement tout ce qu'il avait. Pendant les deux ans que Sigibert avait tenu Tours, Leudastès s'était caché dans les Bretagnes. Lorsqu'il fut de nouveau, comme nous l'avons dit, en possession de son comté, il s'enfla d'un si fol orgueil qu'il entrait dans la maison de l'église couvert du corselet et

---

(1) Liv. VI, chap. XLVIII.

de la cuirasse, ceint du carquois, la lance à la main et le casque en tête, ayant à redouter de chacun parce qu'il était l'ennemi de tout le monde. S'il siégait comme juge avec les seigneurs, soit clercs, soit laïcs, et qu'il vît un homme poursuivre son droit, aussitôt il entrait en furie et vomissait des invectives contre les citoyens ; il faisait entraîner les prêtres avec les mains garrottées, et frapper les soldats à coups de bâton : enfin telle était sa cruauté qu'à peine saurait-on l'exprimer. Au départ de Mérovech, qui avait pillé ses trésors, il se fit notre dénonciateur, assurant faussement que c'était par notre conseil que Mérovech lui avait enlevé ses biens. Mais, après nous avoir fait bien du mal, il nous réitéra de nouveau ses serments, en prenant à témoin la tenture qui recouvre le tombeau de saint Martin (1), qu'il ne se montrerait jamais notre adversaire.

L. Mais, comme il serait trop long de suivre pas à pas ses parjures et ses autres forfaits, venons-en au procédé par lequel il voulut me supplanter au moyens d'iniques et criminelles accusations, à la manière dont la justice divine descendit sur lui, selon ces paroles : *Quiconque veut supplanter sera supplanté lui-même* (2); et cette autre : *Celui qui creuse une fosse y tombera* (3). Donc, après m'avoir causé beaucoup de maux, à moi et aux miens ; après avoir pillé souvent les biens de l'église, s'étant adjoint le prêtre Riculf, infecté de méchanceté comme lui, il s'échappa jusqu'à dire que j'avais accusé la reine Frédégunde d'être criminelle, assurant que si Platon, mon archidiacre, et Galliénus, notre ami, étaient soumis à la torture, ils me convaincraient d'avoir ainsi parlé. Alors le roi irrité, comme nous le disions

(1) On a vu, ch. XIV, un semblable serment prononcé sur la nappe de l'autel.
(2) Jérémie, IX, 4.
(3) Prov., XXVI, 27.

tout à l'heure (1), le battit des poings et des pieds, le fit charger de chaînes et l'enferma en prison. Il prétendait avoir le clerc Riculf pour garant des faits qu'il avait rapportés. Ce Riculf, sous-diacre, léger et facile à séduire autant que Leudastès, après s'être entendu à ce sujet avec lui, avait cherché l'année précédente une occasion de m'offenser, et, l'ayant fait, de passer à Leudastès.

L'ayant enfin trouvée, il alla vers lui, et, après avoir pendant quatre mois préparé des ruses et des piéges de toute espèce, il revint à moi avec Leudastès, en me suppliant de le recevoir et de lui pardonner. Je le fis, je l'avoue, et je reçus ouvertement dans ma maison un ennemi caché. Leudastès parti, il se jeta à mes pieds en disant : « Si tu ne me secours « bien vite, je vais périr. A l'instigation de Leudastès, j'ai dit « des choses que je n'eusse pas dû dire, envoie-moi donc en « d'autres contrées, car autrement, saisi par les gens du roi, « je serai puni de mort. » A quoi je lui répondis : « Si tu as « parlé contrairement à la raison, que tes paroles retombent « sur ta tête ; car, pour moi, je ne t'enverrai pas dans un autre « royaume, de peur de me rendre suspect aux yeux du roi. » C'est alors que Leudastès devint son accusateur, en déclarant tenir du sous-diacre Riculf les discours rapportés plus haut. Ce dernier donc, enchaîné à son tour et mis en prison après qu'on eut relâché Leudastès, dit que Galliénus et l'archidiacre Platon étaient présents lorsque l'évêque avait tenu ces propos. Cependant Riculf le prêtre (2), qui avait déjà la promesse de Leudastès pour l'épiscopat, était devenus si insolent qu'il égalait en orgueil Simon le Magicien. Lui qui m'avait prêté serment trois fois et plus sur le sépulcre de saint Martin, il m'assaillit d'injures et d'outrages le sixième jour après Pâques, au point de se retenir à peine de porter

(1) Chap. 48.
(2) C'est un autre personnage du même nom, également ennemi de Grégoire et membre du clergé de Tours.

les mains sur moi, comptant bien sur le succès de la ruse à laquelle il avait pris part. Le lendemain, c'est-à-dire le samedi de Pâques, Leudastès vint à Tours, et, tout en feignant de s'occuper d'une autre affaire, il saisit et fit lier Platon l'archidiacre et Galliénus ; puis, les ayant enchaînés et dépouillés de leurs vêtements, il ordonna qu'on les conduisît à la reine. Apprenant cela comme j'étais dans la maison de l'église, triste, troublé, j'entrai dans l'oratoire, et je pris le livre du poëme de David, pour y trouver, en l'ouvrant, quelque verset consolateur. Je tombai sur ceci : *Il les a fait sortir avec l'espérance, et ils n'ont pas craint ; et la mer a couvert leurs ennemis* (1). Pendant ce temps-là ils s'étaient embarqués sur le fleuve, dans un ponton formé de deux bateaux. La barque qui portait Leudastès s'enfonça, et, s'il ne se fût échappé à la nage, il eût peut-être péri ainsi que ses compagnons. L'autre bateau, qui était attaché au premier, et portait les prisonniers, se soutint sur l'eau par l'assistance de Dieu. Ceux-ci, conduits enchaînés devant le roi, furent accusés avec véhémence, afin que leur affaire se terminât par une sentence capitale. Mais le roi, après y avoir bien pensé, leur fit ôter leurs liens, et les retint sous une garde libre (2), sans leur faire aucun mal.

A Tours, le duc Bérulf, de concert avec le comte Eunomius, imagina de répandre cette fable, que le roi Guntchramn voulait s'emparer de la cité ; et en conséquence, de peur que quelque négligence n'eût lieu, « Il faut, dit-il, consigner la « ville sous une garde sévère. » Sous ce prétexte donc, ils placent aux portes des gardes qui, en paraissant protéger la ville, devaient surtout me garder, moi. Ils m'envoient même des gens pour me conseiller de prendre ce qu'il y avait de meilleur dans les trésors de l'église, et de m'enfuir secrète-

---

(1) Ps. LXXVII, v. 53.
(2) Voyez un autre exemple de garde semblable, ci-dessus, chap. 3. Ce même Platon devint plus tard évêque de Poitiers.

ment à Clermont : mais je n'y consentis pas. Le roi, ayant fait venir les évêques de son royaume, voulut que cette affaire fût examinée avec soin. Comme Riculf le clerc était souvent interrogé en secret, et qu'il débitait mille faussetés contre moi et les miens, un certain Modestus, ouvrier en bois, lui dit : « Malheureux, qui complotes contre ton évêque avec « tant d'obstination ! tu aurais mieux fait de te taire, et de « demander pardon à l'évêque pour rentrer en grâce auprès « de lui. » A ces mots Riculf se mit à crier à haute voix et à dire : « En voilà un qui m'engage à me taire pour que je « ne découvre pas la vérité ! voilà un ennemi de la reine qui « ne veut pas qu'on recherche l'origine de l'imputation por- « tée contre elle ! » On rapporta cela de suite à la reine. Modestus est saisi, torturé, flagellé, puis lié étroitement et jeté en prison. Tandis qu'il était enchaîné entre deux gardes et retenu par des ceps aux pieds, voyant au milieu de la nuit ses gardiens endormis, il adressa une prière au Seigneur pour qu'il daignât par sa puissance visiter un malheureux, et pour que l'innocent qu'on avait enchaîné fût délivré par l'entremise de l'évêque Martin et de Médard. Bientôt ses liens tombèrent, le cep fut brisé, la porte s'ouvrit, et il entra dans la basilique de Saint-Médard, où nous veillions la nuit.

Les évêques convoqués dans la ville de Braine reçurent ordre de se rassembler dans une même maison. Le roi s'y étant ensuite rendu, les salua tous, reçut leur bénédiction, et s'assit. Alors Bertchramn, évêque de la cité de Bordeaux, et qui avait été impliqué dans le crime reproché à la reine, exposa l'affaire et m'interpella en me disant que c'était moi qui avais porté contre lui et la reine cette accusation. Moi, je niai en toute vérité avoir proféré de pareils propos ; j'ajoutai que c'étaient d'autres qui les avaient entendus, et que, pour moi, je n'y avais pas même pensé. En dehors, le peuple faisait grand bruit et disait : « Pourquoi de telles imputations « contre un prêtre de Dieu ? Pourquoi le roi poursuit-il une « telle affaire ? Un évêque a-t-il pu dire de pareilles choses

« même d'un esclave ? Hélas ! hélas ! Seigneur Dieu, prête
« secours à ton serviteur. » Cependant le roi disait : « Une
« accusation contre mon épouse est une injure pour moi. Si
« donc vous êtes d'avis que l'on produise des témoins contre
« l'évêque, ils sont là. S'il vous paraît que cela soit inutile
« et qu'on doive s'en rapporter à la bonne foi de l'évêque, par-
« lez ; je me conformerai volontiers à ce que vous déciderez. »
Tous admirèrent la prudence du roi et sa patience; en même
temps ils furent unanimes à dire : « Un inférieur ne peut
« être cru sur le compte de son évêque. » L'affaire se réduisit
donc à ce point : je devais dire la messe à trois autels ; puis
me justifier de l'accusation par serment ; et, quoique cela
fût contraire aux canons (1), la chose se fit ainsi, en consi-
dération du roi. Et je ne dois pas oublier que la reine Ri-
gunte (2), compatissant à mes douleurs, jeûna avec toute sa
maison, jusqu'à ce qu'un serviteur lui eût annoncé que j'avais
accompli tout ce qui m'avait été prescrit. Les évêques, étant
retournés vers le roi, lui dirent : « Toutes les choses sont ac-
« complies, ô roi, qu'on avait ordonnées à l'évêque. Que reste-
« t-il à faire maintenant, sinon de te priver de la communion
« ainsi que Bertchramn, accusateur de son frère ? — Je n'ai
« fait, répondit-il, que répéter ce que j'avais entendu. » Eux
lui ayant demandé qui avait dit cela, il reprit qu'il le tenait
de Leudastès. Mais celui-ci, par défaut de sagesse ou de courage, avait déjà pris la fuite. Alors tous les évêques furent
d'avis que le semeur de scandale, le calomniateur de la reine,
l'accusateur d'un évêque, fût exclu de toutes les églises
pour s'être soustrait à leur examen ; et ils envoyèrent pour
cet objet une lettre avec leurs signatures aux autres évêques,
ceux qui n'avaient pas été présents à l'affaire : puis chacun
retourna chez soi.

(1) Ce qui fait supposer, quoi qu'en pense Ruinart, qu'il célébra trois
fois la messe. (Guadet et Tar.).
(2) Fille de Frédegonde, appelée reine, comme les fils des rois étaient
appelés rois eux-mêmes, III, 22 ; IV, 13.

A la nouvelle de cela, Leudastès se réfugia dans la basilique de Saint-Pierre, à Paris. Mais, informé de l'édit rendu par le roi pour qu'il ne fût recueilli par aucun habitant de son royaume, et surtout de la mort de son fils qu'il avait laissé chez lui, il vint secrètement à Tours et fit passer en Berri ce qu'il avait de plus précieux. Poursuivi par les serviteurs du roi, il leur échappa par la fuite. Sa femme, ayant été prise, fut confinée en exil dans le Tournaisis. Quant au clerc Riculf, il fut destiné à mourir : j'eus peine à obtenir grâce pour sa vie; mais je ne pus lui éviter les tortures. Aucun objet matériel, aucun métal, ne pourrait résister à tous les coups que supporta ce pauvre malheureux. Depuis la troisième heure du jour, il restait supendu à un arbre par ses mains liées derrière le dos. Détaché à la neuvième heure, il était étendu sur une roue et frappé à coups de bâton, de verges, de courroies mises en double ; et non par une ou deux personnes, mais autant il y en avait qui pouvaient approcher de ses misérables membres, autant il avait de bourreaux. Se voyant en danger de mort, il découvrit la vérité, et déclara publiquement les secrets du complot. Il dit qu'on avait imaginé le crime de la reine afin qu'elle fût chassée du trône, et que Chlodovech, après avoir fait mourir ses frères (1), possédât le royaume de son père, et que Leudastès en fût duc. Le prêtre Riculf, qui, dès le temps du bienheureux évêque Eufronius, était déjà l'ami de Chlodovech, aurait alors demandé l'épiscopat de Tours, et on avait promis l'archidiaconat à Riculf le clerc.

Pour nous, revenu à Tours, avec la grâce de Dieu, nous prouvâmes l'église bouleversée par Riculf le prêtre. Tiré sous l'évêque Eufronius de la classe des pauvres (2), il avait été

(1) C'est-à-dire les jeunes enfants de Frédegonde. Au moment du procès, ils vivaient encore ainsi que Clovis. Leur mort est racontée aux ch. XXXV et XL.

(2) Les pauvres habitués de l'église, et inscrits comme tels, *matricularii*.

ordonné premier diacre. Puis, élevé à la prêtrise, il rentra dans sa nature (1) : toujours hautain, bouffi d'orgueil, présomptueux. En effet, tandis que j'étais encore avec le roi, lui, comme s'il eût été déjà évêque, entra impudemment dans la maison épiscopale, inventoria l'argenterie de l'église, et s'empara de tout le reste. Il enrichit de ses présents les principaux clercs, leur accorda généreusement des vignes, leur distribua des prés ; aux moindres, il infligea des coups de bâton, et les maltraita de toutes les manières, même de sa propre main, en leur disant : « Reconnaissez votre maître, « qui a remporté la victoire sur ses ennemis ; par son esprit, « il a nettoyé la ville de Tours de sa population Auver- « gnate. » Ignorant, le malheureux, qu'à l'exception de cinq évêques, tous ceux qui exercèrent le sacerdoce à Tours étaient alliés à la race de mes parens. Il avait l'habitude de dire souvent à ses familiers que personne ne peut tromper un homme prudent à moins que ce ne soit par des parjures. Comme à mon retour il continuait de mépriser mon autorité, et ne me vint pas saluer ainsi qu'avaient fait les autres citoyens, et qu'il menaçait plutôt de me tuer, j'ordonnai, d'après l'avis des évêques de ma province, qu'il fût éloigné et mis dans un monastère. Il y était étroitement renfermé, quand, grâce à l'intercession de gens envoyés par l'évêque Félix (2), qui avait été l'un des instigateurs de l'affaire dont il vient d'être question, et grâce à leurs parjures pour circonvenir l'abbé, il s'échappa. L'évêque Félix, auprès duquel il se retira, accueillit avec empressement un homme qu'il aurait dû tenir pour exécrable.

Leudastès, en allant dans le Berri, avait porté avec lui tous

---

(1) Il rentra chez lui, dans ses propriétés, dit Grégoire, *recessit ad propria*. C'est une sorte de jeu de mots que s'est ici permis l'auteur, de même qu'au commencement du chap. XLIX il raconte l'histoire de Leudaste sur le ton de la plaisanterie.

(2) Evêque de Nantes, ennemi de Grégoire ; voy. ci-dessus, ch. v.

trésors qu'il avait arrachés de la dépouille des pauvres. Il ne se passa pas beaucoup de temps que les gens du pays, réunis avec le juge de l'endroit, ne vinssent se jeter sur lui et lui enlever tout l'or et l'argent qu'il avait apporté, ne lui laissant que ce qu'il avait sur sa personne, et ils lui auraient ôté la vie, s'il n'eût échappé par la fuite. Mais, s'étant reformé une certaine force, il se jeta avec quelques hommes de Tours sur ses voleurs, en tua un, reprit une partie de ses richesses, et revint en Touraine. Apprenant cela, le duc Bérulf envoya ses serviteurs en appareil de guerre pour le prendre. Comme il se voyait sur le point d'être saisi, il abandonna ses effets et se réfugia dans la basilique de Saint-Hilaire de Poitiers. Le duc Bérulf fit parvenir au roi les effets dont il s'était emparé. Cependant Leudastès sortait de la basilique, se jetait sur différentes habitations, et se livrait publiquement au pillage. Souvent aussi il fut surpris en adultère jusque sous le saint portique. La reine, irritée de ce qu'un lieu consacré à Dieu fût à ce point profané, donna l'ordre qu'on le jetât hors de la basilique du saint. Chassé de là, il retourna de nouveau chez ses hôtes du Berri, les suppliant de le cacher (1).

LI. J'aurais dû parler plus haut de mon entretien avec le bienheureux évêque Salvius (2) ; mais de ce que j'ai oublié de le faire, je ne serai pas, je pense, un sacrilége de le consigner plus loin. Lorsque, après le concile mentionné ci-dessus, ayant fait au roi mes adieux, je me disposais à revenir chez moi, je ne voulus point partir avant d'avoir savouré les embrassements d'un tel homme. Je le cherchai dans le vestibule de la maison de Braine (3) et le trouvai. Je lui annonçai que j'étais au moment de retourner en ma demeure. Placés à l'é-

---

(1) La fin de l'histoire de Leudaste se trouve ci-après liv. VI, chap. XXII.

(2) Au chapitre XLV.

(3) Probablement cette maison où tous les évêques furent réunis pendant la durée de l'assemblée. Voyez le chap. précédent.

eart, nous parlions de choses et d'autres quand il me dit :
« Ne vois-tu pas sur ce toit ce que j'y crois apercevoir moi-
« même? — Je répondis : Je n'y vois que la toiture supé-
« rieure que le roi a fait poser dernièrement. — Tu ne
« vois, dit-il, rien autre chose ? — Non, rien autre chose, »
dis-je. Je soupçonnais qu'il parlait ainsi pour faire
quelque plaisanterie, et j'ajoutai : « Si tu vois quelque
« chose de plus, conte-le-moi. » Mais, poussant un profond soupir, il dit : « Moi, je vois le glaive de la colère di-
« vine tiré et suspendu sur cette maison. » Et véritablement l'événement ne mentit point à cette parole de l'évêque ;
car vingt jours après moururent les deux fils du roi dont
nous avons plus haut (1) rapporté la fin.

(1) Chap. XXV.

ICI EST TERMINÉ LE LIVRE CINQUIÈME, FINISSANT A LA CINQUIÈME
ANNÉE DU ROI CHILDEBERT.

MÊME LIBRAIRIE :

JOINVILLE.

Mémoires de Jean, sire de Joinville, ou Histoire et Chronique du très-chrétien roi **saint Louis,** publiés par M. Francisque-Michel, précédés de dissertations par M. Ambr.-Firmin Didot et d'une notice sur les manuscrits du sire de Joinville, par M. Paulin Paris, membre de l'Institut. 1 fort vol. avec 6 gravures sur acier. *Deuxième édition.* Prix... 5 fr.

EGINHARD.

Vie de Charlemagne, avec notes et notice, par M. Teulet. 1 volume. Prix . . . . 3 fr.

FROISSART.

Chroniques. Déposition et mort d'Édouard II, roi d'Angleterre. — Bataille de Crécy. — Siège de Calais. — Bataille de Poitiers. — Mort d'Étienne Marcel. — Mort de Pierre le Cruel. — Bataille navale de la Rochelle. — Insurrection de Flandre. — Voyage de Froissart dans le midi de la France. — Entrée de la reine Isabeau à Paris. — Assassinat du connétable de Clisson, etc. 1 vol. Prix . . . . 3 fr.

RABELAIS.

Nouvelle édition, collationnée sur les éditions originales, accompagnée de notes nouvelles, et imprimée d'après l'orthographe des anciens textes; par MM. Burgaud des Marets et Rathery. 2 vol. Prix . . . . 8 fr.

SOUS PRESSE :

THEROULDE.

La Chanson de Roland, avec notes et notice, par M. Francisque-Michel, et la **Chronique de Turpin,** revue par le même. 1 vol.

Le Loyal Serviteur, vie du chevalier Bayard. Avec notes et notice par M. Teulet. 1 vol.

G. DE LORRIS

Le Roman de la Rose, avec notes et notice, par M. Francisque-Michel. 1 vol.

FABLIAUX.

D'après le Grand d'Aussy, Barbazan et autres, avec notes et notice par M. Francisque-Michel. 1 vol.

RONSARD.

Choix de poésies, par M. Noël, professeur de rhétorique à la faculté de Bordeaux. 1 vol.

Paris. — Typographie de Firmin Didot frères, fils et Cie, rue Jacob, 56.

www.ingramcontent.com/pod-product-compliance
Lightning Source LLC
Chambersburg PA
CBHW060628170426
43199CB00012B/1478